# Digitale Signatur

## Springer

*Berlin*
*Heidelberg*
*New York*
*Barcelona*
*Budapest*
*Hongkong*
*London*
*Mailand*
*Paris*
*Singapur*
*Tokio*

Frank Bitzer • Klaus M. Brisch

# Digitale Signatur

## Grundlagen, Funktion und Einsatz

Mit 57 Abbildungen

Springer

Frank Bitzer

Venloerstraße 13–15
D-50672 Köln
E-mail: fb@one.de


Klaus M. Brisch

Komödienstraße 56–58
D-50667 Köln
E-mail: kmb@online-law.de


Die Deutsche Bibliothek – CIP-Einheitsaufnahme

Bitzer, Frank:
Digitale Signatur: Grundlagen, Funktion und Einsatz/Frank Bitzer; Klaus M. Brisch.
- Berlin; Heidelberg; New York; Barcelona; Budapest, Hongkong; London;
Mailand; Paris; Singapur; Tokio: Springer, 1999
ISBN-13:987-3-540-65563-3        e-ISBN-13:987-3-642-60102-6
DOI:  10.1007/987-3-642-60102-6

ISBN-13:987-3-540-65563-3




Umschlaggestaltung: Künkel + Lopka Werbeagentur, Heidelberg
Satz: Datenaufbereitung durch perform, Heidelberg
SPIN 10708367    33/3142SR - 5 4 3 2 1 0 – Gedruckt auf säurefreiem Papier

# Geleitwort

Die moderne Informations- und Kommunikationstechnik hat in allen Lebensbereichen Einzug gehalten, am Arbeitsplatz ebenso wie im privaten Bereich. Der Wandel zur sogenannten „Informationsgesellschaft" vollzieht sich in Riesenschritten. Die Ressource „Information" ist zum vierten großen Wirtschaftsfaktor geworden – so wichtig wie Rohstoffe, Arbeit und Kapitel. Ihr kommt heute im weltweiten Wettbewerb häufig entscheidende Bedeutung zu.

In nahezu allen Bereichen (Industrie, Handel, Verwaltung, Medizin, Banken usw.) wird das bisherige papiergebundene Schriftdokument zunehmend durch das „elektronische Dokument", das schnell, einfach und preiswert über die globalen Kommunikationsnetze elektronisch übermittelt und archiviert werden kann, ersetzt.

Durch die Anwendung digitaler Signaturen gemäß dem Signaturgesetz kann bei elektronischen Dokumenten der Urheber und die Unverfälschtheit der Dokumente zuverlässig festgestellt werden. Außerdem kann sich jeder mittels Signaturschlüssel in den Kommunikationsnetzen weltweit ausweisen und diese für ein sicheres Schlüsselmanagement bei der Verschlüsselung von Daten nutzen. Damit bietet die bisher noch recht unsichere „elektronische Welt" erstmals erheblich höhere Sicherheit als die „Papierwelt". Dies gilt insbesondere auch für den Schutz vertraulicher Daten vor einem Zugriff Unbefugter. Hier bieten geeignete Verschlüsselungsverfahren praktisch absoluten Schutz (Datenschutz durch Technik).

Das Signaturgesetz, das die Anforderungen an technische Komponenten und erforderliche Dienstleistungen für digitale Signaturen regelt, schafft auch Rechtssicherheit, indem für gesetzliche digitale Signaturen gemäß § 1 Abs. 1 Signaturgesetz eine Sicherheitsvermutung gilt. Soweit für bestimmte Vorgänge durch Rechtsvorschrift die Schriftform verlangt wird, sind umfassende Gesetzesnovellierungen (z.B. Änderung des BGB) in Vorbereitung mit dem Ziel, alternativ zur Schriftform, der eigenhändigen Unterschrift, auch die „elektronische Form", die gesetzliche digitale Signatur, zuzulassen.

Am 22. April '99 wurde vom EU-Telekommunikationsrat der Entwurf einer EU-Richtlinie zur elektronischen Signatur verabschiedet. Er wird voraussichtlich Ende 1999 in Kraft treten und deckt sich in den Sicherheitsanforderungen weitgehend mit dem Signaturgesetz, so daß das Signaturgesetz nur geringfügig angepaßt werden muß. Damit besteht Planungs- und Investitionssicherheit für alle Aktivitäten im Rahmen des Signaturgesetzes.

Mit der künftig möglichen vollständigen elektronischen Abwicklung von Vorgängen – ohne „Medienbruch" – erschließt sich ein erhebliches betriebs- und volkswirtschaftliches Rationalisierungspotential, dessen unverzügliche Nutzung erhebliche Wettbewerbsvorteile verspricht.

In dem folgenden Buch werden die technischen und rechtlichen Aspekte des elektronischen Rechts- und Geschäftsverkehrs und des Informationsschutzes beim Einsatz von Informationstechnik ausführlich und praxisbezogen behandelt. Es ist jedem zu empfehlen, der sich mit diesen Aspekten näher vertraut machen will.


Bonn, Mai 1999                                  Wendelin Bieser
                                   Bundesministerium des Innern

# Vorwort

Die neuen Informations- und Kommunikationstechnologien durchdringen in konsequenter Weise sämtliche Lebensbereiche. Gegenwärtig gehen Statistiken davon aus, daß bis zur Jahrtausendwende weltweit rund 100 Mio. Menschen unmittelbaren Zugang zum Internet haben. Laut der Gesellschaft für Konsumforschung (GfK) ist die Zahl der Online-Nutzer in Deutschland 1998 um 40 Prozent auf 8.4 Mio. gestiegen. Daß bisher nur 2.2 Mio auch online eingekauft haben, läßt auf weiteres Potential beim Online-Handel schließen. Das Hauptinteresse der Internet-„Surfer" gilt laut obiger Umfrage den aktuellen Nachrichten, nutzwerten Informationen und kommerziellen Angeboten.

In wirtschaftlicher Hinsicht geht es insbesondere darum, der Herausforderung der durch das Internet entstandenen Globalisierung gerecht zu werden. Der globale Handel auf Basis von Angeboten im Internet – der E-Commerce – gilt als Motor der Informationsgesellschaft. Das weltweite Handelsvolumen betrug nach Untersuchungen von Forrester Research Ende 1998 rund 1,8 Mrd. US-Dollar. Für die folgenden Jahre wird jeweils mit einer Verdreifachung des Volumens gerechnet. Alleine für Deutschland wird für 2001 ein Umsatz von 28 Mrd. DM erwartet. Selbst kleinere „virtuelle" Marktplätze verzeichnen über 500.000 Besucher pro Monat.

Was aber ist „Electronic Commerce", der elektronische Geschäftsverkehr, überhaupt? Dieser Begriff wäre zu eng gefaßt, wenn er allein auf mögliche Vertragsabschlüsse im Internet beschränkt werden würde. Electronic Commerce umfaßt nicht nur den Vertragsabschluß und den Verkauf von Waren und Dienstleistungen, sondern auch die digitale Kommunikation, den Austausch von Daten und Informationen.

Ein wichtiges Merkmal des E-Commerce ist dabei die Möglichkeit, Zahlungen online vorzunehmen. In der Bundesrepublik wurden Ende 1998 bereits 3,5 Mio. Bankkonten online geführt. Im wesentlichen wird dies über T-Online, den Nachfolger des BTX-Systems, abgewickelt. Hierbei werden die Daten in einem im wesentlichen

E-Commerce

geschlossenen System verarbeitet. Beim Übergang auf das Internet sind hier neue Konzepte der Sicherheit zu entwickeln.



Aber nicht nur der Kauf von Waren und Dienstleistungen wird über das Internet angeboten. Immer häufiger wird auch die tägliche Büroarbeit selbst auf Basis globaler Vernetzung abgewickelt. Unternehmen stehen weltweit in arbeitsteiliger Kooperation miteinander in Verbindung. So lassen große deutsche Unternehmen seit Jahren Teile ihrer Software in Indien erstellen. Der Ford-Konzern leitet seine Konstruktionsdaten rund um den Globus an einzelne Unternehmensbereiche weiter, so daß 24 Stunden pro Tag daran gearbeitet wird.

Auch für kleine und mittelständische Unternehmen bietet das Internet zahlreiche Vorteile. Es ermöglicht ihnen, ihre Produkte an 365 Tagen, jeweils 24 Stunden ohne Ladenschlußbestimmungen anzubieten und damit für potentielle Kunden auf der Welt jederzeit erreichbar zu sein. Auch kleinere Unternehmen können nun ohne umfangreiche Vertriebsstrukturen weltweit präsent sein und ihre Produkte anbieten.

Diesen Chancen stehen zugleich eine Reihe neuer Fragen gegenüber. Die Kunden sind nicht mehr persönlich bekannt. Andere Länder haben andere Wettbewerbs-, Haftungs- und Gewährleistungsregeln. Besonders Zahlungen müssen auf einem weltweiten Markt anders organisiert werden als im nationalen Umfeld.

Besonders der **gesicherten Kommunikation** und Transaktion kommt eine zentrale Rolle zu. Umfragen zeigen, daß Sicherheitsbedenken das größte Hemmnis für die Entwicklung des E-Commerce darstellen. Das Thema ist vielschichtig und betrifft zahlreiche technische und rechtliche Fragestellungen, die sich wesentlich mit den entsprechenden Aspekten sicherer Kommunikation unter Verwendung der „neuen Medien" befassen.



Zentraler Diskussionspunkt ist dabei das Konzept der digitalen Signatur. Sie hat zum Ziel, allen Nutzern moderner Kommunikationstechnologien eine einfache technische Lösung anzubieten, die es ihnen erlaubt, den Kommunikationspartner eindeutig zu identifizieren und die Integrität der übermittelten Daten zu gewährleisten. Aus diesem Grund behandelt das Buch

- technische,

- juristische und

- anwendungsbezogene Aspekte der digitalen Signatur.


Dabei werden den Fragestellungen an das Konzept der digitalen Signatur nachvollziehbare Lösungen und Antworten zugeführt.

Gleichzeitig wird dem unterschiedlichen Erfahrungshorizont der jeweiligen Zielgruppen und ihren Interessen Rechnung getragen.

Der methodische Ansatz des Buches und seine Einteilung ist daher so gewählt, daß die einzelnen Zielgruppen wie Juristen, Multimedia-Produzenten, Verantwortliche in Unternehmen, Behörden und Institutionen an das Thema und die Fragestellungen heran geführt werden und ihre Vorkenntnisse erheblich vertiefen können. Der am Anfang stehende Überblick führt sowohl bei technischen, juristischen als auch administrativen Fragen ins Detail.

Wesentliches Augenmerk wird auf die digitale Signatur und deren technischen und rechtlichen Anforderungen gelegt, wie sie sich aus dem Signaturgesetz (SigG) ergeben.

- Nach einer allgemeinen Einführung in Kapitel 1 beschreibt Kapitel 2 das Konzept der digitalen Signatur.

- Kapitel 3 stellt ihren praktischen Einsatz dar.

- Kapitel 4 erläutert die kryptographischen Komponenten.

- Kapitel 5 behandelt die juristischen Aspekte.

- Kapitel 6 zeigt Einsatzgebiete in Wirtschaft, Organisation und Verwaltung.

- Kapitel 7 gibt einen Ausblick über zukünftige Anwendungen und Fragen der internationalen Akzeptanz.

- Kapitel 8 enthält die Gesetzesgrundlagen.

Zum Abschluß sei noch eine Bemerkung zu den gewählten Formulierungen erlaubt: Zugunsten eines besseren Leseflusses werden nur die „männlichen" Begriffe wie Nutzer oder Anwender verwendet. Selbstverständlich sind damit auch Leserinnen des Buches mit angesprochen.

Köln, Mai 1999                    Frank Bitzer, Klaus M. Brisch

# Danksagung

Für die zahlreichen guten Ratschläge und Anregungen in lebhaften Diskussionen bedanken sich die Autoren ganz besonders bei Herrn Wendelin Bieser, Bundesministerium des Innern sowie Herrn Paul Mertes, Deutsche Telekom AG. Herrn Jens-Steffen Henn danken die Autoren für die Erarbeitung der Grafiken.

Köln, den 7. Mai 1999                    Frank Bitzer, Klaus Brisch

# Inhalt

# 1 Ausgangslage

## 1.1
## Zweck der digitalen Signatur

Immer mehr Bereiche der privaten und kommerziellen Kommunikation machen sich Online-Medien zunutze. Der Wandel von auf Papier basierenden zu digitalen Abläufen und Transaktionen stellt neue Anforderungen an die Administration und Sicherheit.

Das Internet mit seinem World-Wide-Web-Dienst hat sich seit 1994 vom Medium für Computerexperten zu einem weltweiten Kommunikationsnetz für Business-Anwendungen entwickelt. Die technologischen Grundlagen stammen jedoch zum Teil noch aus den 60er Jahren. Die rasante Verbreitung und Akzeptanz führte jedoch dazu, daß die technische Entwicklung dem Bewußtsein für Sicherheit und rechtliche Fragestellungen und für Zusammenhänge in Bereichen wie Copyright, Wettbewerbsrecht, Haftung und Gewährleistung enteilte.

Sicherheitsbedenken stellen nach relevanten Umfragen die größte Hemmschwelle bei der Entwicklung des E-Commerce, also dem Einsatz für geldwerte Transaktionen, dar. Bedenken bestehen insbesondere hinsichtlich folgender Fragestellungen:

1. Wie können die Kommunikationspartner sich gegenseitig sicher identifizieren?

2. Wie können Daten sicher ausgetauscht werden?

3. Wie ist der Gefahr des Auslesens bzw. Abhörens von Datenflüssen zu begegnen?

4. Wie verhält es sich mit dem Datenschutz?

5. Wie kann man einen vertrauenswürdigen Dritten etablieren, der Vorgänge bestätigt?

Neben entsprechender Technologien, die darauf Antwort geben können, bedarf es darüber hinaus sicherer rechtlicher Rahmenbedingungen. Diese sind nach Möglichkeit nicht allein auf nationaler Ebene zu entwickeln, sondern im europäischen Kontext zu harmonisieren, wenn nicht gar international.

Dies ist das Ziel der **digitalen Signatur**. Sie soll den elektronischen Geschäftsverkehr für Anbieter und Verbraucher sicher gestalten und eine Technologie anbieten, die leicht zu handhaben und technisch auf höchstem Standard ist.

## 1.2
## Technologien

Die heute im Internet eingesetzten Technologien und Protokolle wurden Ende der 60er Jahre entwickelt. Das Internet hatte bis zum Anfang der 80er Jahre eine überschaubare Zahl von Nutzern, die im wesentlichen im wissenschaftlichen und militärischen Bereich angesiedelt waren. In den de facto geschlossenen Netzen stellten sich die Fragen nach Identifizierung der Kommunikationspartner und Sicherung der Daten nicht wie im heutigen Maß. Im Vordergrund standen eine hohe Ausfallredundanz und sytemübergreifende Funktionen. Die eingesetzten Protokolle spiegeln dies wider.

Im folgenden werden einige Problembereiche aufgezeigt, bei denen die digitale Signatur Abhilfe schaffen kann.

## 1.2.1
## Authentizität

Bei der Nutzung von E-Mail auf Basis der heutigen Protokolle (SMTP) für den Versand der Daten ist es selbst Laien möglich, eine beliebige Absenderadresse anzugeben. Die Authentizität der Kommunikationspartner, wie z.B. bei der beliebigen Nutzung der E-Mail-Adressen von bill.gates@microsoft.com oder president@whitehouse.gov , ist somit nicht gewährleistet.

Das Protokoll eines Mailservers verdeutlicht die Problematik, die mit der Versendung einer E-Mail einhergeht. Die verschiedenen Phasen der Übertragung stellen sich danach wie folgt dar:

E-Mail-Versand

1. DIAL: Wähle 'Provider ISDN'

2. DIAL: 18:03:27 Verbindung erstellt

3. POP3: Verbinde zum Host-Rechner [pop3.provider.de] am Mittwoch, den 3. Februar 1999 18:03:27

4. POP3: 18:03:27 [rx] +OK QPOP (version 2.52) at mail1 starting.

5. POP3: 18:03:27 [tx] USER maier

6. POP3: 18:03:27 [rx] +OK Password required for maier.

7. POP3: 18:03:27 [tx] PASS <passwort>

8. POP3: 18:03:27 [rx] +OK maier has 3 messages

9. POP3: 18:03:27 [rx] QUIT

10. SMTP: Verbinde zum Host-Rechner [smtp.provider.de] am Mittwoch, den 3. Februar 1999 18:03:28

11. SMTP: 18:03:28 [rx] 220 mail2.provider.de ESMTP Sendmail 8.9.1/8.9.1; Wed, 3 Feb 1999 18:05:42 +0100 (MET)

12. SMTP: 18:03:28 [tx] HELLO domain.de

13. SMTP: 18:03:28 [rx] 250 mail2. provider.de Hello dial6-23. provider.de [192.56.201.5], pleased to meet you

14. SMTP: 18:03:28 [tx] MAIL FROM: <info@maier.de>

15. SMTP: 18:03:28 [rx] 250 <info@maier.de>... Sender ok

16. SMTP: 18:03:28 [tx] RCPT TO: <firma@t-online.de>

17. SMTP: 18:03:28 [rx] 250 <firma@t-online.de>... Recipient ok

18. SMTP: 18:03:28 [tx] DATA

19. SMTP: 18:03:28 [rx] 354 Enter mail, end with "." on a line by itself

20. SMTP: 18:03:28 [tx] .

21. SMTP: 18:03:29 [rx] 250 SAA04743 Message accepted for delivery


Die verschiedenen Übertragungsschritte seien kurz erläutert: Nach der Einwahl in den Mailserver in den Zeilen 1 und 2 erfolgt beim Lesen der Nachrichten die Frage nach einer Nutzerkennung und einem Kennwort in den Zeilen 5 bis 7. Erst nach der Verifikation können die Nachrichten gelesen werden. Ein unbefugtes Lesen der Nachrichten durch andere Personen ist damit nicht ohne Kenntnis der persönlichen Daten möglich.

Beim Versand von Nachrichten erfolgt ebenfalls eine Einwahl in den entsprechenden Mailserver (Zeile 10 bis 13). Hier ist jedoch keine weitere Identifizierung notwendig. Einige Provider prüfen lediglich, ob eine Einwahl innerhalb ihres Systembereiches stattgefunden hat oder extern über das Internet. In den Zeilen 14 bis 21 wird eine Nachricht versendet. Auch hier wird die Identität des Absenders nicht geprüft, dagegen jedoch die Existenz des Empfängers. Fachleute können anhand der Daten in dem normalerweise nicht sichtbaren Vorspann einer E-Mail erkennen, von welchem Computer im Internet die Nachricht abgesendet wurde. Dadurch läßt sich der Absender zumindest auf ein System einschränken. Bei großen Providern wie T-Online hilft dies jedoch wenig. Andere Voraussetzungen sind in proprietären Systemen wie AOL gegeben. Dort ist eine eindeutige Identifizierung des Absenders festgelegt, da hier spezielle Mail-Protokolle verwendet werden.

Um die nötige Sicherheit bei der Identifizierung der Kommunikationspartner zu erlangen, bedarf es hier der Änderung der Protokolle oder zusätzlicher Software.

## 1.2.2
## Integrität

Anders als beim Telefon, wo eine direkte und feste Verbindung zwischen den Gespächspartnern herrscht, werden die Daten im Internet in der Regel über zahlreiche Netzknoten übertragen. Die folgende Liste zeigt den Weg einer Online-Verbindung von Köln nach Bonn über 20 Stationen:

```
1     rtint.netcologne.de (194.8.194.68)  0 ms  0 ms  0 ms
2     K-gw1.K.net.DTAG.DE (194.25.10.53)  10 ms  20 ms  0 ms
3     H-gw1.H.net.DTAG.DE (194.25.121.126)  20 ms  10 ms  20 ms
4     H-gw2.H.net.DTAG.DE (194.25.123.21)  10 ms  10 ms  20 ms
5     HH-gw1.HH.net.DTAG.DE (194.25.121.77)  20 ms  20 ms  10 ms
6     Penns-gw1.USA.net.DTAG.DE (194.25.6.190)  90 ms  100 ms  90 ms
7     sprint-nap.si.net (192.157.69.80)  220 ms  90 ms  100 ms
8     gsl-sl-penn-fddi.gsl.net (204.59.136.199)  100 ms  90 ms  90 ms
9     sl-pen-19-P4/0/0-155M.sprintlink.net (144.232.0.81)  100 ms  100 ms 90 ms
10    sl-pen-21-P4/0/0-155M.sprintlink.net (144.232.0.77)  100 ms  90 ms  90
      ms
      11 core4-hssi5-0.WestOrange.mci.net  (206.157.77.105)   100 ms   100 ms
      90ms
12    la-net.Washington.mci.net (166.48.38.1)  200 ms  170 ms  160 ms
13    166.48.39.254 (166.48.39.254)  180 ms  180 ms  190 ms
14    IR-Frankfurt1.WiN-IP.DFN.DE (188.1.144.85)  260 ms  270 ms  280 ms
15    ZR-Frankfurt1.WiN-IP.DFN.DE (188.1.144.102)  280 ms  500 ms  320 ms
16    ZR-Koeln1.WiN-IP.DFN.DE (188.1.144.33)  280 ms  260 ms  280 ms
17    Uni-Bonn1.WiN-IP.DFN.DE (188.1.6.42)  300 ms  270 ms  270 ms
18    kr-uni-bonn.Uni-Bonn.DE (188.1.6.46)  270 ms  270 ms  290 ms
19    alpha7-14-t0.rhrz.uni-bonn.de (131.220.14.246)  280 ms  290 ms  270 ms
20    giub.uni-bonn.de (131.220.125.56)  280 ms  290 ms *
```

Dies ist sicher ein aufwendiges Beispiel. Es zeigt jedoch anschaulich, welches Angriffspotential beim Austausch von Daten über das Internet besteht. Hinter jeder Zeile steht ein Computer, auf dem eine E-Mail im Versand zwischengespeichert wird. Auch wenn die Daten dort nicht dauerhaft archiviert werden, ist ein Eingriff möglich. Dies kann durch Personen erfolgen, die entsprechende Zugangsberechtigungen haben, oder durch Computerprogramme, die automatisch bestimmte Informationen verändern.

Um die übertragenen Daten vor Manipulation zu schützen, stehen sichere Protokolle zur Übertragung wie SSL, SET oder SHTTP zur Verfügung.

## 1.2.3
## Geheimhaltung

Neben dem Schutz vor Manipulation ist der Schutz vor Einsicht ein wichtiger Aspekt bei der Nutzung von Online-Medien. Einige Spionagefälle in letzter Zeit haben gezeigt, welche Konsequenzen es hat, wenn vertrauliche Dokumente bei der Übertragung im Internet eingesehen werden können.

Ein vielzitiertes Beispiel für die Wichtigkeit des Schutzes von Daten gegen Einsicht ist der Diebstahl von Kreditkartennummern. Durch geeignete Computerprogramme lassen sich automatisch die Informationen herausfiltern, die das Muster der Kartennummern enthalten.

Abhilfe schaffen hierbei Verschlüsselungsprogramme, mit denen die Daten so kodiert werden, daß sie nur der Empfänger mit entsprechenden Schlüsseln wieder dekodieren kann. Auch die unter Kapitel 1.2.2 erwähnten sicheren Protokolle bieten einen geschützten Transport über das Netz. Die Daten werden hierbei durch eine Art Schlauch befördert, der sie nach außen hin abschottet.

Das Signaturgesetz schreibt technische Maßnahmen vor, mit denen Eingriffe und Veränderungen an übertragenen Daten erkannt und die Identität des Absenders einer elektronischen Nachricht festgestellt werden können. Eine Verschlüsselung der Daten als direkten Schutz vor Einsicht durch Unbefugte sieht das Gesetz dagegen nicht vor, schließt es jedoch auch nicht aus.

## 1.2.4
## Digitale Unterschrift

Wenn neben der reinen Kommunikation auch Vereinbarungen, verbindliche Absprachen und Transaktionen auf rein digitaler Ebene erfolgen sollen, ist eine digitale Form der Unterschrift nötig. Hierbei gilt es, die in Papierform gebräuchliche Form des Firmenstempels und der Unterschrift nachzuempfinden.

Das Einscannen von Schriftproben ist dazu nicht geeignet. Es erhöht sogar das Mißbrauchspotential, da sie nahezu beliebig zu kopieren sind. Das Konzept der digitalen Signatur hat zum Ziel, genau dieses Problem zu lösen.

## 1.2.5
## Datums- und Zeitstempel

Bei der Kommunikation über Online-Netzwerke gelangen Informationen nicht direkt vom Sender zum Empfänger.

Hierbei kann es u.a. durch technische Probleme zu Verzögerungen kommen. Zudem lassen sich die Datums- und Zeiteinstellungen an Computern nahezu beliebig verändern. Für die Einhaltung von Fristen beim Austausch von Daten bedarf es also einer neutralen Instanz, die einen digitalen Zeit- und Datumsstempel erzeugt. Benötigt wird quasi ein digitaler Poststempel. Im Rahmen des SigG ist eine solche Funktion durch einen „vertrauenswürdigen Dritten" (Trusted Third Party, TTP) vorgesehen.

## 1.2.6
## Sende- und Empfangsbestätigung

Die bereits unter Kapitel 1.2.2 erwähnten Protokolle zur Übertragung von Informationen im Internet sehen keine einheitliche Sende- und Empfangsbestätigung vor. Die Dokumentation der Provider über die Einwahl-, Sende- und Empfangsvorgänge können in einzelnen Fällen herangezogen werden. Da diese jedoch nicht beliebig lange archiviert werden, ist ein dauerhafter Nachweis schwer zu führen. Bei Briefsendungen dient hier das Einschreiben ggf. mit dem Zusatz des Rückscheins als nachvollziehbare und von allen akzeptierte Methode. Auch Fax-Protokolle erfüllen diese Funktion in weiten Teilen. Bei der Online-Kommunikation bedarf es hierzu neuer Protokolle und Methoden. Proprietäre Systeme wie „Lotus Notes" oder Standards wie X.400 haben diese Funktionen für die interne Kommunikation bereits implementiert.

## 1.2.7
## Identifikation von Servern

Durch die offene und flexible Architektur des Internets ist es möglich, einem Online-Nutzer eine falsche Adresse vorzuspiegeln. Hier sind Mechanismen gefordert, mit denen sich einzelne Webserver, Diensteanbieter, Online-Shops und Softwarelieferanten ausweisen können.

Durch Zertifikate lassen sich solche Identifizierungen vornehmen. Einzelne Websites nutzen dies bereits. Ein Beispiel zeigt das Zertifikat der Lufthansa-Website:

```
This Certificate belongs to:
www.lufthansa.com, FRA XL/I
Deutsche Lufthansa AG, Frankfurt, Frankfurt, DE
This Certificate was issued by:
Secure Server Certification Authority
RSA Data Security, Inc. US


Serial Number:
3A:46:78:DB:CD:94:9E:E2:E3:72:63:0C:03:67:70:1B
This Certificate is valid
from Mon Nov 23, 1998 to Wed Nov 24, 1999
Certificate Fingerprint:
E5:1A:3A:28:90:94:6E:0C:C3:03:F6:84:8E:8E:72:E4
```

Mit Hilfe entsprechender „Browser" lassen sich diese digitalen Ausweise anzeigen und verifizieren. Auch bei Softwaremodulen, die online geladen werden, findet dieses Konzept bereits Anwendung. Zertifikate spielen auch beim Einsatz der digitalen Signatur eine wichtige Rolle.

# 1.3
# Rechtliche Aspekte

Die Fragestellungen, die durch die fortschreitende Entwicklung der interaktiven Medien aufgeworfen werden, sind vielschichtig. Die zentrale Technologie dabei ist die Digitalisierung. Sie ermöglicht es, den „Rohstoff" der Wissensgesellschaft, nämlich immaterielle Güter in Form von Daten (Zahlen, Koordinaten, Texte, Bilder, Landkarten, Pläne, Audio, Video etc.), in fluktuierenden Netzwerken für jedermann zugänglich zumachen. Dabei ist entscheidend, daß die Kommunikationspartner weder zeitlich noch örtlich zueinander präsent sind und sich möglicherweise nicht einmal kennen.

# 1.3.1
# Identifizierung des Vertragspartners

Das Internet ist kein rechtsfreier Raum. Ein rechtliches Chaos hat dort nie vorgeherrscht. Auch im Internet ist der Urheber vor unbefugtem Gebrauch und Mißbrauch seiner Werke geschützt, und jede

Vertragsschluß
im Internet

Person wird vor Verletzung ihrer persönlichen Integrität bewahrt und Beleidigungen sind verboten. Insofern können Verträge auch im Internet abgeschlossen werden.

Für jeden Vertragsschluß gilt, daß als grundlegende Voraussetzung ein Angebot vorliegt, das vom Empfänger angenommen werden muß. Angebote können im Internet abgegeben und durch die E-Mail-Kommunikation auch entsprechend akzeptiert werden. Dabei mag es erstaunen, daß nach der derzeitigen Rechtslage in der Bundesrepublik überwiegend davon ausgegangen wird, daß die Darstellung einer Produktpalette im Rahmen einer Homepage nicht als Angebot erachtet wird, sondern als sogenannte „invitatio ad offerendum". Dies ist nichts anderes als die Aufforderung an den Kunden, ein Angebot abzugeben. Dieses Angebot lautet etwa: „Ich gebe dir 50,00 DM für dieses oder jenes Produkt". Sobald der Homepage-Betreiber dieses Angebot erhält, nimmt er es entweder ausdrücklich an, z.B. im Wege der Faxbestätigung, oder aber konkludent, d.h. aus den Gesamtumständen ist ersichtlich, daß er es angenommen hat. Dies geschieht üblicherweise durch die sofortige Zusendung der bestellten Ware.

Fraglich ist allerdings, inwieweit der Online-Anbieter sicher sein kann, es tatsächlich mit der Person zu tun zu haben, die sich aus der E-Mail als Absender ergibt. Wie bereits unter Punkt 1.2.1 dargestellt, ist es selbst für technische Laien möglich, eine beliebige Absenderadresse anzugeben.

Mit dem SigG und der damit einhergehenden Signaturverordnung (SigV) sieht sich der Gesetzgeber nunmehr am Ziel, eine eindeutige Identifizierung der Vertragspartner ermöglicht zu haben. Bei der Verwendung der digitalen Signatur gilt die Annahme, daß das Dokument, das mit ihr verschlüsselt wurde, auch vom angegebenen Absender stammt. Zusätzlich gelten die übermittelten Daten als unverfälscht beim Empfänger angekommen. Aufgrund dieser positiven Festschreibung durch das SigG wird zukünftig auf die nachträgliche Bestätigung per Brief oder per Fax verzichtet werden können.

## 1.3.2
## Sicherheit über den Inhalt von Dokumenten

Wenn durch die digitale Signatur zwar der Absender eines elektronischen Dokumentes eindeutig identifiziert werden kann, garantiert diese jedoch nicht, daß auch der Inhalt, der schließlich beim Empfänger angekommen ist, nicht nachträglich vom Absender geändert, auf dem Übertragungswege verfälscht oder – aus Sicht des Absenders der Nachricht ist dies von besonderem Interesse – doch möglicherweise noch vom Empfänger verändert wurde.



Wesentlich für eine sichere Kommunikation ist neben der Gewißheit über die Kommunikationspartner auch die Sicherheit der kommunizierten Daten. Wie oben unter 1.2.2 dargestellt, ist die Integrität der Daten gegenwärtig nicht sichergestellt. Dies ist für die weitere Entwicklung des elektronischen Geschäftsverkehrs schädlich.

Aus diesem Grunde ist es wichtig festzustellen, daß ein Dokument, das mit der digitalen Signatur verschlüsselt wurde, nicht allein als vom Absender stammend angesehen wird, sondern die übermittelten Daten auch als unverfälscht beim Empfänger angekommen gelten. Der Empfänger eines mit der digitalen Signatur versehenen Dokumentes muß darauf vertrauen dürfen, daß dieses Dokument auch vom digital Signierenden stammt, von diesem in entsprechender Weise auch abgesandt und auf dem Übertragungsweg nicht verfälscht wurde.

Die Technologie der digitalen Signatur und die damit einhergehende gesetzlich festgelegte Sicherheitsinfrastruktur zur Gewährleistung sicherer Kommunikation wird in Kapitel 2 ausführlich erörtert. Es kann jedoch bereits jetzt gefolgert werden, daß die Technologie der digitalen Signatur ein wesentlicher Schritt für die Sicherheit der elektronischen Kommunikation ist.

Die vorstehenden Ausführungen müssen zur Zeit jedoch in einem wichtigen Punkt, nämlich zur Frage der Schriftlichkeit, noch eingeschränkt werden:
Die digitale Kommunikation stellt derzeit noch keine „schriftliche" Kommunikation dar. Gesetzliche oder zwischen Kommunikationspartnern vereinbarte Schriftformen, sog. gewillkürte Schriftform, sind auch unter Einschluß der digitalen Signatur im Internet nicht erfüllt.

Denn nach der gesetzlichen Regelung im Bürgerlichen Gesetzbuch (BGB) gilt die Schriftform nur dann als gegeben, wenn ein Dokument eigenhändig mit dem Namenszug versehen wurde (vgl. § 126 BGB). Das Gesetz sieht für eine Anzahl von Verträgen oder auch Rechtshandlungen vor, daß sie schriftlich abgeschlossen werden müssen. Dies ist beispielsweise beim Bürgschaftsvertrag, beim Grundstücks- oder Häuserkauf, bei der Verfassung des Testaments, der Quittung oder dem Ehevertrag der Fall. Dies bedeutet, daß überall dort, wo ein Schriftformzwang besteht, diese Verträge im Internet nicht abgeschlossen werden können.

Denn die Schriftlichkeit ist, wenn sie vereinbart ist oder vom Gesetzgeber verlangt wird, eine Wirksamkeitsvoraussetzung. Dies ist beispielsweise der Fall, wenn die Vertragsparteien vereinbart haben,

vertraglich nur schriftlich in Beziehung treten zu wollen. Sie können
dann Verträge im Internet nicht schließen.

## 1.3.3
## Nachweisbarkeit übermittelter Daten

Obwohl Verträge im Internet nicht abgeschlossen werden können,
wenn sie unter einem Schriftformzwang stehen, wird elektronischen
Dokumenten in prozessualer Hinsicht ein gewisser Beweiswert zu-
erkannt.

*Prozessuale Bedeutung* Prinzipiell können alle Formen elektronischer Dokumente im Rahmen eines Prozesses zu Beweiszwecken eingebracht werden. Sie
unterliegen damit der rechtlichen Beurteilung durch den gesetzlichen
Richter. Es gilt dabei der Grundsatz, daß jede Partei die für sie günstigen Tatsachen darlegen und beweisen muß.

Für elektronische Dokumente, die mit der digitalen Signatur versehen wurden, gilt nun eine Besonderheit. Nach dem Willen des
Gesetzgebers sollen sie als authentisch, d.h. als vom Absender
stammend, erachtet werden und die übermittelten Daten als integer,
d. h. als unverfälscht beim Empfänger angekommen, gelten. Dies
führt zu einer erheblichen Stärkung der prozessualen Bedeutung
elektronischer Dokumente. Der Anspruchs- oder Rechtsgegner muß
darlegen und beweisen, daß der Verwender der digitalen Signatur
tatsächlich doch nicht der eigentliche Absender des Dokumentes war
bzw. daß die übermittelten Daten – sei es nachträglich vom Absender oder aber auf dem Übertragungswege – verfälscht wurden. In
praktischer Hinsicht führt diese **Vermutungswirkung** zu einer star-
ken Rechtsposition desjenigen, der die digitale Signatur eingesetzt
hat.

*Der Datums- und Zeitstempel* Auch wenn ein digital signiertes Dokument im Ergebnis einen höheren Beweiswert hat als eine einfache E-Mail, ist allerdings auch dem
Richter bekannt, daß Dokumente im Internet leicht nachträglich
verändert, auf dem Übertragungswege verfälscht oder auch vom
Empfänger noch entstellt werden können.

In diesem Zusammenhang fällt die Frage, wie der bestimmte Zeitpunkt, in dem ein Dokument erstellt, archiviert, verändert oder versendet wurde, nachgewiesen werden kann. Die Zeiteinstellung des
Computers reicht für einen sicheren Nachweis dieses Zeitpunktes
nicht aus. Die Systemzeit des Computers kann leicht manipuliert
werden. Dies ist für die Frage der Einhaltung von Fristen und Ter-
minen bei der elektronischen Kommunikation von besonderer Bedeutung. Entsprechende Zugangsnachweise von Angebot und An-

nahme etwa unter Bezugnahme auf die Zeiteinstellung des Computers sind als unsicher hinzunehmen.

Aber auch hier ist das Konzept der digitalen Signatur von herausragender Bedeutung. Denn das SigG sieht ausdrücklich bei der Sicherheitsinfrastruktur auch Techniken und rechtliche Regelungen vor, die als sogenannter Zeitstempeldienst bezeichnet werden. Damit soll zukünftig sichergestellt werden, daß der Zeitpunkt der letzten Änderung an einem Dokument eindeutig bestimmt werden kann.

# 1.4
# Resümee

Für die sichere Kommunikation über das Internet gibt es bereits zahlreiche Ansätze. Nun bedarf es einer schnellen und umfangreichen Standardisierung der Protokolle, Dienste und Services auf hohem technischen Niveau. Ein wichtiger Bestandteil ist die Einrichtung von „Trusted Third Parties", die Aufgaben wie die Vergabe von Zertifikaten und den digitalen „Poststempel" übernehmen.

Das Konzept der digitalen Signatur mit den Funktionen der Authentizität und Integrität von Personen und Informationen ist ein wichtiger Schritt in diese Richtung. Es schafft sowohl die technische Basis als auch die juristischen Rahmenbedingungen für die Entwicklung des Electronic Commerce.

# 2 Konzept

## 2.1
## Zielsetzung

### 2.1.1
### Analoge Kommunikation

In der traditionellen Kommunikation – sei es im beruflichen oder privaten Bereich – gelten bestimmte Mechanismen, an denen gewohnheitsmäßig erkannt wird, wer der Kommunikationspartner ist und welchen Inhalt die schriftlich oder mündlich, insbesondere auch fernmündlich vermittelte Nachricht hat. Im persönlichen Gespräch kann der Gesprächspartner unmittelbar wahrgenommen werden. Sein gesprochenes Wort kann sofort rezipiert, bewertet und beantwortet werden.

Bei der schriftlichen Kommunikation in der geschäftlichen Praxis werden zahlreiche Dokumente von unterschiedlichen Personen bearbeitet, geprüft, unterzeichnet und weitergeleitet, ohne daß der Absender persönlich bekannt ist oder seine Identität unmittelbar festgestellt werden könnte. Wir verlassen uns auf bekannte Briefpapiere und Unterschriften. Bekanntermaßen sind die Fälle der Namensanmaßung, Urkundenfälschung und sonstige Mißbrauchsfälle allerdings keine Seltenheit. Bei besonders wichtigen Vorgängen und Dokumenten werden daher neutrale dritte Personen hinzugezogen. So muß ein Hauskauf stets über einen Notar, der die Identität der Personen und Dokumente prüft und bestätigt, abgewickelt werden.

Wenn es sich nicht gerade um Ansichtskarten aus dem Urlaub handelt, ist der Absender des weiteren stets darum bemüht, den Inhalt vor anderen zu verbergen. Schließlich kommt es – etwa bei Fristen und sonstigen zeitlichen Nachweisen – auch darauf an, die

Schriftliche
Kommunikation

Kommunikation mit einem **Zeitstempel** zu versehen. Die neutrale Stelle ist dabei die Post mit der Aufbringung des Poststempels.

Der Empfänger seinerseits will in der Lage sein, die Herkunft und den Inhalt der Dokumente zu prüfen und zu verifizieren. Bei Erhalt einer Nachricht wird diese in Behörden, Unternehmen und Geschäftsbüros üblicherweise mit einem **Eingangsstempel** versehen, um den Tag des Zugangs nachzuweisen. Für die Einhaltung von Fristen zählt dabei i.d.R. nicht das Datum auf dem Brief, sondern das Datum des Poststempels. Es werden damit gewissermaßen unveränderbare Merkmale auf den Dokumenten angebracht, die ggf. einmal Beweiszwecken dienen sollen.

Ein typisches Beispiel für das Zusammentreffen aller Faktoren ist eine Bestellung zwischen Firmenkunden.

Abb. 2.1.1
Eine Bestellung

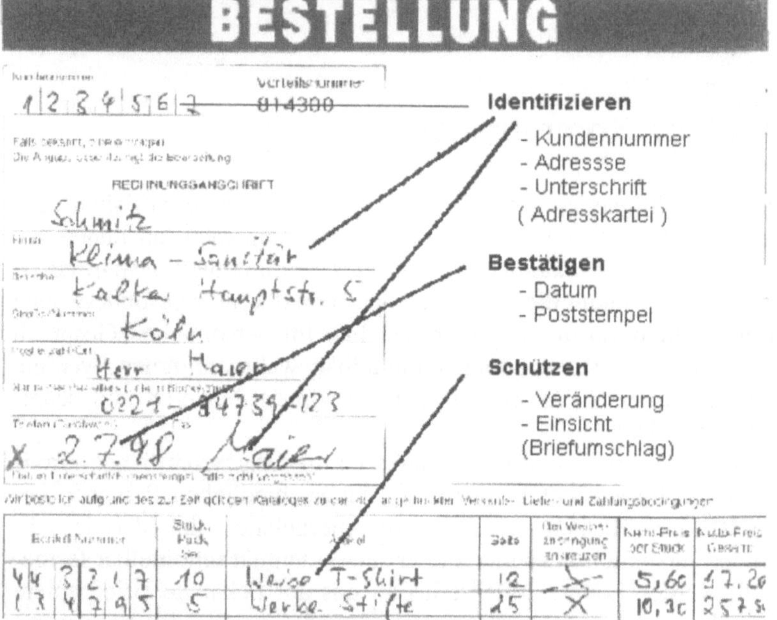


Die Identifizierung geschieht hier über Kundennummern. Ein neutraler Dritter – das Gewerbeamt – bestätigt die Existenz der Firma. Die Unterschrift versichert die eigentliche Bestellung.

Im Laufe der Jahre haben sich für die auf Papier basierende Kommunikation zahlreiche Mechanismen etabliert, die für alle Beteiligten nachvollziehbar sind und deren langjährige Übung gewohnheitsmäßig das Gefühl eines gewissen Sicherheitsstandards vermitteln.

# 2.1.2
# Digitale Kommunikation

Bei der digitalen Kommunikation stehen wir gerade am Anfang dieser Entwicklung. Das Konzept der digitalen Signatur schafft hierzu geeignete Grundlagen, um die drei wesentlichen Aspekte gesicherter Kommunikation umzusetzen:

1. Die **Authentizität:** Der Datenursprung ist sicher festzustellen, mithin der Autor und/oder Absender eines Dokumentes zweifelsfrei zu identifizieren.

2. Die **Integrität** der Daten ist zu sichern. Veränderungen und Manipulationen am Dokument werden erkannt, unabhängig davon, ob sie nachträglich beim Absender, auf dem Übertragungsweg oder beim Empfänger vorgenommen sind.

3. Die **Terminierung** der Fertigstellung eines Dokumentes oder die Einbringung in ein Archiv kann mit einem digitalen Datums- und Zeitstempel nachgewiesen werden.

Ziel ist die Schaffung von Gesetzen, Maßnahmen und Software-Tools die eine gesicherte und nachvollziehbare digitale Kommunikation ermöglichen.

Im folgenden soll zunächst ein Überblick über das Konzept der digitalen Signatur und ihrer Bestandteile gegeben werden. Dazu zählen die Signier- und Prüffunktionen und die Etablierung einer vertauenswürdigen dritten Instanz. Diese stellt einen sicheren digitalen Ausweis aus und erlaubt es den Nutzern der digitalen Signatur, bestimmte Informationen zu verifizieren.

# 2.2
# Das Prinzip der digitalen Signatur

Zur Beschreibung des Prinzips und der Funktionsweise der digitalen Signatur wird zunächst Bezug auf die **gegenwärtig gültige Praxis** bei Bestellungen im Wege herkömmlicher Kommunikation genommen. Die Vertragsparteien vereinbaren dabei regelmäßig, daß die Bestellung schriftlich erfolgt. Sie wollen sich wechselseitig sicher sein, daß die jeweils andere Vertragspartei auch tatsächlich diejenige

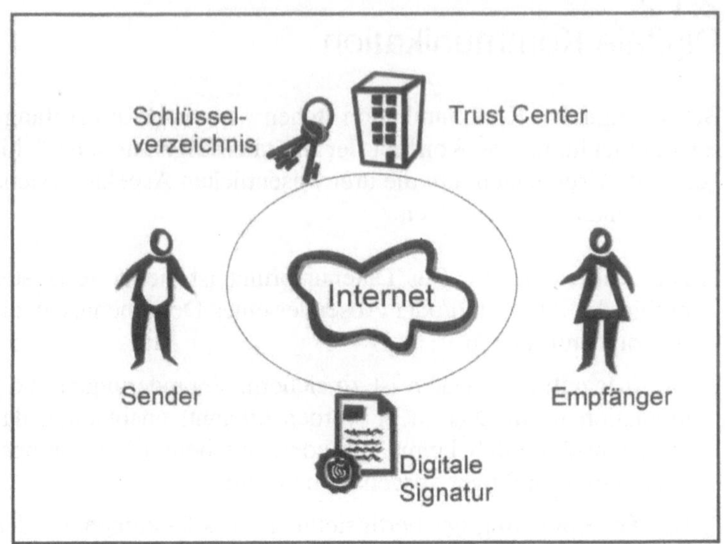

Abb. 2.1.2
Bestandteile des
Konzeptes

Person oder Einrichtung ist, die sie vorgibt zu sein. Mit der Unterschrift geht dabei die Annahme einher, daß derjenige, der sie vollzieht, auch wirklich ihr berechtigter Nutzer ist. Es wird ihm seine Identität damit praktisch unterstellt.

Der schriftlich fixierte Inhalt der unterzeichneten Bestellung soll eindeutig Aufschluß darüber geben, was die vertraglich geregelten gegenseitigen Rechte und Pflichten sind. Die Kommunikationspartner sind sich dabei bewußt, daß ihre Nachrichten auf dem Übertragungsweg durch unbefugte Personen gelesen und ggf. sogar verändert werden könnten. Ohne größere Mühe wäre es z.B. möglich, auch eine schriftlich abgegebene Erklärung durch einfache Veränderungen zu manipulieren, etwa die Bestellmenge durch einfaches Hinzufügen einer weiteren Ziffer. Daher nutzen die Kommunikationspartner z.B. Briefumschläge, um Dritten das Auslesen und Verändern der Daten zu erschweren.

Die Vertragsparteien verfolgen mit der Schriftform zusätzlich das Ziel, den Inhalt auch nachweisen und beweisen zu können. Bei rechtlichen Auseinandersetzungen dient die Bestellurkunde damit als wichtiges Beweismittel.

Zur Beschreibung der technischen Abläufe beim Einsatz der digitalen Signatur soll das Prinzip zunächst in Analogie zum Papier erläutert werden. Das Signieren entspricht hierbei dem Einschweißen eines Dokumentes in eine Klarsichthülle. Der Autor und Absender des Dokumentes versieht die Klarsichtfolie anschließend mit einem Siegel. Eine Manipulation ist nun nur noch durch Aufbrechen des Siegels möglich. Der Empfänger kann sofort erkennen, ob das

Siegel noch unversehrt ist. Andernfalls wird er schlußfolgern, daß
die Nachricht durch eine andere Person gelesen und möglicherweise
verändert wurde.

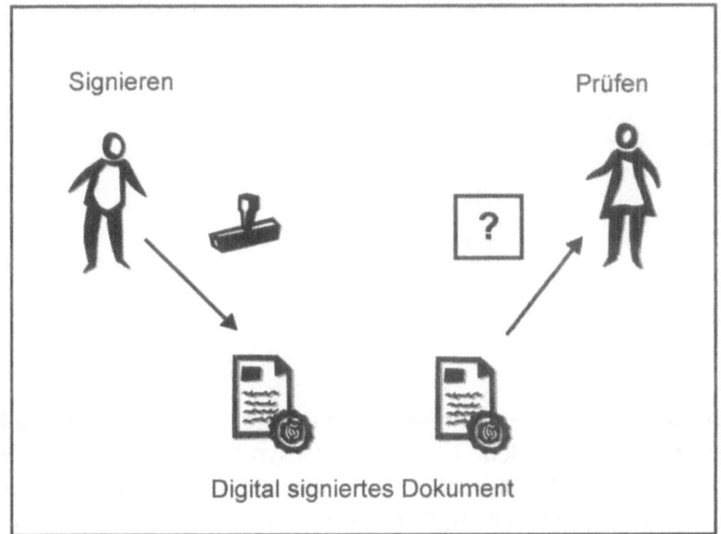


Abb. 2.2.1
Signieren und
Prüfen

Der Einsatz der digitalen Signatur verhindert nicht, daß ein Dokument verändert oder manipuliert wird, zeigt dies jedoch bei einer
späteren Nutzung an.

Für die technische Umsetzung der digitalen Signatur sind folgende wesentliche Vorgänge definiert:

1. **Zusammenfassen:** Erzeugung eines eindeutigen Abbildes des zu
   signierenden Dokumentes, das dieses repräsentiert. Dieses Abbild
   wird als Fingerabdruck des Dokumentes bezeichnet.

2. **Verschlüsseln:** Unterzeichnen dieses Fingerabdrucks mit einer
   digitalen Unterschrift. Für die Erzeugung der Unterschrift wird
   ein „privater Schlüssel" verwendet. Der Fingerabdruck wird dadurch gleichzeitig verschlüsselt und ist somit nicht mehr verän-
   derbar.

3. **Prüfen:** Prüfen des Dokumentes durch den Empfänger auf die
   Echtheit des Absenders und die Unversehrtheit des Inhaltes durch
   einen speziellen „öffentlichen" Prüfschlüssel.

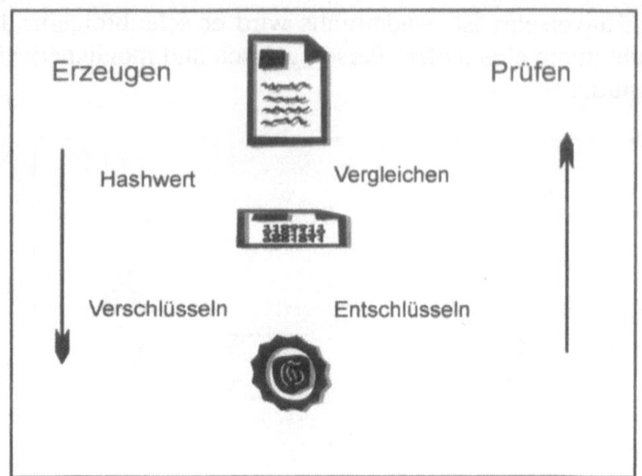

Abb. 2.2.2
Signieren und
Prüfen im Detail

Konzept der
asymmetrischen
Schlüssel

Die wesentlichen Funktionen wie Signieren, Verschlüsseln und Prüfen basieren auf dem Konzept der asymmetrischen Schlüssel (Public-Key). Hierbei handelt es sich um die Kombination aus einem privaten, geheimen Signierschlüssel und einem öffentlichen, frei zugänglichen Prüfschlüssel. Nun scheint es zunächst sicher paradox, wenn ein Schlüssel „öffentlich" ist. Schließlich dient ein Schlüssel zur Sicherheit, weshalb sich die Frage stellt, ob es förderlich ist, diesen öffentlich zugänglich zu machen.

Es gibt jedoch auch im täglichen Leben ähnliche, wenn auch nicht exakt vergleichbare Situationen. So kann der öffentliche Schlüssel mit einem Zahlenschloß einer Aktentasche assoziiert werden. Das Verstellen der Zahlenkombination schließt die Aktentasche ab. Nur der Besitzer kann in Kenntnis der Zahlenkombination (der private Schlüssel) die Tasche öffnen.

Die Akzeptanz von digital signierten Dokumenten hängt neben der sicheren Verschlüsselung ganz wesentlich von der Vertrauenswürdigkeit der eingesetzten Methoden ab. So wie die Ausgabe eines Personalausweises zur Identifikation einer Person von einer vertrauenswürdigen Instanz – dem Einwohnermeldeamt – erfolgt, so wird der private Schlüssel in Kombination mit bestimmten Daten, wie Name und Gültigkeitsdauer, durch eine besonders geprüfte und zuverlässige Instanz – die Zertifizierungsstelle – vorgenommen.

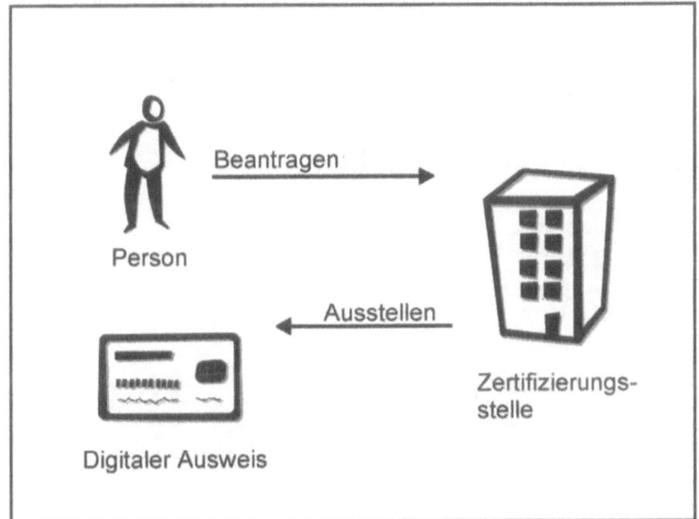




## 2.2.1
## Das Konzept der asymmetrischen Schlüssel

Bei der klassischen Verschlüsselung von Informationen einigen sich Absender und Empfänger vorab auf einen gemeinsamen Schlüssel, mit dem die Daten ver- und entschlüsselt werden. Dazu muß der Schlüssel jedoch auf separatem Weg ausgetauscht werden. In der Zeit mechanischer Verschlüsselungsmaschinen wurden dazu Lochstreifen oder Zahnräder verwendet. Diese wurden durch Boten überbracht.

Beim Einsatz von Verschlüsselung in der Massenkommunikation ist diese Vorgehensweise nicht mehr möglich. Daher kommt hier ein Verschlüsselungskonzept zum Einsatz, das 1976 von den Mathematikern Whitfield Diffie und Martin Hellmann [DH76] entwickelt wurde. Hierbei werden durch eine sehr komplexe mathematische Funktion in einem Vorgang zwei Schlüssel generiert. Die beiden Schlüssel sind voneinander abhängig, jedoch getrennt voneinander zu verwenden. Mit dem einen wird jeweils verschlüsselt, mit dem anderen entschlüsselt. Einer ist der geheime Schlüssel, von dem niemand Kenntnis erlangen darf. Das SigG schreibt vor, daß dieser Schlüssel auf einer Chipkarte eingebrannt und versiegelt wird. Der andere Schlüssel ist nicht geheim. Er soll sogar öffentlich bekannt und frei zugänglich sein. Das SigG legt fest, daß dieser Schlüssel in einer öffentlichen Datenbank zur Verfügung gestellt wird.

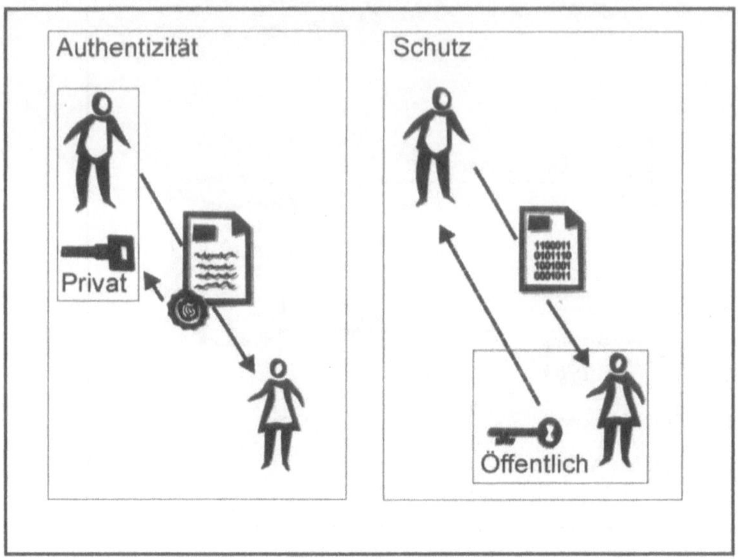

Abb. 2.2.4
Anwendungen
asymmetrischer
Schlüssel

Das Konzept beinhaltet für den Einsatz der Schlüssel zwei prinzipielle Funktionen: Authentizität durch Signieren und Schutz durch Verschlüsseln.

Signieren und
Verschlüsseln

Im Zusammenhang mit der digitalen Signatur betrachten wir hier zunächst die erste Variante, bei der Informationen und Dokumente mit dem privaten Schlüssel signiert werden. Die zweite Funktion, das vollständige Verschlüsseln in dem Sinne, daß die übermittelte Nachricht vor der Einsehbarkeit von Dritten geschützt wird, ist nicht Bestandteil des SigG. Die mit der digitalen Signatur verknüpfte Technologie läßt diese Funktion allerdings zu. Der Vorgang wird in den Kapiteln 4.4 und 4.5 im Detail beschrieben.

Beim Einsatz der asymmetrischen Verschlüsselung für das Signieren von Informationen werden diese mit dem privaten Schlüssel chiffriert. Da dieser geheim ist und nur vom Inhaber verwendet werden kann, erreicht man eine eindeutige Identifizierung des Verschlüsselnden. Die Sicherheit bei der Identifizierung wird noch dadurch verstärkt, daß der private Schlüssel laut SigG auf einer Chipkarte gespeichert wird. Diese kann nur benutzt werden, wenn zusätzlich eine PIN-Nummer die Nutzung freischaltet. Die Sicherheit entsteht hier durch Besitz, nämlich der Chipkarte, und Kenntnis der PIN-Nummer. Die so verschlüsselten Informationen können nun mit dem zugehörigen öffentlichen Schlüssel wieder dechiffriert werden.

Beim Einsatz des privaten Schlüssels steht also nicht die eigentliche Verschlüsselung von Informationen zum Schutz vor Einsicht im Vordergrund. Schließlich kann jeder mit dem frei zugänglichen öf-

fentlichen Schlüssel die Nachricht entschlüsseln. Dies könnte etwa
geschehen, wenn die signierte Nachricht auf Grund eines Übertragungsfehlers dem falschen Empfänger zugeht. Ein Schutz vor Einsicht ist somit nicht gewährleistet.

Wichtigste Aufgabe der digitalen Signatur ist nach den Bestimmungen des SigG vielmehr die Identifizierung der Kommunikationspartner. Mit dem öffentlichen Schlüssel wird die Echtheit der Signatur geprüft. Im Rahmen der digitalen Signatur wird mit dem privaten Schlüssel nicht das gesamte Dokument verschlüsselt, sondern
nur eine kompakte aber eindeutige Repräsentation des Dokumentes.

## 2.2.2
## Erzeugen einer digitalen Signatur

Im ersten Schritt wird ein sogenannter „Fingerabdruck" des Dokumentes erstellt. Hierzu bildet eine Hashfunktion (siehe Kapitel 4.6)
ein Abbild des Inhaltes, das diesen eindeutig repräsentiert. Der Fingerabdruck ist bei den in § 17 Abs. 2 der SigV vorgeschlagenen Algorithmen RIPEMD-160 [DBP96] und SHA-1 [NIS95] [ANX930]
jeweils 160 Bit lang. Dieser „Message Digest" [RI91] entspricht einem Text von etwa 20 Zeichen Länge. Das Verfahren erzeugt dabei
eine absolut eindeutige Abbildung des Textes. Keine zwei Texte haben das gleiche Ergebnis einer Hashfunktion. Diese Eigenschaft
wird Kollisionsfreiheit genannt. Sie gewährleistet, daß die Zuordnung von Originaltext und Fingerabdruck absolut eindeutig ist. Zudem läßt sich von dem Fingerabdruck nicht mehr auf den Text
schließen. Ein Erzeugen des Originaltextes aus dem Fingerabdruck
ist unmöglich.

Die Algorithmen sind international verbreitet und seit Jahren erprobt. Da sich jedoch die Leistungsfähigkeit von Computern rapide
entwickelt, kann nicht ausgeschlossen werden, daß ein heute als sicher geltendes Verfahren in einigen Jahren nicht mehr sicher ist.
Daher schreibt die SigV eine Überprüfung nach spätestens 6 Jahren
vor.

Im zweiten Schritt wird der erzeugte Fingerabdruck verschlüsselt.
Dies ist notwendig, damit das Dokument nicht verändert und anschließend mit einem neuen Fingerabdruck versehen werden kann.
Die Verschlüsselung wird mit dem privaten Schlüssel des Dokumentenautors vorgenommen. Die Kürze des Fingerabdrucks ist hier
von großem Vorteil, da die Verschlüsselung sehr rechenintensiv ist.
Der private Schlüssel ist – nach den Vorschriften des SigG – fest auf
der Chipkarte einprogrammiert. Da er von dort nicht ausgelesen
werden kann, findet der Verschlüsselungsvorgang im Inneren der

Chipkarte statt. Dazu enthält die Chipkarte einen speziellen Prozessor, der für diese Aufgabe optimiert ist. Wie in Kapitel 3 beschrieben wird, läuft der gesamte Vorgang automatisch von der Software gesteuert ab.

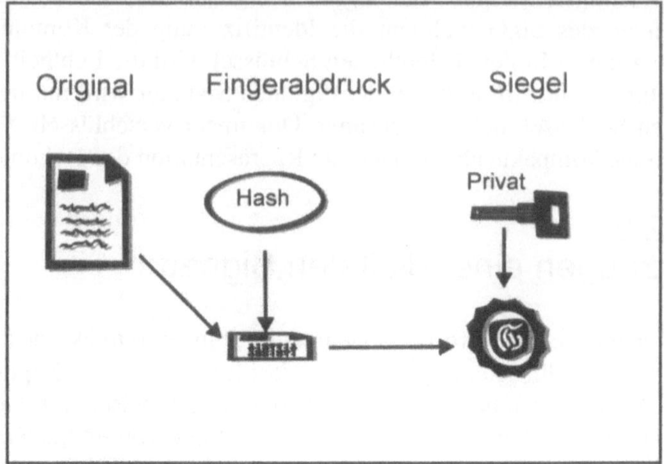





In der Praxis kommt es oft vor, daß mehrere Personen an einem Dokument arbeiten oder es in mehreren Abschnitten erstellen. Auch eine nachträgliche Überarbeitung in einzelnen Versionen ist üblich. Hierzu sieht das Konzept das „Übersignieren" von bereits signierten Dokumenten vor.



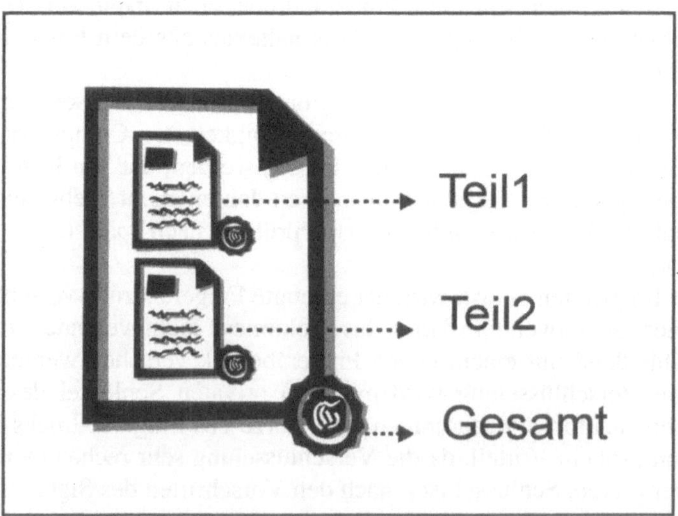

Genauso können einzelnen Abschnitte eines Dokumentes von unterschiedlichen Personen erstellt und einzeln signiert werden. Das Gesamtdokument kann dann eine übergreifenden Signatur erhalten.

## 2.2.3
## Versenden des signierten Dokumentes

Nachdem das Originaldokument und die digitale Signatur vorliegen, werden beide zu einer gemeinsamen Datei kombiniert. Als weitere Komponente wird nun der öffentliche Schlüssel zusammen mit dem „Zertifikat" (siehe Kapitel 2.5) des Absenders hinzugefügt. Dieses stellt sicher, daß der Schlüssel zweifelsfrei dem Absender zugeordnet werden kann. Das Zertifikat wird von der Zertifizierungsstelle ausgestellt und beglaubigt. Es enthält den Namen, die Gültigkeitsdauer, den öffentlichen Schlüssel und einige Zusatzinformationen. Da unterschiedliche Algorithmen zum Einsatz gelangen können, wird der Name des benutzten Algorithmus im Zertifikat angegeben. So kann die Software beim Empfänger automatisch das richtige Verfahren anwenden. Das Beispiel des Zertifikates der Website von Netscape.com in Kapitel 2.5 zeigt dies im Rahmen eines Zertifikates nach dem X.509-Standard [X.509].

Abb. 2.2.7
Versandfertiges
Dokument

Die Kombination aus Dokument, Signatur und Zertifikat erlaubt dem Empfänger ein sofortiges Prüfen der Signatur und Verifizieren des Absenders.

## 2.2.4
## Prüfen der Signatur

Der Empfänger eines digital signierten Dokumentes kann nun die Authentizität des Absenders und die Integrität des Dokumentes verifizieren.



Im ersten Schritt wird die Echtheit des übersandten öffentlichen Schlüssels geprüft. Hierzu wird aus dem Zertifikat des Absenders die Zertifizierungsstelle ermittelt, von der es ausgestellt wurde. Anschließend wird mit dem öffentlichen Schlüssel der Zertifizierungsstelle die Echtheit des Absenderzertifikates geprüft. Die öffentlichen Schlüssel der Zertifizierungsstelle werden in speziellen Verzeichnissen im Internet bereitgestellt. Im Laufe der Zeit erhält jeder Teilnehmer am Signaturverfahren die Schlüssel der beteiligten Zertifizierungsstelle und fügt diese in seinen „Schlüsselbund" ein. Die eigentliche Prüfung läuft analog zur Prüfung des eigentlichen Dokumentes. Einer Beschreibung bedarf es an dieser Stelle daher nicht.



Steht die Echtheit des Absenders fest, so wird im zweiten Schritt die Integrität des Dokumentes geprüft. Mit dem öffentlichen Schlüssel des Absenders wird dazu die Signatur entschlüsselt. Als Ergebnis erhält man den ursprünglichen Fingerabdruck des Dokumentes. Mit der gleichen Hashfunktion, die auch der Absender angewendet hat, wird nun erneut ein Fingerabdruck des Dokumentes erzeugt. Stimmen dieser und der mitgelieferte Fingerabdruck überein, so ist die Unversehrtheit des Dokumentes bestätigt.



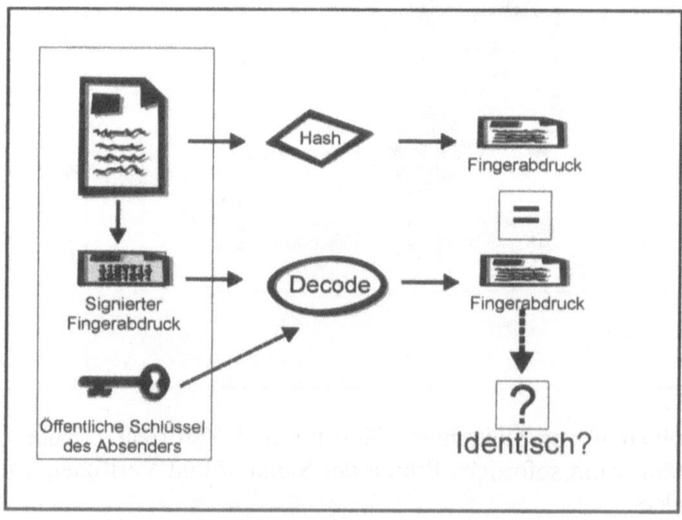

Der Einsatz der Signaturfunktion ist nicht an den Versand von Dokumenten über das Netz gekoppelt. Mit dieser Methode können auch Dokumente auf der Festplatte eines PC oder Daten in Archiven gegen unbemerkte Veränderung geschützt werden. Hierzu zählen alle Arten von Dokumenten, also auch Bilder und audiovisuelle Daten.

## 2.3
## Administrative Elemente

Das besondere an dem Konzept der digitalen Signatur ist die administrative Infrastruktur, die ihr zugrunde liegt. Der Gesetzgeber hat sich entschieden, die Kommunikationsinfrastruktur nicht auf die Kommunikationspartner zu beschränken. Nach dem SigG sind es vier Beteiligte mit jeweils verteilten Rollen, die ihren Beitrag zum Funktionieren der Sicherheitsinfrastruktur leisten. Folgende Personen und Einrichtungen sind Teil der Infrastruktur:

1. Der Nutzer bzw. Antragsteller einer digitalen Signatur
2. Die Zertifizierungsstelle oder Trust Center
3. Die Prüfstelle
4. Die Regulierungsbehörde bzw. Wurzelinstanz

Ausgangspunkt der Erörterung zur Struktur der digitalen Signatur soll ihr Nutzer sein. Denn zu seinem Vorteil wurde versucht, die technischen Lösungen und rechtlichen Fragestellungen zu regeln.

## 2.3.1
## Der Nutzer bzw. Antragsteller

Es stellt sich zunächst die Frage, wer überhaupt Nutzer einer digitalen Signatur werden kann. Der Wortlaut des SigG läßt nicht eindeutig erkennen, ob Antragsteller sowohl natürliche als auch juristische Personen, wie etwa Gesellschaften in Form einer GmbH oder Aktiengesellschaft ober auch Behörden sein können. In § 2 Abs. 1 SigG ist allein die Rede von dem „Inhaber des Signaturschlüssels", der mit dem Signaturschlüssel-Zertifikat erkennbar wird. Der Wortlaut läßt demnach den scheinbar richtigen Schluß zu, daß sämtliche Formen der Rechtsträger „Inhaber" eines Signaturschlüssels werden können. Die Regelung bleibt dennoch unklar. Auch § 5 SigG gibt keinen eindeutigen Hinweis über diese Fragestellung. Nach Abs. 1

hat die Zertifizierungsstelle Personen, „die ein Zertifikat beantragen, zuverlässig zu identifizieren".

Die Frage, ob sowohl natürliche als auch juristische Personen Antragsteller sein und Inhaber einer digitalen Signatur werden können, ist von großer praktischer Bedeutung. Denn natürliche Personen können für sich selbst handeln. Die Erklärungen, die sie abgeben, werden ihnen unmittelbar zugerechnet. Wenn jemand in einem Geschäft etwas kauft, dann geht der Verkäufer davon aus, daß die vertraglichen Rechte und Pflichten, nämlich die Kaufware abzunehmen und dafür den Kaufpreis zu zahlen, dem Käufer unmittelbar zugerechnet werden sollen. Etwas anders liegt der Fall, wenn der Käufer erklärt, im Namen eines anderen zu handeln oder es die Umstände ergeben, daß die Erklärungen im Namen des Vertretenen erfolgen sollen. Hier ist sich der Verkäufer bewußt, daß der Käufer das Geschäft nicht für sich, sondern für einen anderen tätigt, den die Rechte und Pflichten treffen, etwa daß der Vertretene den Kaufpreis zu zahlen hat.

Besonders deutlich werden die Zusammenhänge, betrachtet man die Art und Weise des Handelns von Behörden und juristischen Personen, wie etwa Gesellschaften in Form der Gesellschaft mit beschränkter Haftung oder der Aktiengesellschaft. Sie alle handeln nicht selbständig. Sie entfalten ihre Wirkung nur dadurch, daß bestimmte Personen, z.B. der Oberbürgermeister, der Oberstadtdirektor, der Geschäftsführer oder der Vorstand für sie handeln. Eine Willenserklärung, die diese Personen im Namen der Einrichtung abgeben, wirkt nach den Regeln des Vertretungsrechts dann unmittelbar für und gegen den Vertretenen, also die Behörde oder Gesellschaft. Falls eine Gesellschaft oder Kommune Inhaber einer digitalen Signatur werden könnte, wäre jedem Geschäfts- und Kommunikationspartner verständlich, daß Erklärungen von Personen, die für sie auftreten, nur der vertretenen Einrichtung zugerechnet werden sollen.

Da – wie gesehen – der Gesetzeswortlaut die Fragestellung nicht eindeutig beantwortet, ist sie nur aus dem gesetzlichen Kontext, den technischen Lösungen und dem Willen des Gesetzgebers abzuleiten. Aus dem gesetzlichen Kontext ergibt sich, daß neben der Beantragung eines einfachen Zertifikats auch die Registrierung zusätzlicher Eigenschaften und Funktionen einer digitalen Signatur zugelassen sind. So ist es nach § 5 Abs. 2 SigG insbesondere möglich, „auf Verlangen des Antragstellers Angaben über seine Vertretungsmacht für eine dritte Person sowie zur berufsrechtlichen oder sonstigen Zulassung" in das Signaturschlüssel-Zertifikat oder Attribut-Zertifikat aufzunehmen, soweit die „Einwilligung des Dritten zur Aufnahme dieser Vertretungsmacht oder die Zulassung zuverlässig nachgewiesen wird". Daraus ergibt sich, daß Regelungen für das Handeln im Rahmen einer Gesellschaft oder Behörde zusätzlich zu beantragen sind.



Die Funktion, Vertretungsmacht oder berufliche Stellung, die eine Person innehat, wird in das Attribut-Zertifikat eingetragen. Dieser Lösungsansatz kann aber nur bedeuten, daß nur natürliche Personen Antragsteller und schließlich Inhaber einer digitalen Signatur werden können. Denn ansonsten liefen die Regelungen zu den Attribut-Zertifikaten ins Leere. Könnten Behörden oder Gesellschaften „Inhaber" der digitalen Signatur werden und damit die vertretungsrechtlichen Beziehungen selbständig lösen, dann bedürfte es der gesetzlichen Regelung von Attribut-Zertifikaten gerade nicht.



Am 13.05.1998 hat die Europäische Kommission in ihrer Mitteilung an den Rat, das Europäische Parlament, den Wirtschafts- und Sozialausschuß und den Ausschuß der Regionen einen Vorschlag für eine Richtlinie des Europäischen Parlaments und des Rates über gemeinsame Rahmenbedingungen für elektronische Signaturen (KOM (1998) 297/2) unterbreitet. Nach Art. 2 Abs. 1 lit.a) ist danach die elektronische Signatur ausschließlich dem „Unterzeichner" zugewiesen. Zusätzliche Funktionen wie das Vertretungsrecht sind auch nach dem Kommissionsvorschlag zusätzlich zu beantragen. In der juristischen Literatur ist es bislang allerdings umstritten, ob sowohl natürliche als auch juristische Personen nach dem Richtlinienvorschlag „Inhaber" einer elektronischen Signatur sein können. Nach der hier vertretenen Auffassung entsprechen sich in diesem Punkt der Richtlinienentwurf und das SigG (vgl. § 5 Abs. 1 SigG). In beiden Regelwerken werden nach der hier vertretenen Auffassung juristische Person nicht als „Unterzeichner" zugelassen.

Der Inhaber des Zertifikats hat die Verpflichtung, den privaten Schlüssel sorgfältig aufzubewahren. Falls ihm die Chipkarte abhanden kommt, besteht die Möglichkeit, daß ein unbefugter Dritter quasi seine Identität annimmt und unter dem Namen des Inhabers Geschäfte tätigt.

## 2.3.2
## Zertifizierungsstelle oder Trust Center

Die „Zertifizierungsstelle" ist nach § 2 Abs. 2 SigG „eine natürliche oder juristische Person, die die Zuordnung von öffentlichen Signaturschlüsseln zu natürlichen Personen bescheinigt und dafür eine Genehmigung gemäß § 4 besitzt".

Der Begriff „Zertifizierungsstelle" wurde im SigG gewählt und soll ausdrücken, daß solche Stellen Zertifikate (vergleichbar mit digitalen Ausweisen) ausstellen. Mit Trust Center werden die Stellen bezeichnet, die die genannten Dienste im Rahmen von Verfahren für die Verschlüsselung von Daten anbieten. Trust Center bzw. Zertifizierungsstellen werden immer dann benötigt, wenn man für eine nicht mehr überschaubare Anzahl von Teilnehmern asymmetrische Kryptoverfahren für die digitale Signatur oder zur Verschlüsselung einsetzen will. Sie erhalten ihre Lizenz auf Antrag bei der Regulierungsbehörde (vgl. Kap. 2.3.4). Im Trust Center befindet sich das Hochsicherheitsrechenzentrum, das die technischen Vorgänge abwickelt.

Wesentliche Aufgabe der Zertifizierungsstelle ist es, Personen, die ein Zertifikat beantragen, zuverlässig zu identifizieren und die Zuordnung eines öffentlichen Signaturschlüssels zu einer bestimmten Person zu bestätigen. Zu diesem Zweck hat der Antragsteller seinen gültigen Personalausweis vorzulegen. Die Zertifizierungsstellen sollen im Rechtsverkehr die Authentizität des Absenders von Dokumenten, die online übertragen werden, gewährleisten. Diese Tätigkeit ist an die öffentliche Beglaubigung gem. § 129 BGB und der amtlichen Beglaubigung im Verwaltungsverfahrensgesetz (VwVfG) angenähert. So heißt es etwa in § 129 Abs. 1 BGB, daß „die Erklärung schriftlich abgefaßt und die Unterschrift des Erklärenden von einem Notar beglaubigt" werden muß, wenn durch Gesetz eine öffentliche Beglaubigung vorgeschrieben ist. Durch die entsprechenden Regelungen im BGB und VwVfG soll die Identität von Personen durch neutrale Stellen verläßlich festgestellt werden, damit die Zuordnung einer Erklärung zu einer bestimmten Person nachweisbar ist. Wegen der Bedeutung, die öffentlich beglaubigten Erklärungen zukommt, wurde die Identitätsfeststellung als öffentliche Aufgabe verstanden, die bislang nur von Behörden, Gerichten oder Notaren wahrgenommen wurde.

Jetzt aber ist im SigG ausdrücklich geregelt, daß eine Zertifizierungsstelle „eine natürliche oder juristische Person" (vgl. § 2 Abs. 2 SigG) sein kann. Damit kann die besondere Aufgabe einer solchen Stelle auch von privaten Einrichtungen übernommen werden. Sie nehmen eine wichtige Vertrauensstellung im elektronischen Geschäftsverkehr wahr, da nur die von ihnen ausgestellten Zertifikate es dem Empfänger ermöglichen, die Identität des Senders festzustellen. Ihre Stellung ist die eines neutralen vertrauenswürdigen Dritten, der unabhängig von der jeweiligen Interessenslage der Kommunikationspartner allein deren zuverlässige Identifikation sicherstellt.

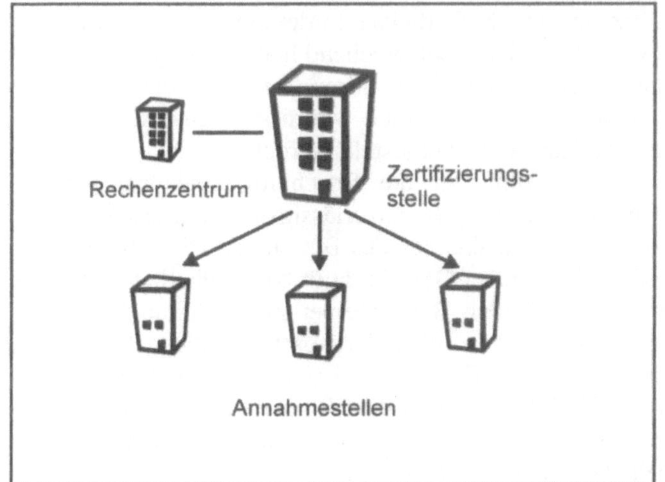




Eine Zertifizierungsstelle kann in zwei funktionale Einheiten untergliedert werden. Es handelt sich dabei um die Annahmestelle und das Trust Center.

Zunächst bedarf es einer Annahmestelle, also einer Einrichtung, bei der die digitale Signatur beantragt werden kann. Sie wird auch als „Registration Authority" oder kurz RA bezeichnet. Ihr Verantwortungsbereich liegt nach § 5 Abs, 1 SigG, sowie § 3 SigV insbesondere in der sicheren Identifizierung des Antragstellers. Aus diesem Grunde hat sich der Antragsteller auszuweisen und ggf. notariell beglaubigte Dokumente vorzulegen, etwa für den Fall, daß eine Berufszugehörigkeit als Attribut-Zertifikat eingetragen werden soll.

Sofern beispielsweise ein Rechtsanwalt gewährleistet wissen will, daß anwaltliche Schriftsätze, die er online versendet, nicht ihm als Privatperson, sondern als Anwalt seiner Kanzlei zugerechnet werden, dann hat er nachzuweisen, daß er tatsächlich zugelassener Anwalt ist. Die Annahmestelle gibt sich mit der Vorlage einer selbstverfaßten eigenen Bestätigung oder des Anwaltsausweises nicht zufrieden. Es ist vielmehr die Einschaltung eines Notars erforderlich. Dieser holt dementsprechend Auskunft bei der örtlichen Rechtsanwaltskammer ein. Die Bestätigung beglaubigt er notariell. Dem antragenden Rechtsanwalt gelingt damit der Nachweis gegenüber der Annahmestelle, daß er tatsächlich Anwalt ist. Die entsprechende Verfahrensweise gilt z.B. auch für Ärzte, Steuerberater und Wirtschaftsprüfer.

Neben der als Annahmestelle tätigen Einheit ist das eigentliche Trust Center der zentrale Bestandteil der Zertifizierungsinfrastruktur. In dem auch als „Certification Authority" oder kurz CA bezeichneten Trust Center werden die Schlüsselpaare sowie die Zertifikate technisch erzeugt. Die Sicherheitsanforderungen für den Betrieb eines Trust Centers sind dementsprechend hoch. Denn jeglicher Mißbrauch gerade bei der Schlüsselgenerierung, etwa das unbefugte Kopieren des privaten Schlüssels, muß vermieden und der reibungslose Ablauf des Dienstes sichergestellt werden.

Wesentliche Voraussetzung für die Errichtung einer solchen Stelle ist nach § 4 Abs. 2 SigG die „Zuverlässigkeit" und das Vorliegen der erforderlichen „Fachkunde" des Betreibers. Diese besitzt er gem. § 4 Abs. 3 SigG, wenn er Gewähr dafür bietet, überhaupt die rechtlichen Vorschriften für den Betrieb einer Zertifizierungsstelle einzuhalten. Die im Betrieb der Zertifizierungsstelle tätigen Personen müssen über hinreichende Kenntnisse, Erfahrungen und Fertigkeiten verfügen. Schließlich bedarf es der Vorlage eines umfassenden Sicherheitskonzeptes, damit die Genehmigung der zuständigen Behörde (Regulierungsbehörde) auch erteilt wird.

In diesem Zusammenhang ist sicherzustellen, daß der private Schlüssel ausschließlich in den Besitz des Antragstellers kommt und von niemand anderem benutzt werden kann. Das Trust Center muß daher nachweisen, daß die von ihm verwandten technischen Verfahren zur Generierung der Schlüssel in der Weise ablaufen, daß der private Schlüssel nach seiner Erzeugung mit Sicherheit in den Besitz des Antragstellers gelangt und an keiner Stelle Kopien verbleiben oder erstellt werden können.

Es sind nach § 5 Abs. 4 SigG Vorkehrungen zu treffen, damit Daten für Zertifikate nicht unbemerkt gefälscht oder verfälscht werden können. Schließlich ist die Geheimhaltung der privaten Signaturschlüssel zu gewährleisten. Daher ist es wesentlicher Bestandteil der Zertifizierungsinfrastruktur, den privaten Schlüssel auf einer Chipkarte abzulegen. Denn von dieser ist weder ein Auslesen noch Löschen des privaten Schlüssels möglich. Damit ist sogar der Inhaber der digitalen Signatur nicht in der Lage, für sich eine Kopie seines privaten Schlüssels zu generieren. Den Zertifizierungsstellen ist es sogar ausdrücklich verboten, den privaten Signaturschlüssel zu speichern, wenn keine ausdrücklich seitens des Antragstellers vorliegt.

Werden Zertifizierungsstellen nach dem SigG betrieben, haben sie neben der Ermöglichung der Identitätsfeststellung folgende Aufgaben und Dienste einzurichten:

1. Zeitstempeldienst / Time Stamping Service

2. Zulassung sog. Pseudonyme

3. Pflege des Schlüsselverzeichnisses

4. 24-Stunden-Sperrdienst

5. Schlüsselaufbewahrung / Key Recovery

### 2.3.2.1
### Zeitstempeldienst

Die Zertifizierungsstellen müssen nach § 9 SigG einen Zeitstempeldienst (Time Stamping Service) betreiben. Für bestimmte Dokumente kann es bedeutsam sein, daß sie mit einer Zeitangabe ver-
knüpft sind, die von der Zertifizierungsstelle in ihrer Aufgabe als
neutralem vertrauenswürdigen Dritten bestätigt wurde. Nicht ausreichend ist es, allein auf den Zeitpunkt des Anlegens, Modifizierens
bzw. Löschens einer Datei zu vertrauen, wie er sich aus dem Betriebssystem ergibt, dem eine Systemzeit zugrunde liegt. Denn diese
läßt sich ohne größeren Aufwand verändern, ist häufig wegen ver-
gangener Stromausfälle ungenau und daher nicht geeignet, die Beweiskraft eines elektronischen Dokuments zu steigern. Denn hier
bedarf es eines Verfahrens, das den Zeitpunkt mit Sicherheit bestimmen läßt, an dem ein Dokument in bestimmter Weise vorlag.
Dies ist insbesondere im Zusammenhang mit Fristen und deren Einhaltung von großer praktischer Bedeutung.

Zu diesem Zweck wird dem Hashwert einer Datei, die zeitge-
stempelt werden soll, eine Bitfolge hinzugefügt, die der aktuellen
Zeit entspricht. Über beides wird anschließend eine digitale Signatur
gebildet. Die Zeitstempelung hat immer dann zu erfolgen, wenn es
der jeweilige Anwender so verlangt oder ein Dokument aufgrund
der zeitlich begrenzten Lebensdauer des verwandten Algorithmus
übersigniert werden muß bzw. eine solche Übersignierung zu erwarten ist. Ebenso bedeutsam ist der Zeitstempel, wenn die Gültigkeitsdauer bzw. der Zeitpunkt der Sperrung eines Zertifikats festgestellt oder Aufbewahrungsfristen eingehalten werden müssen.

### 2.3.2.2
### Zulassung sog. Pseudonyme

Nach § 5 Abs. 3 SigG hat die Zertifizierungsstelle auf Verlangen des
Antragstellers im Zertifikat anstelle seines Namens ein Pseudonym
aufzunehmen. Damit hat der Inhaber einer digitalen Signatur im Internet seine tatsächliche Identität nicht preiszugeben. Dies ist rechtlich auch unbedenklich. Denn bei der Antragstellung für den Erhalt
der digitalen Signatur wird die wirkliche Identität des Nutzers anhand seines Ausweises geprüft. Sofern er unter einem anderen Namen im Internet auftritt, eben unter einem Pseudonym, ist der hinter

dem Pseudonym stehenden Person der Inhalt der Kommunikation zuzurechnen und die wirkliche Identität letzten Endes auch feststellbar.

In komplexen Unternehmensstrukturen oder auch in Behörden kann die Verwendung von Pseudonymen nützlich sein. In Behörden etwa unterschreiben die Bediensteten in Abhängigkeit zu ihrer Funktion und Stellung entweder „in Vertretung" oder „im Auftrag" des Dienstherrn, z.B. des Stadtdirektors. Die rechtliche Wirkung richtet sich für und gegen den Dienstherrn.

Da die digitale Signatur aber nur von natürlichen Personen und eben nicht von einer Behörde beantragt werden kann, muß sie der Bedienstete einer Stadt eigenständig erwerben. Dies gilt auch dann, wenn er sie im Rahmen seiner dienstlichen Tätigkeit einsetzt, etwa als Dienstausweis. Damit sichergestellt ist, daß seine dienstlichen Erklärungen nicht ihm, sondern seinem Dienstherrn zugerechnet werden, kann er die digitale Signatur unter Verwendung eines auf den Namen des Dienstherrn lautenden Pseudonyms beantragen. Bei gleichlautenden Pseudonymen ergibt sich der Inhaber über die eindeutige Zertifikatsnummer.

Signaturschlüssel-Inhaber mit einem Pseudonym sind datenschutzrechtlich erheblich geschützt. Die Identität des Schlüsselinhabers ist von der Zertifizierungsstelle auf Ersuchen ermittelnder Behörden nur mitzuteilen, soweit dies für die Verfolgung von Straftaten oder Ordnungswidrigkeiten, zur Abwehr von Gefahren für die öffentliche Sicherheit oder Ordnung oder für die Erfüllung der gesetzlichen Aufgaben der Verfassungsschutzbehörden des Bundes und der Länder, des Bundesnachrichtendienstes, des Militärischen Abschirmdienstes oder des Zollkriminalamtes erforderlich ist. § 12 Abs. 2 SigG bestimmt in diesem Zusammenhang aber, daß die ersuchende Behörde den Signaturschlüsselinhaber über die Aufdeckung des Pseudonyms zu unterrichten hat; allerdings mit der Einschränkung, daß dies erst erfolgen muß, wenn dadurch die Wahrnehmung der gesetzlichen Aufgaben durch die vorgenannten Behörden nicht gefährdet ist oder die Interessen des Schlüssel-Inhabers überwiegen.

### 2.3.2.3
### Pflege des Schlüsselverzeichnisses

Die Pflege des Schlüsselverzeichnisses ist von besonderer Bedeutung. Denn den Kommunikationspartnern muß es jederzeit möglich sein, den öffentlichen Signaturschlüssel des jeweils anderen in aktueller Form online bei der Zertifizierungsstelle abzurufen bzw. die Verifikation zur Feststellung der Authentizität des Absenders durchzuführen. Das Schlüsselverzeichnis ist daher aktuell und ständig funktionstüchtig zu halten.

Wie § 5 Abs. 1 SigG bestimmt, hat die Zertifizierungsstelle die „Zuordnung eines öffentlichen Signaturschlüssels zu einer identifizierten Person durch ein Signaturschlüssel-Zertifikat zu bestätigen und dieses sowie Attribut-Zertifikate jederzeit für jeden über öffentlich erreichbare Telekommunikationsverbindungen nachprüfbar und mit Zustimmung des Signaturschlüssel-Inhabers abrufbar zu halten". Zur Pflege gehört auch, daß Zertifikate, die zeitlich begrenzt waren und die durch Zeitablauf erloschen sind, aus dem Verzeichnis gestrichen werden. Diese ist für die Frage der Wirksamkeit von Erklärungen und damit verbundenen Haftungsfragen bedeutsam.

## 2.3.2.4
## 24-Stunden-Sperrdienst

In entsprechender Weise hat eine Zertifizierungsstelle einen 24-Stunden-Sperrdienst für die von ihr ausgestellten Zertifikate zu unterhalten. Nach § 8 Abs. 1 SigG gilt dies insbesondere für die Fälle, in denen ein Signaturschlüssel-Inhaber oder sein Vertreter eine Sperrung verlangen, das Zertifikat auf Grund falscher Angaben erwirkt wurde, die Zertifizierungsstelle ihre Tätigkeit beendet hat und diese nicht von einer anderen Zertifizierungsstelle fortgeführt wird oder schließlich die Regulierungsbehörde die Sperrung des Zertifikats anordnet.

Aus § 13 Abs. 5 SigG ergibt sich, daß mit einer Sperrung durch die Regulierungsbehörde dann zu rechnen ist, wenn Tatsachen die Annahme rechtfertigen, daß Zertifikate gefälscht oder nicht hinreichend fälschungssicher sind oder daß zur Anwendung der Signaturschlüssel eingesetzte technische Komponenten Sicherheitsmängel aufweisen, die eine unbemerkte Fälschung digitaler Signaturen oder eine unbemerkte Verfälschung signierter Daten zulassen.

Die Sperrung ist in solchen Fällen auch dringend erforderlich. Denn das Vertrauen in die Zuverlässigkeit der Sicherheitsinfrastruktur wäre erheblich gestört, wenn damit gerechnet werden müßte, gefälschte oder verfälschte Signaturen seien im Umlauf. Gerade die Vermutungswirkung des § 1 Abs. 1 SigG, nach der die mit dem SigG geschaffenen Rahmenbedingungen für digitale Signaturen als sicher gelten und Fälschungen digitaler Signaturen oder Verfälschungen signierter Daten zuverlässig festgestellt werden können, würde nicht länger gelten. Von einer sicheren Zertifizierungsinfrastruktur könnte dann nicht mehr die Rede sein.

Trust Center, die darüber hinaus auch die Verschlüsselung in dem Sinne der Unlesbarkeit (Kryptographie) der übermittelten Daten ermöglichen, können zusätzlich noch den Dienst der sog. Schlüsselaufbewahrung anbieten (Key Recovery).

Es ist der Fall denkbar, daß einem Schlüsselinhaber seine Chipkarte, auf der sein privater Schlüssel programmiert ist, abhanden kommt, sei es durch Verlust oder Diebstahl. Ohne seinen privaten Schlüssel ist es ihm nicht länger möglich, auf kryptographierte Dokumente zugreifen zu können. Um bei Schlüsselverlust dennoch auf die verschlüsselten Daten zugreifen zu können, muß es dem Schlüsselbesitzer – und nur ihm – ermöglicht werden, eine Schlüsseldublette zu erhalten.

Zu beachten ist dabei aber, daß es den Zertifizierungsstellen nach § 5 Abs. 4 SigG ausdrücklich untersagt ist, private Signaturschlüssel zu speichern. Sofern der Antragsteller also die Sicherheitsinfrastruktur nutzen will, um seine Daten auch zu verschlüsseln, dann muß er das Trust Center anweisen, von seinem privaten Schlüssel eine Kopie zu erstellen. Ohne diese Anweisung würde es gegen das gesetzliche Verbot der Kopieerstellung verstoßen. Sofern der Antragsteller aber die entsprechende Anweisung erteilt, liegt die Kopie dann im Trust Center vor und wird dort geschützt aufbewahrt. Dieser Vorgang wird als sog. Schlüsselgenerierung bzw. „Key Generation" bezeichnet.

# 2.3.3
# Prüfstellen

Eine Voraussetzung für die Genehmigung einer Zertifizierungsstelle ist, daß ihr Sicherheitskonzept durch eine Prüf- und Bestätigungsstelle nach § 4 Abs. 3 SigG geprüft wurde. Die Prüfstelle muß von der Regulierungsbehörde gemäß § 14 Abs. 4 SigG anerkannt worden sein. Sie prüft die verwendeten Hard- und Softwarekomponenten nach Maßgabe der Kriterien, wie sie sich aus § 14 SigG und §§ 16, 17 SigV ergeben. Dazu gehört u.a., daß die zur Erzeugung erforderlichen technischen Komponenten so beschaffen sein müssen, daß ein Schlüssel mit an Sicherheit grenzender Wahrscheinlichkeit nur einmal vorkommt und aus dem öffentlichen Schlüssel nicht der private Schlüssel errechnet werden kann.

Die von der Prüfstelle untersuchte Hard- und Software, die die im
SigG festgelegten Kriterien erfüllt, wird von der Regulierungsbehörde gemäß § 14 SigG, § 17 Abs. 2, 3 SigV veröffentlicht.

## 2.3.4
## Regulierungsbehörde

Die Regulierungsbehörde für Telekommunikation und Post ist eine
sog. Bundesoberbehörde, die nach § 66 des Telekommunikationsgesetzes mit Sitz in Bonn errichtet wurde. Sie nahm am 1.1.1998 als
Nachfolgerin der Organisationsstruktur der ehemaligen Deutschen
Bundespost und des aufgelösten Bundesministeriums für Post und
Telekommunikation ihre Tätigkeit auf. Ihre Aufgabe ist die sektor-
spezifische Regulierung der Telekommunikation und des Wettbewerbsrechts in diesem Wirtschaftszweig. Der Regulierungsbehörde
kommt damit eine Schlüsselfunktion für den Zugang auf den Tele-
kommunikationsmarkt, der Förderung eines chancengleichen und
funktionsfähigen Wettbewerbs sowie der Sicherstellung der flächendeckenden Grundversorgung im Bereich der Telekommunikation zu.
Für den Gesetzgeber lag es daher nahe, auch die Regulierung im
Bereich der Zertifizierungsinfrastruktur für die digitale Signatur der
Regulierungsbehörde zu übertragen. Dies ist in § 3 SigG geregelt,
wonach „die Überwachung der Einhaltung dieses Gesetzes (...) der
Behörde nach § 66 des Telekommunikationsgesetzes", also der Regulierungsbehörde, unterliegt. Ihre wesentliche Aufgabe in diesem
Zusammenhang liegt nach § 4 Abs. 1 SigG in der Genehmigungser-
teilung für den Betrieb einer Zertifizierungsstelle. Auf Antrag der
Zertifizierungsstellen erteilt sie die Genehmigung, wenn diese in der
Lage sind, ein Sicherheitskonzept nachzuweisen, das alle Sicherheitsmaßnahmen und eine Zusammenstellung über die eingesetzten
technischen Komponenten und eine Darstellung der Ablauforganisation der Zertifizierungstätigkeit enthält.
Vor diesem Hintergrund wird die Regulierungsbehörde auch als
„Wurzelinstanz" bezeichnet. Sie generiert für die Zertifizierungsstellen das sog. „Wurzelzertifikat", d.h. dasjenige Zertifikat, aus dem
die Identität der Zertifizierungsstelle selbst authentisiert werden
kann.
Eine weitere wichtige Funktion ist die Kontrolle der lizenzierten
Zertifizierungsstellen. Zur Durchsetzung dieser Verpflichtung kann
die Regulierungsbehörde Maßnahmen ergreifen, nach § 13 Abs. 1
SigG insbesondere die Benutzung ungeeigneter technischer Komponenten und den Betrieb der Zertifizierungsstelle vorübergehend oder
ganz oder teilweise untersagen. Ebenso kann sie verbieten, daß be-

stimmte Personen oder Einrichtungen, die den Anschein erwecken, als wären sie Inhaber einer Genehmigung durch die Regulierungsbehörde, ihren Betrieb fortführen. Die Sanktionsmechanismen sind damit sehr weitgehend. Zusätzlich sind der Regulierungsbehörde aber auch Maßnahmen zur Durchführung erforderlicher Kontrollen erlaubt. Darunter fallen das Betreten der Geschäfts- und Betriebsräume während der üblichen Betriebszeiten oder die gegenüber der Regulierungsbehörde obliegende Herausgabeverpflichtung der in Betracht kommenden Bücher, Aufzeichnungen, Belege, Schriftstükke und sonstigen Unterlagen zur Einsicht.

Die Regulierungsbehörde kann nach § 13 Abs. 3 SigG die einmal erteilte Genehmigung widerrufen, wenn die Zertifizierungsstelle den Anforderungen nicht entspricht oder es verweigert, bei den vorgenannten Kontrollverfahren durch die Regulierungsbehörde mitzuwirken. In einem solchen Fall ist gesetzlich allerdings ausdrücklich Schutz zugunsten derjenigen Zertifikate festgelegt, die von einer Zertifizierungsstelle ausgegeben wurden, deren Betriebsgenehmigung widerrufen wurde. Denn nach § 13 Abs. 4 SigG hat die Regulierungsbehörde sicherzustellen, daß die Übernahme der Tätigkeit durch eine andere Zertifizierungsstelle oder die Abwicklung der Verträge mit den Signaturschlüssel-Inhabern gewährleistet ist. Dies gilt auch für den Fall, daß die Zertifizierungsstelle in Konkurs geht oder ein Vergleichsverfahren eröffnet wird und aus diesem Grund die genehmigte Tätigkeit nicht fortgesetzt wird. Ferner bleibt die Gültigkeit der von einer Zertifizierungsstelle ausgestellten Zertifikate von der Rücknahme oder vom Widerruf einer Genehmigung unberührt.

Allerdings kann die Regulierungsbehörde nach § 13 Abs. 5 SigG eine Sperrung von Zertifikaten anordnen, wenn Tatsachen die Annahme rechtfertigen, daß Zertifikate gefälscht oder nicht hinreichend fälschungssicher sind oder daß zur Anwendung der Signaturschlüssel eingesetzte technische Komponenten Sicherheitsmängel aufweisen, die eine unbemerkte Fälschung digitaler Signaturen oder eine unbemerkte Verfälschung signierter Daten zulassen. Deutlich wird danach, daß die Regulierungsbehörde weitreichende Kompetenzen innehat, die von der Genehmigung für den Betrieb einer Zertifizierungsstelle bis zur Durchsetzung von deren Schließung reichen. Neben der Lizenzierung und Kontrolle der Zertifizierungsstellen hat die Regulierungsbehörde aber auch eigene Verpflichtungen zu erfüllen. Sie muß ein Verzeichnis aller von ihr ausgestellten Signaturschlüssel-Zertifikate sämtlicher lizenzierter Zertifizierungsstellen führen (§ 4 Abs. 5 SigG; § 8 Abs. 2 SigV). Ferner obliegt ihr die Anerkennung von Prüfstellen, die die Sicherheit der technischen Komponenten gewährleisten sollen.

Besonderes Augenmerk gilt der Sicherheit des Rechenzentrums. Hier werden hohe Anforderungen an Personal, Zugangsregelungen und technisches Gerät gestellt. Die Charakterisierung wird durch sieben hierarchische **Evaluationsstufen** E0 bis E6 gegeben:

- E0: Diese Stufe repräsentiert unzureichende Sicherheit.

- E1: Auf dieser Stufe müssen für das Produkt die Sicherheitsvorgaben und eine informelle Beschreibung des Architekturentwurfs vorliegen.

- E2: Zusätzlich zu den Anforderungen für die Stufe E1 muß hier eine informelle Beschreibung des Feinentwurfs vorliegen. Die Aussagekraft der funktionalen Tests muß bewertet werden. Ein Konfigurationskontrollsystem und ein genehmigtes Distributionsverfahren müssen vorhanden sein.

- E3: Zusätzlich zu den Anforderungen für die Stufe E2 müssen der Quellcode bzw. die Hardware-Konstruktionszeichnungen, die den Sicherheitsmechanismen entsprechen, bewertet werden. Die Aussagekraft der Tests dieser Mechanismen muß bewertet werden.

- E4: Zusätzlich zu den Anforderungen für die Stufe E3 muß ein formales Sicherheitsmodell Teil der Sicherheitsvorgaben sein. Die sicherheitsspezifischen Funktionen, der Architekturentwurf und der Feinentwurf müssen in semiformaler Notation vorliegen.

- E5: Zusätzlich zu den Anforderungen für die Stufe E4 muß ein enger Zusammenhang zwischen dem Feinentwurf und dem Quellcode bzw. den Hardware-Konstruktionszeichnungen bestehen.

- E6: Zusätzlich zu den Anforderungen für die Stufe E5 müssen die sicherheitsspezifischen Funktionen und der Architekturentwurf in einer formalen Notation vorliegen, die konsistent mit dem zugrundeliegenden formalen Sicherheitsmodell ist.

## 2.4
## Technische Komponenten

Im Rahmen des SigG, der SigV und dem Maßnahmenkatalog sind neben den Verfahren und Abläufen auch Festlegungen zu Hardwarekomponenten gemacht. Diese beziehen sich einerseits auf die Produktion der Chipkarten und den Betrieb des Hochsicherheitsrechenzentrums. Andererseits beschreiben sie darüber hinaus auch die Komponenten für den Einsatz bei den Nutzern. Zu den benötigen Komponenten zählen:

1. Die Chipkarte mit dem privaten Schlüssel und dem Zertifikat
2. Der Chipkartenleser
3. Ein Computer mit entsprechender Schnittstelle für den Leser
4. Die Verwaltungssoftware

Abb. 2.4.1
Die technischen
Komponenten im
Überblick

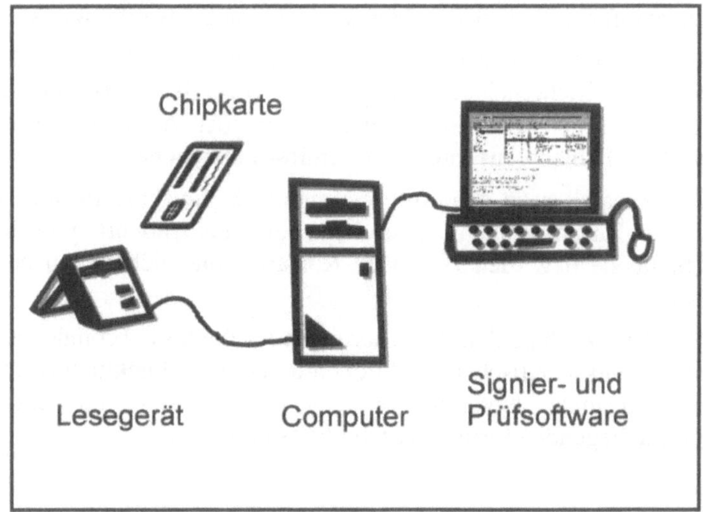


Die Beschaffenheit der Komponenten hat wesentlichen Einfluß auf die Sicherheit des Gesamtsystems. Chipkartensysteme [BK98], [DM97] und ihre Anwendungen dringen zunehmend in sämtliche Bereiche unseres täglichen Lebens ein. Sie erfüllen immer weitreichendere Funktionen von der „Kantinenkarte" für die Bezahlung in der Firma, über die Telefonkarte, die Geldkarte der Bankinstitute und die GSM-Karten für Mobiltelefone. Auch bei der Zugangskontrolle zu Räumen und Geräten finden sie immer häufiger Einsatz. Die Speicherkarten der Krankenkassen zählen mit einigen Millionen

Exemplaren zu den weitverbreitetsten Nutzungen. Im folgenden werden Aufbau und Einsatz der digitalen Chipkarte näher beschrieben.

## 2.4.1
## Die Chipkarte

Chipkarten sind in unterschiedlichen Anwendungsbereichen seit dem Ende der 80er Jahre im Einsatz. Die GMD Forschungszentrum für Informationstechnik GmbH forscht seit 1983 auf diesem Gebiet. Der an der Entwicklung des SigG beteiligte TeleTrust e.V. wurde in diesem Zusammenhang 1989 gegründet, um sich für den Einsatz der Technologie im Sicherheitsbereich stark zu machen. Grundsätzlich unterscheidet man bei Chipkarten zwischen Speicher- und Prozessorkarten.

- Speicherkarten

Sie dienen für einfache Anwendungsgebiete wie die Speicherung von Zugangscodes oder als Wertmarken für Bezahlfunktionen. Ihr Speicher beträgt einige hundert Byte.

- Prozessorkarten

Sie enthalten neben dem Speicher für Informationen einen eigenen Prozessor (CPU). Typische Leistungsmerkmale sind:

| | |
|---|---|
| Taktfrequenz | 1-7,5 MHz |
| Busbreite | 8 Bit |
| EEPROM | 1-16 KByte |
| ROM | 1-16 KByte |
| RAM | 128-512 Byte |
| Schnittstelle | 9600 Bit/s |

Die Leistung reicht bis zu 2 MIPS und entspricht somit derjenigen früherer Personalcomputer. Im EEPROM-Speicher (Electrically Erasable Programmable Read Only Memory) werden Daten abgelegt, die regelmäßig verändert werden, aber ohne Stromzufuhr erhalten bleiben müssen. Im ROM-Speicher (Read Only Memory) werden die für den Betrieb benötigen Programme abgelegt. Bild 2.4.2 verdeutlicht das Zusammenspiel der Komponenten auf der Karte.

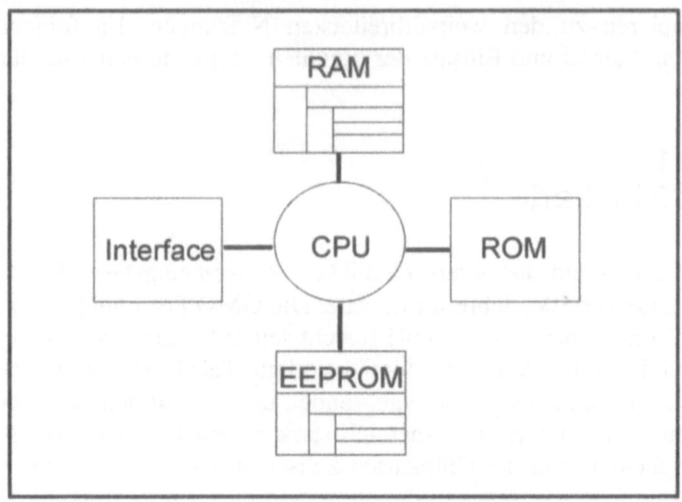

Abb. 2.4.2
Struktur einer
Prozessorkarte

Analog zu herkömmlichen Computern verfügt die Chipkarte über ein Betriebssystem, welches die Verarbeitungsaufgaben übernimmt. Dazu gehören die Kommunikation mit dem Lesegerät, die Speicherung von Daten im EEPROM sowie die Berechnung von Algorithmen. Die Betriebssysteme werden auf die einzelnen Kartenanwendungen abgestimmt. Im Zusammenhang mit den Chipkarten der digitalen Signatur kommt TCOS ab der Version 2.0 zur Anwendung. Daten werden in Dateisystemen abgelegt, wie sie auch von Personalcomputern bekannt sind. Das System besteht aus Haupt- und Unterverzeichnissen. Einem Hauptverzeichnis können beliebige Unterverzeichnisse zugeordnet werden. Diese lassen sich individuell für Lese- oder Schreiboperationen konfigurieren. Dadurch können einzelne Bereiche auch vor dem Zugriff geschützt werden. Die entsprechenden Einstellungen sind im Betriebssystem festgelegt.

Für die Zukunft sind bereits ganze Datenbanken für Chipkarten angekündigt. Über eine fest definierte Schnittstelle kommuniziert die Chipkarte mit einem Lesegerät. Hier haben sich Standards für unterschiedliche Anwendungsgebiete etabliert. Die GMD und der TeleTrust e.V. haben mit über zehn Chipkartenherstellern den Standard MKT (Multifunktionale Kartenterminals) etabliert.

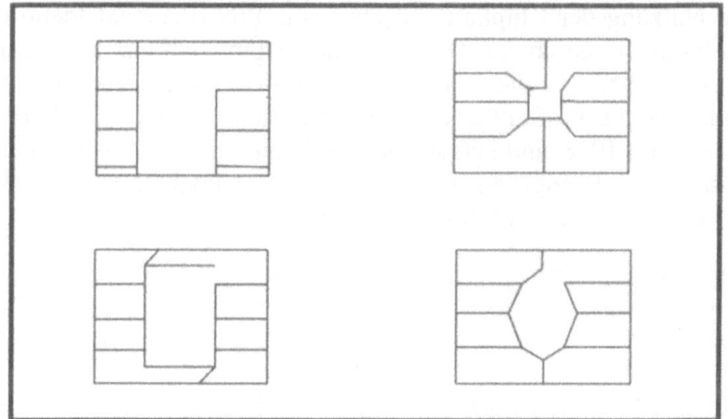



Die Elektronik findet unter der Kontaktfläche Platz. Die Hersteller haben unterschiedliche Layouts für die Kontakte entwickelt. Abbildung 2.4.3 zeigt vier exemplarische Formen. Allen gemein ist die Zahl der Kontakte und die in ISO 7816-2 [ISO78162] festgelegte Nutzung:

1. Versorgungsspannung

2. Reset

3. Taktsignal

4. Nicht genutzt

5. Masse

6. Programmierspannung

7. Datenein- und ausgabe

8. Nicht genutzt

Das SigG schreibt vor, daß der private Schlüssel nicht aus der Chipkarte ausgelesen werden darf. Daher muß die Verschlüsselung der Signatur in der Karte erfolgen. Für diese Anforderung wird auf der Chipkarte ein zusätzlicher spezieller Kryptoprozessor implementiert. Dieser übernimmt die Aufgabe der Verschlüsselung des Hashwertes (Fingerabdruck) mit dem privaten Schlüssel. Die Berechnungsdauer liegt weit unter einer Sekunde. Ohne diesen zusätzlichen Prozessor würde der Vorgang über 10 Sekunden in Anspruch nehmen. Die zu verschlüsselnden Informationen werden also über das Lesegerät in die Chipkarte übertragen, verschlüsselt und wieder an den angeschlossenen Computer zurückgegeben.

      Die Nutzung der Chipkarte ist über eine PIN (Personal Identification Number) geschützt. Die Sicherheit ergibt sich also über den Besitz der Karte und die Kenntnis des PIN-Codes. In Zukunft soll die biometrische Prüfung des Fingers den Zugang steuern und/oder ergänzen. Seit 1998 sind entsprechende Geräte im Handel verfügbar. Abbildung 2.4.4 zeigt die Chipkarte des Telekom-PKS-Dienstes. Die ID der Karte ist durch Nullen ersetzt.



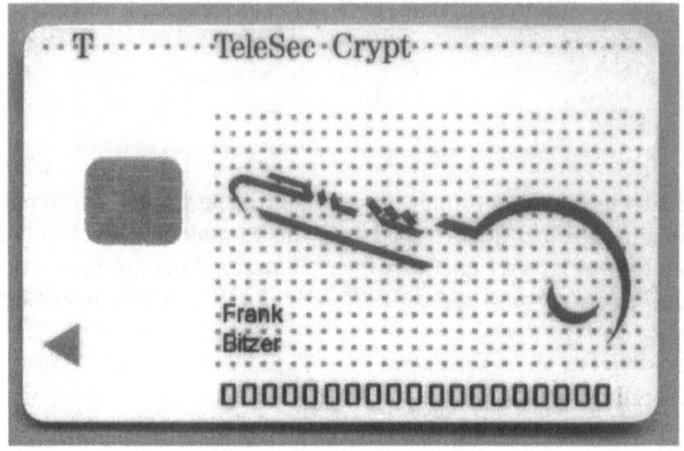


■ Weitere Anwendungsgebiete

Weitere zentrale Anwendungsgebiete bilden die Bereiche Zugang und Sicherung, Zahlung mit Geldkarte, Telefonkarte, GSM-Karten für Mobiltelefon, Identifizierung in Settop-Boxen wie sie z.B. vom TV-Sender Premiere verwendet werden, Krankenkassenkarten und Zugangskontrolle über das Zertifikat in Zusammenhang mit Attributen.

Abbildung 2.4.5 zeigt exemplarisch die Kartendaten einer Geldkarte. Die Bildschirme zeigen drei Lade- und vier Entladevorgänge. (Buchungen) Bankleitzahlen und Kennungen sind hier nachträglich durch „X" ersetzt. Die Daten wurden mit einem handelsüblichen Lesegerät mit zugehöriger Software ausgelesen.

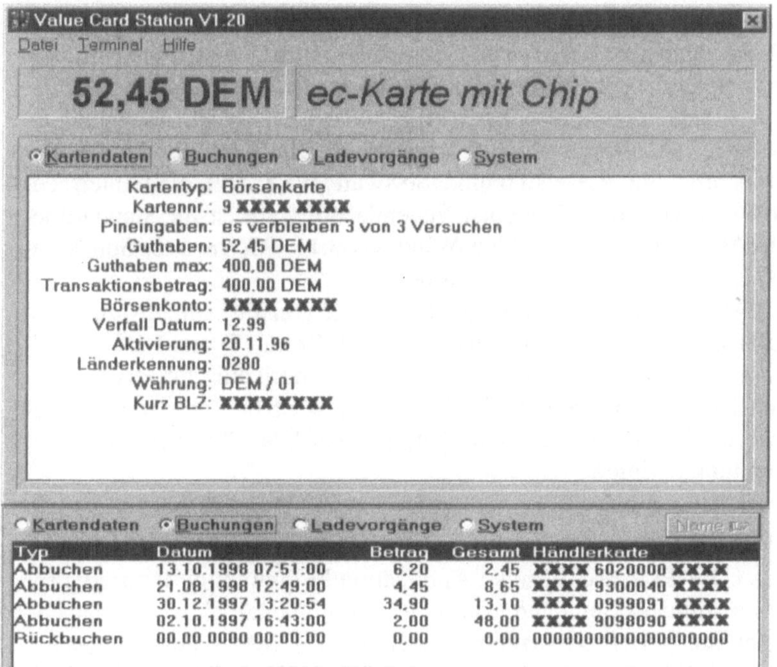


Abb. 2.4.5
Der „sichtbare"
Inhalt einer
Geldkarte

■ Sicherheit

Nach dem heutigen Stand der Technik sind Chipkarten sehr gut gegen das Auslesen der geheimen Informationen geschützt. Einzelne Versuche, Codes und Kennungen auszulesen, bedürfen eines überproportionalen Aufwandes. Sowohl bei mechanischen als auch bei elektronischen Attacken müßten hochsensible Spezialgeräte eingesetzt werden. Der Zeit- und Kostenaufwand hierbei ist immens. Lediglich bei Telefon-Wertkarten konnten bislang mehrere Fälschungen nachgewiesen werden. Durch Vergrößerung der PIN- Nummern und die Erweiterung der Schlüssellängen bei deren Verschlüsselung nimmt die Sicherheit weiter zu.

## 2.4.2
## Lesegeräte

Für den Einsatz der Chipkarten wurden unterschiedlichste Lesegeräte entwickelt. Der überwiegende Teil wird extern an Computer angeschlossen. In Zukunft werden Computer auch über interne Geräte verfügen, die speziell in Firmenumgebungen als Zugangsschutz dienen. Für die gelegentliche Nutzung gibt es Geräte im Format von Disketten. Diese lassen sich dann bei Bedarf in das Diskettenlaufwerk von Computern einlegen. Auch Tastaturen mit eingebauten Lesegeräten sind bereits länger auf dem Markt. Die meisten sind jedoch noch für die Nutzung der Magnetstreifenkarten eingerichtet.

Speziell für den mobilen Einsatz bieten sich Lesegeräte in PCMCIA-Ausführung für Laptops an. Die Kommunikation der Chipkarten mit Lesegerät und Software wird über eine Interface-Software gesteuert. Die entsprechende Software ist für Standardbetriebssysteme wie MS-DOS, Windows 3.11, 95, 98, NT, Sun Solaris, Linux und Apple Mac erhältlich.

Neben proprietären Lösungen wurden von Firmen, Institutionen und Gremien wie ISO (Untergruppe: JTC1 / SC17) und DIN (NI-17) entsprechende Standards erarbeitet. Die amerikanische Firma RSA Inc. hat mit dem Standard PKCS#11 [PKCS11] eine weitere Beschreibung für die Kommunikation zwischen Chipkarte und Anwendung definiert.

- ■ CT-API

Das CT-API (CardTerminal Application Programming Interface) für Chipkartenanwendungen wurde in Zusammenarbeit von Deutsche Telekom AG (Produktzentrum Telesec ), GMD - Forschungszentrum für Informationstechnik GmbH, TÜV Informationstechnik GmbH und TeleTrust e.V. im Jahr 1996 in der Version 1.1 vorgestellt. Die Beschreibung enthält Funktionen, die vom sogenannten HTSI-Modul (Host-Transport-Service-Interface) erbracht werden. Das Zusammenspiel der Ebenen zeigt Bild 2.4.6:

Abb. 2.4.6
Chipkarten-
Interface

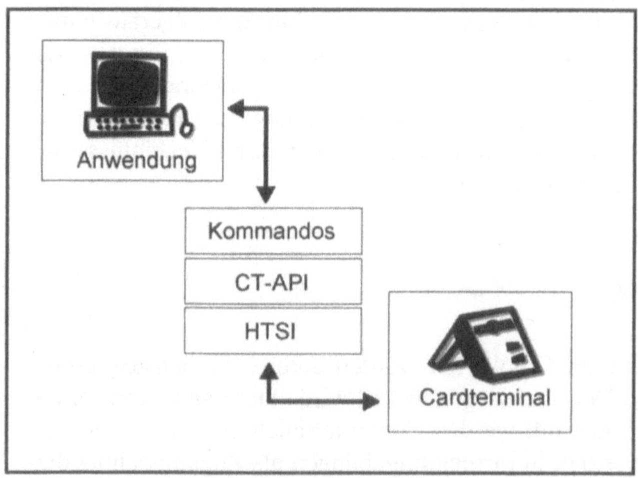

■ MKT-Standard

Auf Basis der Version 0.9 des MKT-Standards (Multifunktionale Kartenterminals) wird zur Zeit an der Version 1.0 gearbeitet. Eine der Erweiterungen bezieht sich auf die Zugangskontrolle über biometrische Sensoren. Beteiligt an der Normierung sind u.a. die Anwendergemeinschaft „Karten im Gesundheitswesen", die GMD und der TeleTrust e.V.

Die einzelnen Anwendungen greifen über Schnittstelle und Lesegerät auf die Informationen der Chipkarte zu. In Zukunft sollen jedoch auch Ladevorgänge auf Geldkarten über das Internet vorgenommen werden können. In ähnlicher Form lassen sich auch die Telefonnummern in GSM-Mobiltelefon-Karten lesen und speichern.

Für den Einsatz der digitalen Signatur bietet u.a. die Telekom im Rahmen ihres PKS-Dienstes (Public Key Service) ein Lesegerät der Firma Siemens AG an.

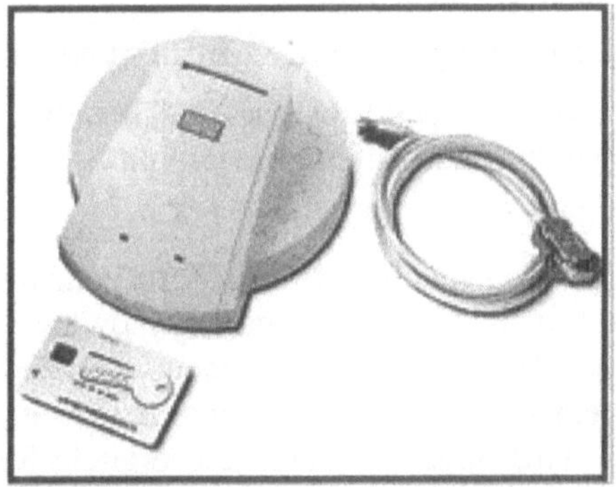

Abb. 2.4.7
Chipkarten-
Lesegerät

■ Öffentliche Terminals

Neben der Nutzung der Chipkarte mit der digitalen Signatur an einem Computer im Büro oder zu Hause ist auch an den Einsatz an öffentlich zugänglichen Stationen gedacht. Diese **Terminals** können bei Kommunen, Behörden oder unterschiedlichen städtischen Einrichtungen aufgestellt werden.

Ziel ist es, die Vielzahl von einzelnen Berechtigungsausweisen und Kundenkarten zu reduzieren. Die Kombination aus Datenbank-Informationen und der Identifizierung mit dem digitalen Ausweis könnte viele einzelne Anwendungen ablösen. Neben Handhabungsfragen wirft dies jedoch zahlreiche datenschutzrechtliche Fragen auf.

## 2.5
## Das Zertifikat

Der digitale Ausweis (Zertifikat) ist eine wesentliche Komponente des Konzeptes der digitalen Signatur. Analog zu einem Personalausweis weist das Zertifikat eine Person aus und enthält ihre wichtigsten persönlichen Daten. Dazu gehören

- der Name des Signaturschlüssel-Inhabers, oder eine ggf. gewähltes Pseudonym.

- der zugeordnete öffentliche Signaturschlüssel,

- die Bezeichnung der Algorithmen, mit denen der öffentliche Schlüssel des Signaturschlüssel-Inhabers sowie der öffentliche Schlüssel der Zertifizierungsstelle benutzt werden können,

- die laufende Nummer des Zertifikates,

- Beginn und Ende der Gültigkeit des Zertifikates und

- Angaben, ob die Nutzung des Signaturschlüssels auf bestimmte Anwendungen nach Art und Umfang beschränkt ist.


In Kapitel 2.5.1 werden die Inhalte des Zertifikates ausführlich erläutert. Durch das Zertifikat weist sich eine Person bei der Online-Kommunikation gegenüber anderen Personen aus. Zu diesem Zweck kann der Absender einer E-Mail das Zertifikat beifügen. Die Echtheit des Zertifikates wird ihrerseits durch die digitale Signatur der ausstellenden Zertifizierungsstelle bestätigt.

## 2.5.1
## Der Inhalt des Zertifikates

Zum besseren Verständnis der Aufgaben und Funktionen eines Zertifikates werden die Informationen denen gegenübergestellt, die ein Personalausweises enthält. Dies zeigt die Analogie zwischen digitalem und „realem" Ausweis.

| **Personalausweis** | **Digitales Zertifikat** |
| --- | --- |
| Vor- und Nachname | Name oder Pseudonym |
| Ausstellende Behörde | Zertifizierungsstelle |
| Ausstellungsdatum | Ausstellungsdatum |
| Gültigkeitsdauer | Gültigkeitsdauer |

Identifizierungs-Nr.
des Ausweises
eigenhändige Unterschrift
--

Identifizierungs-Nr.
der Zertifizierungsstelle
---
Öffentlicher Schlüssel

■ Name oder Pseudonym

Diese Feld enthält den Vor- und Nachnamen des Zertifikat-Inhabers
der bei der Registrierungsstelle angegeben wurde. Eine Besonderheit
stellt die Möglichkeit dar, ein Pseudonym zu verwenden. Dadurch
lassen sich neben natürlichen Personen auch einzelne Websites, Ser-
ver-Computer oder Funktionen ausweisen. Die in Browsern abrufba-
ren Zertifikate von WWW-Seiten gehören zu den Pseudonymen.
Auch der „Webmaster", also der Betreuer einer Internetpräsenz,
könnte über ein Pseudonym-Zertifikat verfügen. Dies würde ihn als
die Person ausweisen, der man vertrauenswürdig sein Kennwort
nennen könnte, um z.B. eine Fehlerbehebung zu ermöglichen.
Pseudonym-Zertifikate werden laut SigG besonders gekennzeichnet.

■ Zertifizierungsstelle

Die Zertifizierungsstelle stellt das Zertifikat aus und liefert es auf der
Chipkarte mit. Wie bereits weiter oben beschrieben, wird dadurch
sichergestellt, daß der Inhaber des Zertifikates von einem vertrauenswürdigen Dritten, der Registrierungsstelle, überprüft wurde. Der
Empfänger des Zertifikates kann nun bei der Zertifizierungsstelle
nachprüfen, ob das Zertifikat noch gültig ist oder u.U. kurzfristig gesperrt wurde. Näheres hierzu folgt weiter unten in diesem Kapitel.

■ Ausstellungsdatum, Gültigkeitsdauer

Wie der Personalausweis erhält das digitale Zertifikat eine Gültigkeitsdauer. Diese entspricht den Wünschen des Antragstellers und
kann online mehrmals verlängert werden. Erhält man ein Zertifikat,
das abgelaufen ist, so läßt sich bei der oben angegebenen Zertifizierungsstelle nachprüfen, ob es bereits verlängert wurde oder nunmehr
gesperrt ist. Zu einer Sperrung des Zertifikates nach Ablauf der Gültigkeitsdauer sind die Zertifizierungsstellen nach dem SigG verpflichtet.

■ Unterschrift

Zur Unterschrift eines Personalausweises gibt es kein direktes Pen-
dant im Zertifikat. Der private Schlüssel ist im Gegensatz zur Unterschrift nicht „sichtbar". Er erfüllt jedoch eine Unterschriftsfunktion.

■ Öffentlicher Schlüssel

Der öffentliche Schlüssel dient im Rahmen des SigG zur Überprüfung einer digitalen Signatur, die mit dem privaten Schlüssel des
Zertifikat Inhabers erstellt wurde. Er wird einer signierten Nachricht
mit dem Zertifikat beigelegt. Die öffentlichen Schlüssel werden von
den Zertifizierungsstellen auch in einem Verzeichnis aufgeführt, das
für jedermann online zugänglich ist.

■ Fälschungssicherheit

So wie ein Personalausweis fälschungssicher in Plastik einge-
schweißt ist, so werden die Daten des Zertifikates ebenfalls gegen
Manipulation geschützt. Dazu werden sie mit einer digitalen Signatur versehen. Dies geschieht bei der Ausstellung durch die Zertifizierungsstelle.

Die Zertifizierungsstelle versiegelt also das Zertifikat mit ihrem
privaten Schlüssel. Dieses Siegel kann von einem Empfänger des
Zertifikates mit dem öffentlichen Schlüssel überprüft werden. Das
Konzept der digitalen Unterschrift und Versiegelung wird also innerhalb des Konzeptes selbst auch angewendet. Ein so erstelltes und
geschütztes Dokument wird im SigG als das „Signatur-Zertifikat"
bezeichnet.

Abb. 2.5.1<br>Signiertes<br>Zertifikat

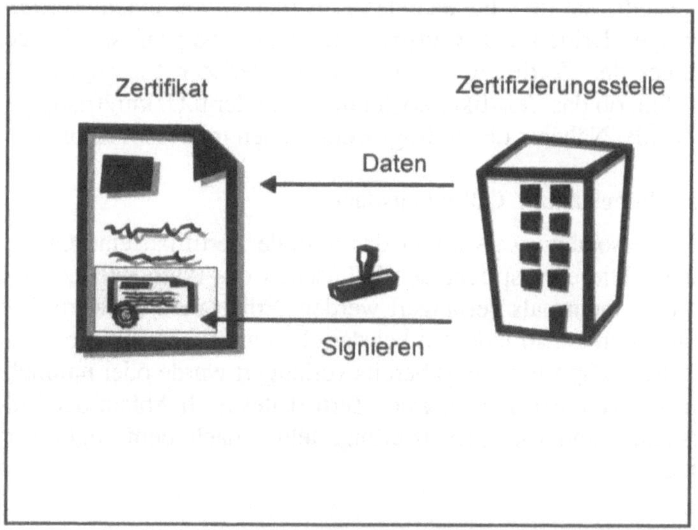


X.509  Der genaue Inhalt und die Formatierung eines Zertifikates wird
durch den ITU-Standard X.509 [X.509] definiert. Dadurch können
die Zertifikate von unterschiedlichen Programmen erzeugt, benutzt
und gelesen werden. Daten im X.509-Format werden bereits seit

Jahren in vielen Produkten und Systemen eingesetzt. Es existieren hier inzwischen die Versionen X.509v1 und X.509v3.

Die Version v3 erweitert das Vorgänger-Format um benutzerspezifische Komponenten. Die einzelnen Datenfelder werden jeweils mit einer zusätzlichen Kennung (Code) versehen. So enthält das Namensfeld weitere Codes für die Einträge einer Organisation (O) oder Abteilung (OU= Organisation Unit ) sowie eines Landes (C= Country). Letztere kann z.B. für unterschiedliche Kryptographie-Gesetzgebungen in einzelnen Ländern herangezogen werden.

**Beschreibung der Datenfelder:**

**Feld**: Versionsnummer bezüglich des X.509-Standards
Zur Zeit gelten v1 und v3
Code: Version
Bspl.: 0=v1, 2=v3

**Feld**: Eine eindeutige Seriennummer des Zertifikates. Diese bezieht sich auf alle Zertifikate einer Zertifizierungsstelle
Code: Serial Number
Bspl.: 55478131

**Feld**: Name des Inhabers, Certification Subject
Code: Distinguished Name: DN / Subject
Organisation: O , Org. Unit: OU
Country: C
Bspl.: DN=Peter Maer
Pseudonym: DN=194.37.115.27 oder DN=Webmaster1
O=Eine Firma GmbH, OU=Marketing, C=DE

**Feld**: Name der Ausgabestelle, die das Zertifikat erstellt hat
Code: Issuer
Bspl.: DN=VeriSign Class 1, O=VeriSign, C=US

**Feld**: Algorithmus des öffentlichen Schlüsseles
Code: Public Key Algorithm
Bspl.: 512-bit RSA

**Feld**: Der öffentlicher Schlüssel des Inhabers
Code: Public Key
Bspl.: Siehe Beispiel weiter unten

**Feld**: Digitale Unterschrift der Zertifizierungsstelle, mit der sie die Echtheit der Daten des Zertifikates unterschreibt.
Dies ist sozusagen die Signatur in der Signatur
Code: Signature
Bsp.: Siehe Beispiel weiter unten

**Feld**: Der für die Signatur verwendete Algorithmus
Code: Signature Algorithm
Bspl.: MD5 / SHA1 Hash,
RIPEMD 160
**Feld**: Gültigkeitsdauer
Code: Validity mit „Not Before" und „Not After"
Bspl.: Von Montag, 6. April 1998, 10:01:19
Bis Montag, 16. April 2001, 10:01:18

**Feld**: Optionale Felder für Attribute, Selbstbeschränkung o.ä.
Code: Extensions


Im X.509-Standard wird nicht festgelegt, welches Verschlüsselungsverfahren und welche Schlüssellänge zu verwenden sind. Daher wird die Bezeichnung des eingesetzten Verfahrens und die Länge des Schlüssels mit angegeben, damit der Empfänger eines Zertifikates die entsprechenden Algorithmen benutzt. Im Rahmen des Standards wurden jedoch einzelne Algorithmen festgelegt, die zu verwenden sind. Diese Vorgehensweise schafft Flexibilität bezüglich neuer und sicherer Algorithmen. Es macht keinen Sinn, exotische Algorithmen zu verwenden, auf die der Empfänger eines Zertifikates keinen Zugriff hat.

Besonders bei den Schlüssellängen haben einzelne Länder bestimme Restriktionen gesetzlich vorgeschrieben. In den vergangenen Jahren hat sich gezeigt, daß aufgrund der rasch steigenden Geschwindigkeit selbst kleiner Personalcomputer, einige Algorithmen nach einer bestimmten Zeit nicht mehr als sicher gelten. Das SigG sieht dazu eine regelmäßige Überprüfung der Algorithmen u. a. durch das Bundesamt für Sicherheit in der Informationstechnik (BSI) vor.

Im folgenden finden Sie als Beispiel ein Test-Zertifikat der Firma Netscape, das auf deren Webseiten verwendet wird. Mit diesem Zertifikat weist sich „Netscape" selbst als das „Original" aus.

```
Certificate:
Data:
Version: 0 (0x0)
Serial Number: 1 (0x1)
```

```
Signature Algorithm: MD5 digest with RSA Encryption
Issuer: C=US, OU=Test CA, O=Netscape Communications Corp.

Validity:
    Not Before: Wed Nov 23 14:30:35 1994
    Not After: Fri Nov 22 14:30:35 1996
Subject: C=US, OU=Test CA, O=Netscape Communications Corp.
Subject Public Key Info:
    Public Key Algorithm: RSA Encryption
    Public Key:
    Modulus:
    00:b4:6c:8a:ec:ba:18:7b:72:a1:3c:cb:e9:81:15:
    2d:df:9b:b2:82:5b:13:50:02:2a:fe:7c:51:07:e6:
    14:c3:60:ad:15:56:de:f0:a7:32:c1:a0:34:95:a3:
    6a:4e:bf:21:48:4a:4a:21:7d:6b:37:12:59:8a:b8:
    c9:65:ff:a7:45:a0:16:b7:e1:b8:cb:52:0e:16:bd:
    e0:16:dd:dd:a7:36:67:3e:09:b9:db:33:bd:74:fc:
    de:58:94:cf:28:b3:96:d5:8e:33:61:1f:cb:40:3f:
    2a:29:2d:0b:68:87:15:68:fd:09:00:e0:77:4e:d2:
    40:1a:3e:5f:9c:d3:cc:16:63
    Exponent: 3 (0x3)

Signature Algorithm: MD5 digest with RSA Encryption
Signature:
55:79:c0:97:88:44:77:48:8a:48:7e:16:6a:d7:e5:3e:e2:f7:
17:d0:d4:80:d8:92:95:e8:7c:12:9f:be:78:4b:a6:cb:e5:25:
c9:db:d4:e0:d3:e7:c2:7b:56:03:f9:2a:7a:d5:09:53:48:86:
37:b1:be:0b:21:1a:f5:0c:6c:96:2b:bf:70:8a:6e:c4:fd:ea:
0f:90:35:7f:66:05:eb:f2:05:c2:20:3d:72:fa:52:ab:88:41:
7b:3e:d8:10:23:59:e5:82:f9:71:86:66:12:ca:c5:f7:46:47:
84:ad:56:66:a4:50:1c:ff:ac:12:a4:69:65:4a:d4:11:b7:a4:
b1:4e
```

Die Schlüssel werden im Hexadezimalformat dargestellt und mit dem „Base64-ASCII"-Verfahren konvertiert. Für den **Transport** im Internet sieht das Zertifikat dann wie folgt aus:

```
begin 664 netscape-test-ca.der
M,((!^S""`60"`0$$`0$P#08()*H9(H=A9A$>#`I,`D!0`%1`.A,5Q>?U1"@LV,Y9
M!@-5!`L3!U1E<W0@0T$T!Q$@-5!`H3!H3'4YE='-C87!E$($-O;6UU;FEC871I
M;VYS($-O<G`N,!7#3DT,$R,R$U,S$,CV,3,X,C,V,3DX,CM,C`R,$5MP1S$$$+
M,`D!0`%1`.A,5Q>?U1"@L26,Y9!@-5!`L3!U1E<W0@0T$T!Q$@-5!`H3!H3'4>=C$-C
M87!E$($-O;6UU;FEC871I;VYS($-O<G`N,P(#=G,V,$,$+<=,(<;O2($&=;QN(&]
M`#B#Y?#<;;OY_'Y`PST9`A6(;('XGK-+;Y%2M`]`[MPZ;_H7>+4Q;BB&XXH'
```

```
MIS+!H#25HVI.OR%(2DHA?6LW$EF*N,EE_Z=%H!:WX;C+4@X6O>`6W=VG-F<^
M";G;,[UT_-Y8E,\HLY;5CC-A'\M`/RHI+0MHAQ5H_0D`X'=.TD`:/E^<T\P6
M8P(!`S`-!@D:@DADB&]PT!`00%``.!@015><"7B$1W2(I(?A9JU^4^XO<7T-2`
MV)*5Z'P2G[YX2Z;+Y27)V]3@T^?">U8#^^2IZU8Z2(8WL;X+(1KU#&&R[$*]PF
MBF[$_>_H/[##5_9`7K\@7"(#U8^_E*IK^*/0(FU@0(U1$^[9L$A82K@#6HJ
OI%`<_ZP9I&EE2M01MX2Q3CUR`
```
end


In der Regel wird das Zertifikat von einer Firma erstellt, die sich als Zertifizierungsstelle etabliert hat. Informationen zu Zertifikaten in Ihrem Browser finden Sie u. a. hinter dem „Sicherheits" Button in der Menuleiste. Im folgenden ist zum Vergleich das **Zertifikat der Lufthansa AG-**Website dargestellt:

```
This Certificate belongs to:
  www.lufthansa.com
  FRA XL/I, Deutsche Lufthansa AG
  Frankfurt, Frankfurt, DE

This Certificate was issued by:
Secure Server Certification Authority
RSA Data Security, Inc. US

Serial Number:
3A:46:78:DB:CD:94:9E:E2:E3:72:63:0C:03:67:70:1B
This Certificate is valid
from Mon Nov 23, 1998 to Wed Nov 24, 1999
Certificate Fingerprint:
E5:1A:3A:28:90:94:6E:0C:C3:03:F6:84:8E:8E:72:E4
```

Mit Hilfe des entsprechenden öffentlichen Schlüssels der Firma **RSA**, die das Zertifikat ausgestellt hat, läßt sich die Echtheit des „Certificate Fingerprint" prüfen. Beim Einsatz der dem Signaturgesetz entsprechenden Software (z.B. PKS) befinden sich diese Informationen im Menu-„Zertifikat" in den Rubriken:

- Benutzer
- Herausgeber
- Zertifikat
- Signatur
- Schlüssel

Kapitel 3.2.1 beschreibt den konkreten Einsatz des Zertifikates im Zusammenhang mit Chipkarte, Lesegerät und Software mit der bei Drucklegung verfügbaren Konfiguration.

## 2.5.2
## Überprüfen von Zertifikaten

Der Empfänger einer Nachricht kann das beigefügte Zertifikat zur Prüfung der Signatur eines Dokumentes und der Echtheit des öffentlichen Schlüssels verwenden. Durch die Signatur der Zertifizierungsstelle ist sichergestellt, daß der öffentliche Schlüssel nicht gefälscht ist. Mit diesem wird nun, wie in Kapitel 2.2 beschrieben, die Signatur eines empfangenen Dokumentes auf Unversehrtheit überprüft. Die Verbindung von Dokument, Signatur und Zertifikat soll nun gewährleisten, daß niemand das Zertifikat einer anderen Person verwendet hat.

In diesem Zusammenhang darf der „Faktor Mensch" allerdings nicht unerwähnt bleiben. Denn der Mißbrauch einer digitalen Signatur ist ganz offensichtlich dann denkbar, wenn der Inhaber seine Chipkarte verliert und die PIN-Nummer Dritten bekannt ist oder er gezwungen wird, diese mitzuteilen. Kernpunkte der Überprüfung der Signatur sind demnach:

- Das Zertifikat ist durch die Signatur des Trust Centers geschützt.

- Zertifikat und Signatur eines Absenders beweisen Echtheit.

Bei Zertifikaten, die ein Pseudonym enthalten, können Sicherheits- und Geheimdienstbehörden nach § 12 Abs. 2 SigG die wirkliche Identität eines Zertifikat-Inhabers bei der Zertifizierungsstelle erfahren, soweit das zur Erfüllung ihrer Aufgaben notwendig ist.

## 2.5.3 Verzeichnis der Zertifikate

Das Trust Center der Zertifizierungsstelle hält ein Verzeichnis der Zertifikate der registrierten Nutzer vor. Hier kann jeder die Zertifikate erfragen und laden. Durch die Bereitstellung dieses Dienstes durch genehmigte Zertifizierungsstellen als vertrauenswürdige Dritte ist sichergestellt, daß eine überprüfte Zuordnung von realen Personen und deren Zertifikaten erfolgen kann.

Zudem halten die Trust Center sog. „Revocation Lists" bereit. In diese Listen werden gesperrte Zertifikate eingetragen. Hier kann der

Status einzelner Zertifikate abgefragt werden. Zusätzlich wird eine Gesamtliste der gesperrten Zertifikate zur Verfügung gestellt. Eine Sperrung des Zertifikates ist in folgenden Fällen sinnvoll:

- Verlust der Chipkarte

- bekanntgewordener Mißbrauch

- Vermutung, daß ein unbefugter Dritter in Kenntnis der PIN-Nummer zur Chipkarte gelangt ist.

Nach der Meldung wird eine sofortige Sperrung des Zertifikates und der zugehörigen Schlüssel veranlaßt. Vergleichbare Mechanismen finden bei der Nutzung von EC-Karten oder Kreditkarten Anwendung.

## 2.5.4
## Attribut-Zertifikate

Ein Zertifikat bezieht sich immer auf eine natürliche Person. Im Rahmen der Zugehörigkeit zu Firmen oder Organisationen und bei der Abwicklung von Geschäftsprozessen erhalten Personen Befugnisse, Einschränkungen oder Vertretungsrechte. So kann eine Person die Prokura in einer Firma inne haben, zusätzlich der Geschäftsführer des örtlichen Hundezüchter-Vereins sein und darüber hinaus noch als Brandmeister der freiwilligen Feuerwehr tätig sein. In allen drei Funktionen hat die Person unterschiedliche Rechte, Pflichten, finanzielle Handlungsspielräume oder Weisungsbefugnisse.

Um diese auch bei Online-Transaktionen abzubilden, können dem Zertifikat weitere Eigenschaften – die Attribute – zugeordnet werden. Hierbei wird zwischen der Selbstbeschränkung und der Vertretungsmacht gegenüber Dritten unterschieden.

- Selbstbeschränkung

Die Selbstbeschränkung kann zum Schutz gegen Mißbrauch verwendet werden. Im Bereich des Online-Banking finden sich ebenfalls solche Einschränkungen, die den Umfang von Buchungen auf einen festen Betrag, z.B. 1000,- EURO, beschränken. Das Signatur-Zertifikat enthält einen Vermerk auf eine vorhandene Selbstbeschränkung. Die eigentliche Beschreibung wird getrennt davon gespeichert. Dadurch ist sie leichter zu ändern.

- Vertretungsmacht gegenüber Dritten

Das Signatur-Zertifikat enthält einen Vermerk auf vorhandene Attribute. Die eigentlichen Attribute werden getrennt davon gespeichert. Sie können jederzeit per Antrag bei der Zertifizierungsstelle ergänzt, erweitert oder verändert werden. Attribute können sofort bei der ersten Beantragung eines Zertifikates mit angegeben werden. Sie werden von der Zertifizierungsstelle auf elektronischem Wege z.B. per E-Mail oder Diskette zugesandt. Die Beschreibung der Eigenschaften erfolgt im Klartext. Um die Attribute sinnvoll auch in automatisierten Abläufen einzusetzen, bedarf es hier noch einer weitergehenden Standardisierung. So müßten Bezüge zu Abteilungen in Firmen, zeichnungsbefugten Vorgesetzten und die Definition von Werten für Limits oder Zahlungen eindeutig den Attributen zuzuordnen sein.

Die Informationen werden in Verbindung mit dem Zertifikat und der Chipkarte benutzt, jedoch getrennt voneinander verwaltet. So kann eine Firma ein eigenes Verzeichnis der Attribut-Zertifikate aufbauen, das sowohl intern als auch extern gegenüber Geschäftspartnern, Kunden oder Lieferanten Einsatz findet. Bei der Beantragung über die Zertifizierungsstelle wird eine notarielle Bestätigung der Attribute gefordert. Damit wird die Richtigkeit der Angaben in den Attributen sichergestellt.

# 3 Anwendung

Dieses Kapitel soll den praktischen Einsatz der digitalen Signatur zeigen. Dabei werden unterschiedliche Softwareprodukte und Services vorgestellt. Es finden sowohl die Signaturgesetz-konformen Produkte und Dienste als auch proprietäre Verfahren und Software Beachtung. Bei der Beschreibung der Signaturgesetz-konformen Vorgänge wird auf die Anwendung der Komponenten des „Public Key Service" (PKS) der Deutschen Telekom AG zurückgegriffen. Zur Drucklegung war dies das einzige verfügbare System. Neben den gesetzlichen Bestimmungen werden Kosten und Handhabbarkeit über die Verbreitung der Systeme entscheiden.

Die Details der kryptographischen Funktionen und Vorgänge werden in Kapitel 4 näher erläutert. Für das Verständnis des Signierens sind diese nicht zwingend nötig. Die wesentlichen Zusammenhänge des asymmetrischen Schlüsselverfahrens und der Signatur finden sich in Kapitel 2.1 und 2.2.

Für die Anwendung der digitalen Signatur in der täglichen Praxis werden neben der Chipkarte noch eine entsprechende Software und ein Trust Center für die Verwaltung der Schlüssel benötigt.

Seit Anfang der 90er Jahre stehen die ersten Softwareprodukte zur Verfügung. Das Programm „Pretty Good Privacy", kurz PGP, von Phil Zimmerman [RFC1991] ist in einer MS-DOS-Version seit 1991 im Einsatz. Das Programm hat sich inzwischen als Pseudostandard etabliert und ist in unterschiedlichen Formen und auf verschiedenen Computersystemen verfügbar.

Einige weitverbreitete E-Mail-Programme wie Eudora, Microsoft Outlook oder das deutsche AK-Mail bieten die Integration von PGP. Dadurch läßt sich die Funktionalität auf einfachste Art und Weise benutzen. Die Prüfung der Signatur und das Entschlüsseln von Daten geschieht hierbei vollautomatisch, wenn der Absender ebenfalls über die PGP-Software verfügt.

Die von der Telekom im Rahmen ihres PKS-Dienstes zur Verfügung gestellte Software signiert und prüft auf Knopfdruck jeweils ein beliebiges Dokument. Hier findet sich keine Integration in ein

Signier- und
Prüfsoftware

Trust Center:
Der vertrauens-
würdige Dritte

E-Mail-System. Die signierten Dokumente werden dann als Anlage mit einer E-Mail verschickt. Beide Systeme haben ihre Stärken und Schwächen.

Für die Bestätigung der Identität einer Person und die von ihr eingesetzten Schlüssel bedarf es einer dritten Instanz. Diese Dienstleistung wird von unterschiedlichen Organisationen und Firmen angeboten. In Zusammenhang mit dem Programm PGP haben sich einige private Services engagiert. Seit Mitte der 90er Jahre sind zudem gewerbliche Trust Center auf dem Markt, die Zertifikate ausstellen. Eines der ersten unterhält die Firma Verisign in den USA. Die Sicherheit bezüglich der Identifikation einer Person ist hier jedoch nicht sehr hoch, da die Anmeldung per Fax erfolgt und somit zu fälschen ist. Der Gesetzgeber hat im SigG jedoch eine wesentlich genauere Kontrolle bei der Zertifizierung gefordert. Diese wird seit Januar 1999 vom „Public Key Service" der Telekom erfüllt. Weitere Anbieter werden in Kürze folgen. Hierzu zählen „D-Trust", ein Konsortium aus der Firma Debis in Zusammenarbeit mit der Bundesdruckerei, die Deutsche Post AG, das TC Trust Center Hamburg – eine Commerzbank-Tochter – sowie Organisationen aus dem Banken-, Sparkassen- und Gesundheitswesen. Auch Kommunen und Wirtschaftsverbände haben entsprechende Initiativen gegründet.

Besonders im Hinblick auf die Nutzung von Attribut-Zertifikaten in der firmeninternen Kommunikation kommen proprietäre Trust Center zum Einsatz. Hierzu bieten u.a. die Firmen Coconet, Secunet und Secude entsprechende Produkte an.

Die folgenden Abschnitte beleuchten die konkreten Abläufe bei der Beantragung, der Installation und dem Einsatz der Software sowie der Einbindung der Signaturfunktionen in andere Anwendungen.

## 3.1
## Beantragen einer digitalen Signatur

Seit Januar 1999 kann in den Verkaufsstellen der Deutschen Telekom AG (T-Punkte) die digitale Signatur im Rahmen des „Public Key Service" beantragt werden. Neben dem eigentlichen Zertifikat und dem privaten Schlüssel auf der Chipkarte können auch die Attribut-Zertifkate ausgestellt werden. Die Informationsmappe enthält alle Vordrucke mit einer jeweiligen Anleitung und eine Broschüre, die die Kernpunkte der Nutzung erläutert. Bei der Antragstellung muß der Personalausweis vorgelegt werden. Folgende Informationen sind notwendig:

1. Die Angaben aus dem Personalausweis

2. Ein Kennwort für die Identifizierung gegenüber dem Trust Center

3. Die Form der Abrechnung

Anstelle des Personalausweises kann auch ein Reisepaß mit einer zusätzlichen Bescheinigung über den Wohnort in Form der Auskunft der Meldebehörde, des Kfz-Scheins, der GEZ-Rechnung oder einer Telefonrechnung verwendet werden. Dies erlaubt auch ausländischen Staatsbürgern die Ausstellung einer digitalen Signatur.

Neben dem Eintrag auf den realen Namen, kann ein Zertifikat auch auf ein **Pseudonym** ausgestellt werden. Ein Beispiel hierzu ist das Zertifikat mit dem sich ein Webserver identifiziert. Hierbei sind dann jedoch keine Attribute möglich.

Werden **Attribut-Zertifikate** für die Anwendung im Arbeitsumfeld (Prokura, Geschäftsführung usw.) gewünscht, so sind diese vorher von einem Notar zu beglaubigen. Ein solches Attribut kann z.B. den Handlungsrahmen bei Finanztransaktionen begrenzen. Einem Zertifikat können mehrere Attribute zugeordnet werden. Hiermit lassen sich unterschiedlichen Funktionen und Ämter einer Person angeben.

Ein Beispiel: Herr Maier hat Prokura in einer Firma, ist Geschäftsführer des örtlichen Hundezüchter-Vereins und Brandmeister der freiwilligen Feuerwehr. In jeder dieser Funktionen hat Herr Maier unterschiedliche Kompetenzen und Handlungsspielräume. Bei den Attribut-Zertifikaten wird dabei zwischen zwei Arten der Festlegung unterschieden:

Eine **berufsrechtliche** Zulassung, Genehmigung oder Bewilligung. Hierzu zählen die Zulassung bei der Anwalts- oder Ärztekammer sowie die Eintragung als Meister bei der Handwerkskammer.

Eine **Vertretungsmacht** gegenüber Dritten. Hierzu zählen die Funktion des Prokuristen, Geschäftsführers oder das Sorgerecht über Personen.

Der Antragsteller hat die Wahl, ob alle Daten des Zertifikates mit seinen Attributen in das öffentliche und von Dritten abrufbare Verzeichnis der Zertifikate übernommen werden. Die Angabe des Namens ist jedoch zwingend.

Für das Zertifikat ist die Festlegung einer **Selbstbeschränkung** möglich. Diese könnte z.B. definieren, daß pro Rechtsgeschäft nicht mehr als 1000,- DM eingesetzt werden dürfen. Diese Funktion dient als Schutz bei einem möglichen Verlust der Karte und/oder der PIN-Nummer.

Zum Zeitpunkt der Drucklegung entstanden bei der Anmeldung der digitalen Signatur folgende Kosten:

1. Beantragung DM 53,48

2. Jahresgebühr DM 97,44

3. Chipkartenlesegerät ca. DM 300,-

4. pro Attribut-Zertifikat DM 27,26

## 3.1.1
## Weitere Zertifizierungstellen

In Zukunft soll die Beantragung der Zertifikate auch von Kommunen, Behörden, Verbänden und Institutionen vorgenommen werden können. Diese fungieren dann als Annahmestelle und leiten die Anfragen an das Trust Center weiter.

Neben den SigG-konformen Stellen, existieren bereits einige weitere Firmen und Organisationen, die Zertifikate ausstellen. Diese lassen sich für private Zwecke verwenden. Einige sind im folgenden mit ihren Leistungen aufgeführt:

C't Certification Authority

Der Heise Verlag betreibt eine Zertifizierungsstelle für Anwender der PGP-Schlüssel. Antragsteller müssen das PGP-Schlüsselpaar selbst mit der PGP-Software erzeugen und den öffentlichen Schlüssel auf Diskette oder per E-Mail an die CA schicken. In beiden Fällen erfolgt eine Zertifizierung jedoch erst nach einer persönlicher Identifizierung durch autorisierte Personen des Heise Verlags. Diese stehen dafür auf Messen oder Kongressen zur Verfügung.
URL: www.heise.de/ct/pgpCA

DFN

Die DFN Policy Certification Authority ist die Zertifizierungsinstanz für das Deutsche Forschungsnetz. Der DFN (Verein zur Förderung eines Deutschen Forschungsnetzes e.V.) betreibt eine Zertifizierungsstelle, die im wesentlichen Zertifikate für Mitglieder der Organisation ausstellt. Diese fungieren dann als untergeordnete Annahmestellen in Universitäten und Fachhochschulen. Der DFN unterstützt die Formate: PEM, X.509 und PGP. In diesem Zusammenhang wird auch eine Public-Key-Infrastruktur (PKI) für die PGP-Software betrieben. Die Austellung erfolgt ebenfalls erst nach persönlicher Identifizierung.
URL: www.cert.dfn.de

Individual Network e.V.

Der Individual Network e.V. betreut nur nichtkommerzielle Internetprojekte. In diesem Zusammenhang betreibt er mehrere regionale Annahmestellen. Unterstützt werden PGP und PEM. Auch hier müssen sich Antragsteller persönlich bei einer Annahmestelle mittels Personalausweis identifizieren.
URL: www.in-ca.individual.net

TC Trust Center

Das TC Trust Center Hamburg betreibt seit 1997 ein Trust Center. Erteilt werden Zertifikate für PGP und X.509. Die „Güte" des Zertifikates richtet sich nach dem Grad der Identifizierung. Erfolgt diese nur per E-Mail, so wird ein Zertifikat der Klasse „E-Mail-Certificate" ausgestellt. Bei persönlicher Identifizierung durch Vorlage des Personalausweises beim Trust Center oder einer Postfiliale wird ein Zertifikat der Klasse „Passport-Certificate" ausgestellt. TC liefert Zusatzmodule u.a. für die bekannten Programme „Eudora" und „AK-Mail"
URL: www.trustcenter.de

VeriSign

Die amerikanische Firma VeriSign Inc. unterhält bereits seit langem eine international anerkannte Zertifizierungsstelle. Auch ausländische Kunden können bei VeriSign ein Zertifikat erwerben. Es werden mehrere Klassen ausgestellt:
Die „Full Service Class 1 Digital ID" ist kostenpflichtig. Die „Trial Class 1 Digital ID" ist kostenlos und verfällt nach 60 Tagen. Unterstützt werden die Programme Netscape Navigator ab Version 3.x und Microsoft Internet Explorer ab Version 3.x (auch Microsoft Outlook Express). Die Programme haben die Module für den Einsatz von Zertifikaten bereits eingebaut. Der Antragsteller muß für diese Zertifikatstypen nicht persönlich bei der CA erscheinen, sondern nur einige Angaben via WWW übermitteln. Es wird nur die Existenz der E-Mail-Adresse überprüft. Für amerikanische und kanadische Staatsbürger gibt es spezielle Ausführungen der Zertifikate. Kosten: Trial Class 1 digital ID: kostenlos, Full Service Class 1 Digital ID: 9,95 USD pro Jahr.
URL: www.verisign.com

Keytrust

Die Firma FUN Kommunikationssysteme GmbH bietet Zertifikate für private Nutzer und die Einbindung in Browser an.
URL: www.keytrust.de

Von einigen Firmen werden Gesamtlösungen für interne Zertifizierungstellen mit eigener Software für das Trust Center angeboten. Derartige Anwendungen können den hausinternen E-Mail-Verkehr sichern, haben jedoch im Zusammenhang mit dem Signaturgesetz keine Beweiskraft.

## 3.1.2
## Freischalten der Chipkarte

Bei der Antragstellung des PKS-Dienstes wird angegeben, ob die Chipkarte per Post zugestellt oder persönlich in der Verkaufsstelle (T-Punkt) abgeholt wird, in der der Antrag gestellt wurde. Das Zertifikat wird vom Trust Center erst dann aktiviert, wenn der Empfang der Chipkarte und deren ordnungsgemäße Funktion bestätigt ist. Attribute werden zusätzlich per Diskette oder E-Mail zugesandt.

Für den Einsatz der Chipkarte ist eine zusätzliche PIN-Nummer notwendig. Diese Kennung muß entweder von der Zertifizierungsstelle auf getrenntem Weg zugesandt oder vom Nutzer vor Ort selbst generiert werden. Im Rahmen des PKS-Angebotes wird letztere Methode angewendet. An dieser Stelle ist nun der Einsatz des **Chipkarten-Lesegerätes** notwendig. Die Telekom bietet ein entsprechendes Gerät an. Im Handel sind auch Geräte anderer Firmen erhältlich. Hierbei ist jedoch auf entsprechende Kompatibilität zu achten. Das Lesegerät muß dem „B1"-Standard genügen. Geräte die den Anforderungen des SigG entsprechen, werden von der Regulierungsbehörde für Post und Telekommunikation zertifiziert. Dort ist eine Liste dieser Geräte und der passenden Software erhältlich. In Kapitel 2.4.2 ist die Technik der Lesegeräte genauer erläutert.

Es sei hier noch einmal besonders darauf hingewiesen, daß für die Nutzung der digitalen Signatur nicht zwingend auch ein Online- Zugang nötig ist. Der Einsatz ist auch für die Sicherung von Archiven oder den Datenaustausch in lokalen Firmennetzen gedacht.

Freischalten    Mit der Chipkarte wird eine Diskette geliefert, auf der eine Software für die erste PIN-Nummern-Eingabe (Null-PIN) und die gleichzeitige Prüfung der Chipkarte auf Unversehrtheit enthalten ist. Bei der zum Test vorliegenden Version der Software ist es wichtig, die Eingabefelder zwischen der ersten und der wiederholten Eingabe der neuen PIN Nummer mit der „Tabulatortaste" zu wechseln. In zukünftigen Versionen ist eine erweiterte Eingabe der PIN-Nummer vorgesehen. Hierbei soll es unmöglich gemacht werden, die Eingabe der Zahlen durch andere Programme zu protokollieren. Dies ist bei der Eingabe über die Tastatur möglich. Die Ziffernfolge muß zwischen 6 und 16 Zahlen enthalten. Das Eingabefenster für die PIN-Nummer muß anschließend mit der Bestätigung des Buttons „Ändern" geschlossen werden. Eine Änderung der Nummer ist jederzeit möglich und sollte dann erfolgen, wenn zu befürchten ist, daß jemand Kenntnis von der Kennung erhalten hat. Die PIN-Nummer sollte möglichst nicht notiert werden. Da sich erfahrungsgemäß nahezu jeder seine PIN-Nummern oder Paßwörter doch notiert, sollte dies aber auf keinen Fall an leicht zugänglicher Stelle (unter der Tastatur, dem Mauspad oder der Schreibtisch-Unterlage) erfolgen.

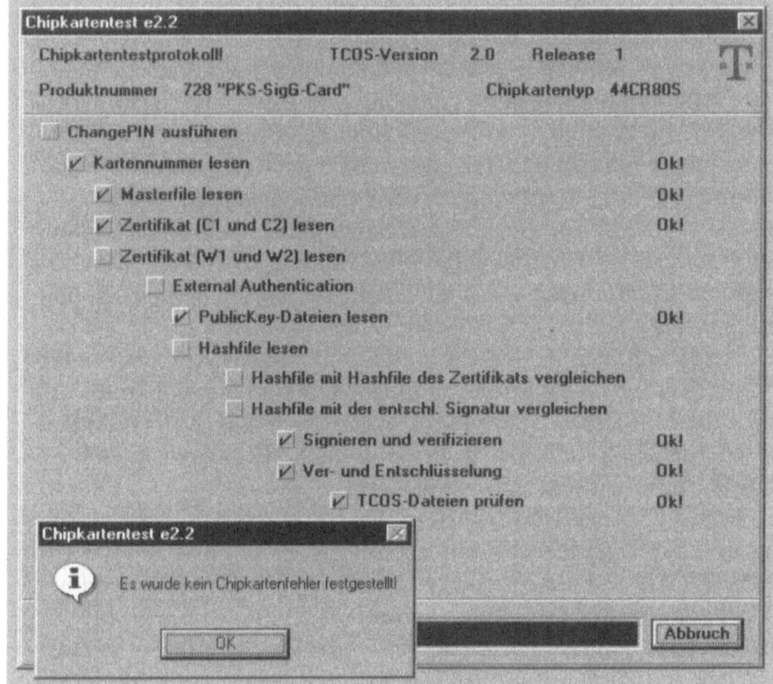


Bild 3.1.1
Prüfen der
Chipkarte

Nach erfolgreicher Eingabe der PIN-Nummer wird diese in die Chipkarte einprogrammiert und der Test fortgesetzt. Bild 3.1.1 zeigt das Ergebnis der geprüften Karte mit den einzelnen internen Prüfungen. Nach erfolgtem Test wird das beiliegende Bestätigungsschreiben an das Trust Center zurückgeschickt. Das Trust Center schaltet danach die Nutzung der Karte frei, indem es das Zertifikat in das öffentliche Verzeichnis aufnimmt. Sollte der Test auf eine Fehlfunktion hinweisen, so ist die Chipkarte umgehend an das Trust Center zurückzusenden. Details des Testvorgangs lassen sich über Protokolldateien einsehen, die vom Programm automatisch angelegt werden. Bei Zweifeln an der Funktionstüchtigkeit kann der Test jederzeit wiederholt werden.

# 3.2
# Signieren

Für den Signiervorgang wird der private Signaturschlüssel benötigt, der auf der Chipkarte gespeichert ist. Für deren Einsatz ist eine entsprechende Software und das Chipkarten-Lesegerät nötig. Vor der Nutzung der Funktionen muß die Chipkarte durch Eingabe des PIN-Zugangscodes aktiviert werden. In Zukunft werden auch biometrische Verfahren, die auf der Erkennung von Fingerabdrücken basieren, die Freischaltung vornehmen können. Entsprechende Geräte sind bereits heute im Handel und werden in Kürze für den SigG-konformen Einsatz zertifiziert. Die Beschreibungen der SigV sagen aus, daß während eines Signiervorgangs keine Online-Verbindung zum verwendeten Computer bestehen sollte. Für die Nutzung bei Electronic-Commmerce-Anwendungen wie dem Online-Shopping wird dies nicht immer zu realisieren sein.

Mit der digitalen Signatur können beliebige Dokumente unterzeichnet werden. So wie ein Vertrag oder eine Vereinbarung erst dann unterzeichnet werden sollte, wenn auch das Kleingedruckte gelesen wurde, so sollte auch beim digitalen Signieren darauf geachtet werden, was unterschrieben wird.

Hier gilt der Leitsatz: **Only sign what you see.** Um diese Forderung in letzter Konsequenz umzusetzen, ist es nötig, einen Text in reinem ASCII-Format zu konvertieren. Denn mit modernen Textprogrammen ist es möglich, einen Abschnitt in weißer Farbe auf weißem Hintergrund zu formatieren. Dieser Text würde somit beim einfachen durchlesen nicht erkannt, jedoch durch die Unterschrift bestätigt. Bei einem Ausdruck wäre dieser Abschnitt nicht Bestandteil des unterschriebenen Dokumentes, da es nicht „schwarz auf weiß" sichtbar ist.

Neben Textdokumenten können auch Bild-, Ton- und Videodokumente signiert werden. In Kombination mit der in Kapitel 3.6 erläuterten Zeitstempel-Funktion läßt sich so die Originalität von Dateien im Zusammenhang mit der Produktion, dem Zeitpunkt der Erstellung und dem Autor nachweisen.

# 3.2.1
# Einsatz der Signiersoftware

Die Telekom liefert mit dem PKS-Dienst eine Basis-Software aus. Diese „Desktop-Variante" erlaubt die Auswahl eines Dokumentes im Windows Dateimanager per Mausklick. Hiermit lassen sich beliebige Dateien auswählen und signieren. Zahlreiche Firmen binden auf Grundlage dieser Software die Signierfunktion in ihre Anwendungen ein. Hierzu zählen Textverarbeitungs- und E-Mail-Programme. Abbildung 3.2.1 zeigt die Auswahl einer Datei über das Kontextmenu im Dateimanager.

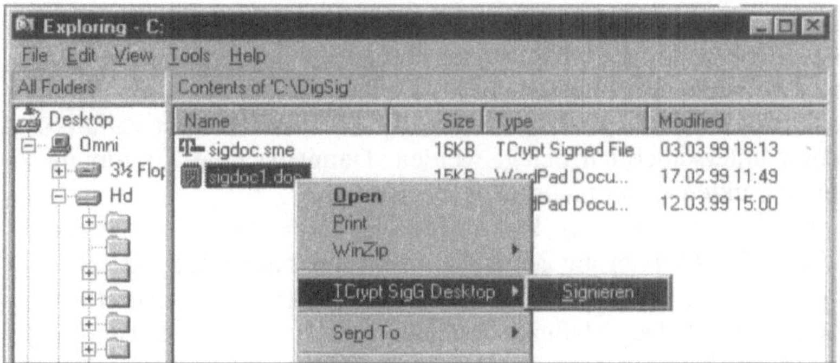


Abb. 3.2.1
Auswahl ein
Datei

Nach der Anwahl der Funktion „Signieren" muß zunächst die PIN-Nummer eingegeben werden. Durch den Signiervorgang wird ein zweites Dokument erzeugt, das die Endung „SME" trägt. SME steht hierbei für „Secure Message Envelope". Das Original bleibt bei diesem Vorgang unverändert. Es sei noch einmal ausdrücklich darauf hingewiesen, daß beim Signieren **keine Verschlüsselung** des eigentlichen Dokumentes stattfindet. Die Software bietet diese Funktion jedoch als Zusatz an. Bild 3.2.2 zeigt die Informationen, die beim Signieren zur Verfügung stehen.

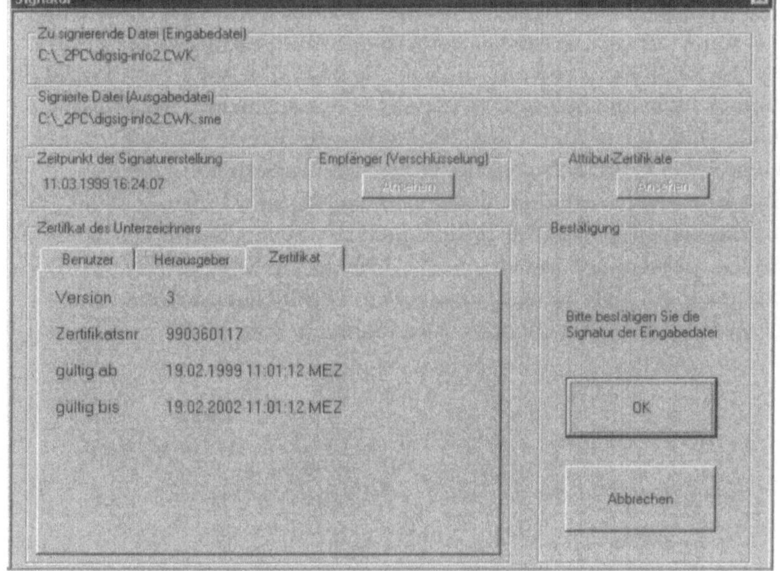


Abb. 3.2.2
Ergebnis des
Signierens

Zur Kontrolle werden Ihnen hier die Informationen des Zertifikates aus der Chipkarte angezeigt. Solange die Chipkarte genutzt wird und durch die Eingabe der PIN-Nummer aktiviert ist, besteht das Risiko des Mißbrauchs. Dies besteht zum einen in Computer-Viren und zum anderen in der nicht sachgemäßen Anwendung. Viren können im Hintergrund weitere Daten signieren lassen. Um das Risiko des Ausspionierens der PIN-Nummer während der Eingabe zu verringern, ist neben der Eingabe über die Tastatur, die Angabe über Mausklicks möglich. Hierbei können die Ziffernfelder per Zufallsfunktion unterschiedlich belegt werden. Damit ist eine Zuordnung der angeklickten Ziffer nicht mehr möglich.

Dritte Personen können Dokumente signieren, falls sie während der Dauer der Aktivierung Zugang zum System haben. Ein typisches Beispiel ist eine kurze Arbeitspause, während der ein Computer unbeaufsichtigt ist. Der Maßnahmenkatalog zum SigG beschreibt daher, daß die Signiersoftware kurze Zeit nach dem Signieren eines Dokumentes den Vorgang automatisch beendet. Für weitere Vorgänge muß dann erneut die PIN-Nummer eingegeben werden.

## 3.2.2
## Versand

Nach dem Signiervorgang darf der Inhalt des Dokumentes nicht mehr verändert werden. Daher ist beim Versand darauf zu achten, daß Sender und Empfänger die gleiche Kodierung beim Transfer über das Internet verwenden. Allen Nutzern von E-Mail sind sicher die Situationen bekannt, in denen Umlaute in kryptische Zeichen, oder z.B. „ä" in „ae" verändert wurden. Die Prüfung eines so veränderten Dokumentes würde negativ ausfallen, selbst wenn der Inhalt eigentlich nicht manipuliert wurde. Erweiterungen wie MIME und UUCODE leisten hier Abhilfe und werden in den jüngeren Generationen von E-Mail-Programmen bereits standardmäßig eingesetzt.

Signierte Dokumente werden in der Regel als Anlage oder „Attachment" einer E-Mail beigefügt. Dies ist besonders in der typischen Büroumgebung praktisch. Mit dieser Verfahrensweise wird automatisch eine Trennung zwischen dem Unterzeichnen eines Dokumentes und dessen weiterer Verwendung erreicht.

## 3.2.3
## Verwendung von PGP

Das Signieren von Dokumenten mit der Software „PGP" entspricht zwar nicht den Vorgaben des SigG, soll jedoch erwähnt werden, da zukünftige Softwarepakete einen vergleichbaren Ablauf haben werden. PGP kann als eigenständiges Programm für den Signier- und Verschlüsselungsvorgang verwendet werden. Dabei werden die betreffenden Dateien ausgewählt oder Daten aus der Zwischenablage von anderen Anwendungsprogrammen kopiert. Bei der Verwendung als Zusatzmodul in Mail-Programmen wird im Gegensatz zum oben beschriebenen System die E-Mail selbst signiert. Sollen zusätzlich anhängende Daten mitsigniert oder verschlüsselt werden, so ist dafür ein eigener Arbeitsschritt nötig. Es ist mit Sicherheit zu erwarten, daß in zukünftigen Anwendungen alle notwendigen Schritte zusammengefaßt werden.

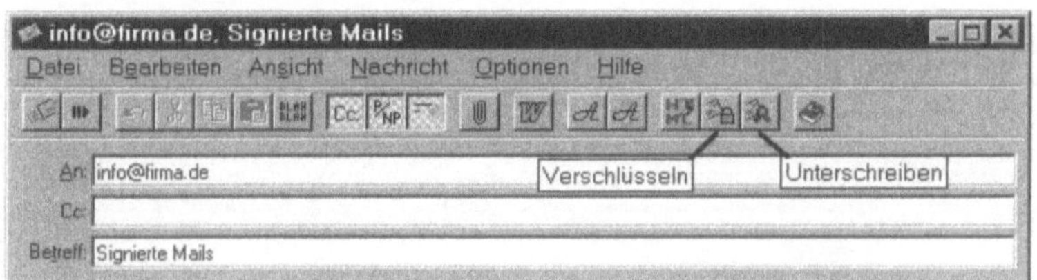


Abb. 3.2.3
Signieren mit
PGP

Bild 3.2.3 zeigt den Eingabebildschirm eines Mailprogramms mit den beiden Funktionen Signieren und Verschlüsseln. In Kapitel 4 wird auf die Verwaltung der entsprechenden privaten und öffentlichen Schlüssel eingegangen.

## 3.3
## Prüfen einer Signatur

Die Prüfung eines digital signierten Dokumentes erfolgt in zwei Abschnitten. Zum einen kann die Unversehrtheit des Inhaltes, zum anderen die Authentizität des Absenders geprüft werden. Für die Prüfung eines digital signierten Dokumentes muß der öffentliche Schlüssel des Signierenden zur Verfügung stehen. In der Regel wird dieser zusammen mit dem Zertifikat dem signierten Dokument beigefügt. Sollten Zweifel an der Authentizität der signierenden Person bestehen, so kann in weiteren Schritten die Zugehörigkeit des Zertifikates bei der Zertifizierungstelle geprüft werden. Hierzu stehen Listen mit gültigen und ungültigen Zertifikaten zur Verfügung. Einzelprüfungen können online durch Abfrage der Zertifikatsnummer erfolgen.

## 3.3.1
## Prüfen des Siegels

Bei der Prüfung im Rahmen des PKS-Dienstes können beliebige Dokumente geprüft werden. Erhält man ein Dokument als Anhang einer E-Mail, so muß dieses zunächst extern gespeichert werden. Bild 3.3.1 zeigt, wie im Dateimanager von Windows 95 über das Kontextmenu (rechte Maustaste) der gewünschte Vorgang ausgewählt wird. Die Software erkennt an der Endung „SME" das bereits signierte Dokument. An dieser Stelle könnte ein Dokument auch übersigniert werden. Dies erlaubt das Signieren von unterschiedlichen Versionen eines Dokumentes oder das Unterzeichnen durch mehrere Personen.

Abb. 3.3.1
Auswahl der
Datei

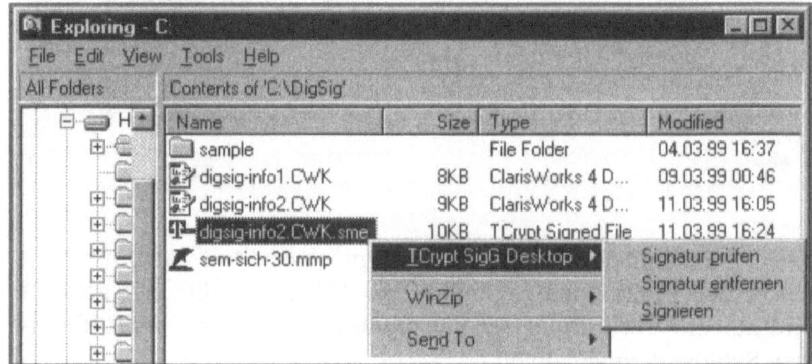



Mit dem Befehl „Signatur entfernen" läßt sich das Originaldokument aus der signierten Datei extrahieren. Nach Auswahl der Prüffunktion erscheint ein Bildschirm mit der Möglichkeit, das im Dokument enthaltene Zertifikat online zu überprüfen. Kapitel 3.4 erläutert die nötigen Schritte. Bild 3.3.2 zeigt die entsprechenden Auswahlmöglichkeiten.

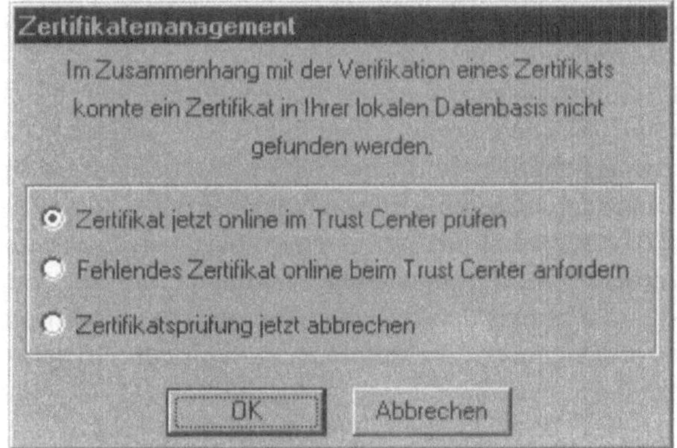

Abb. 3.3.2
Abfrage der On-
line-Prüfung

Die Online-Prüfung kann direkt über eine ISDN-Verbindung oder über das Internet erfolgen. Bei der Anforderung des Zertifikates wird dieses später per E-Mail zugesandt.

Ist die Online-Prüfung nicht gewünscht, so wird an dieser Stelle der letzte Punkt ausgewählt. Das „Abbrechen" bezieht sich hierbei auf die Online-Prüfung. Das Programm prüft nun lediglich die Unversehrtheit des Dokumentes. Bild 3.3.3 zeigt eine erfolgreich abgeschlossene Prüfung mit den Informationen des signierten Dokumentes.

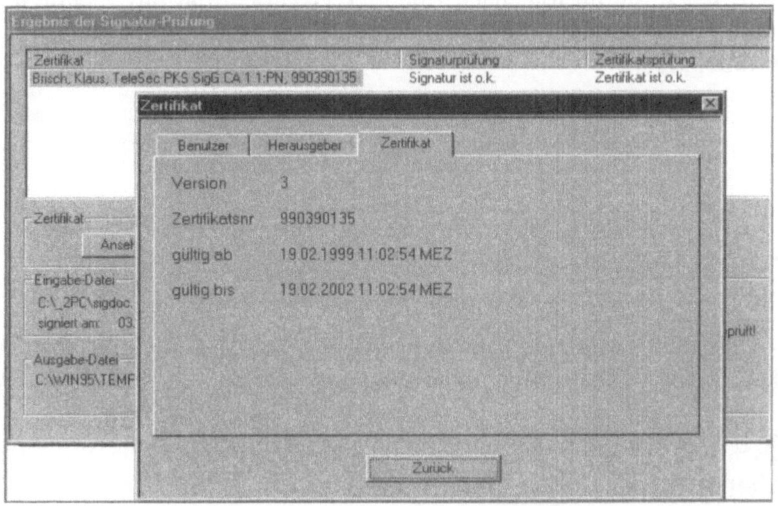

Abb. 3.3.3
Prüfung eines
Zertifikates

Die Software ermittelt dazu das Hashverfahren, das der Absender verwendet hat und berechnet damit den erneuten Hashwert des empfangenen Dokumentes. Dem Zertifikat des Absenders wird dessen öffentlicher Schlüssel entnommen und damit aus dem „Siegel" der ursprüngliche Hashwert ermittelt. Die Software zeigt danach an, ob die Daten übereinstimmen oder nicht.

Da nicht davon ausgegangen werden kann, daß jede Person, die ein signiertes Dokument erhält, ebenfalls im Besitz der entsprechenden Signiermöglichkeiten mit der Chipkarte ist, muß dafür Sorge getragen werden, daß eine entsprechende Prüfsoftware allgemein verfügbar ist. Auch muß die Interoperabilität zwischen unterschiedlichen Signiersystemen verschiedener Anbieter gewährleistet werden. Gerade im Kontext der globalen Vernetzung würden proprietäre Systeme der weiteren Verbreitung der digitalen Signatur entgegenwirken.

## 3.3.2
## Prüfen einer E-Mail mit PGP

Beim Einsatz der PGP-Software in E-Mail-Programmen, werden eintreffende Nachrichten automatisch geprüft, falls sie die Kennung
```
-----BEGIN PGP SIGNED MESSAGE-----
```
enthalten. Hierbei werden also keine einzelnen Dateien betrachtet, sondern die eingehende E-Mail selber. Anhängende Dateien müssen zusätzlich geprüft werden. Am Beispiel des Mail-Programms AK-Mail sehen Sie im folgenden Bild eine Nachricht mit unversehrtem Inhalt – das Symbol „A" – und eine mit gebrochenem Siegel – das Symbol „?".

Abb. 3.3.4:
Verzeichnis
signierter Daten

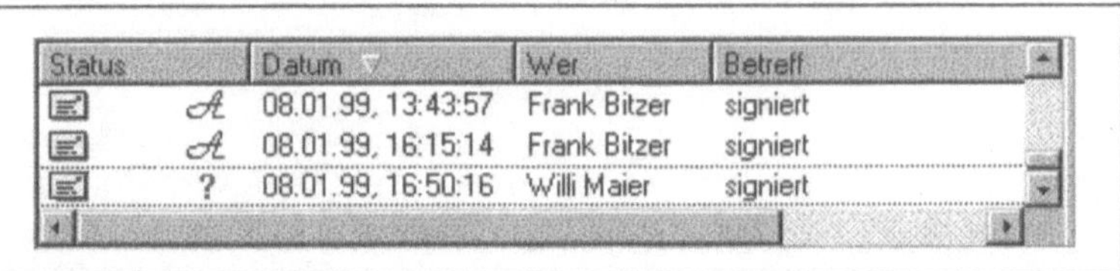


Das PGP-Programm kann in Form von Zusatzmodulen für unterschiedliche E-Mail-Programme verwendet werden.

## 3.4
## Verifizieren der Zertifikate

Um die angegebene Identität des Absenders zu verifizieren, wird dessen Zertifikat geprüft. Hierzu muß bei der entsprechenden Zertifizierungsstelle nachgefragt werden, ob das Zertifikat noch gültig ist oder eventuell kurzfristig gesperrt wurde. Das Trust Center der Zertifizierungsstelle stellt dazu mehrere Listen zur Verfügung:

1. Das Verzeichnis der ausgestellten und gültigen Zertifikate, in dem alle Nutzerdaten enthalten sind.
2. Das Verzeichnis der ausgestellten und gültigen Zertifikate mit anonymen Nutzerdaten. Hier finden sich die Daten der Nutzer, die bei der Antragstellung angegeben haben, daß sie ihre Daten nicht in das Zertifikatsverzeichnis aufgenommen haben möchten.
3. Die sogenannte „Revocation List". Hier werden alle kurzfristig gesperrten Zertifikate aufgeführt.

Mit dem öffentlichen Schlüssel der Zertifizierungsstelle kann die Echtheit des gewünschten Zertifikates geprüft werden. Inwieweit diese Vorgänge automatisiert ablaufen, hängt von der eingesetzten Software ab.

In besonderen Fällen kann in einem weiteren Schritt auch noch die Echtheit des Zertifikates der Zertifizierungsstelle mit dem öffentlichen Schlüssel der Regulierungsbehörde geprüft werden.
Im Laufe der Zeit werden sich die einmal geprüften Zertifikate von häufigen Kommunikationspartnern in einem „Schlüsselbund" auf dem eigenen Computer ansammeln. Eine Prüfung des Absenders wird dann nur noch in zweifelhaften Fällen erfolgen.

# 3.4.1
# Lokales Verzeichnis der Zertifikate

Die folgenden Bilder zeigen das Prüfprogramm „TTP-Viewer", das die Telekom im PKS-Dienst anbietet. Bei Drucklegung stand das Programm in einer ersten Testversion zur Verfügung. Unterschiede in der Bildschirmdarstellung und den Funktionen gegenüber späteren Fassungen sind daher nicht ausgeschlossen. Das Programm erlaubt die Bearbeitung der verschiedenen Listen sowie die Suche nach einzelnen Zertifikaten in den einzelnen Verzeichnissen. Die Verzeichnisse können jederzeit online aktualisiert werden. Das Programm und die aktuellen Zertifikatslisten werden auf der Website von Telesec unter der Adresse „www.telesec.de" bereitgehalten.

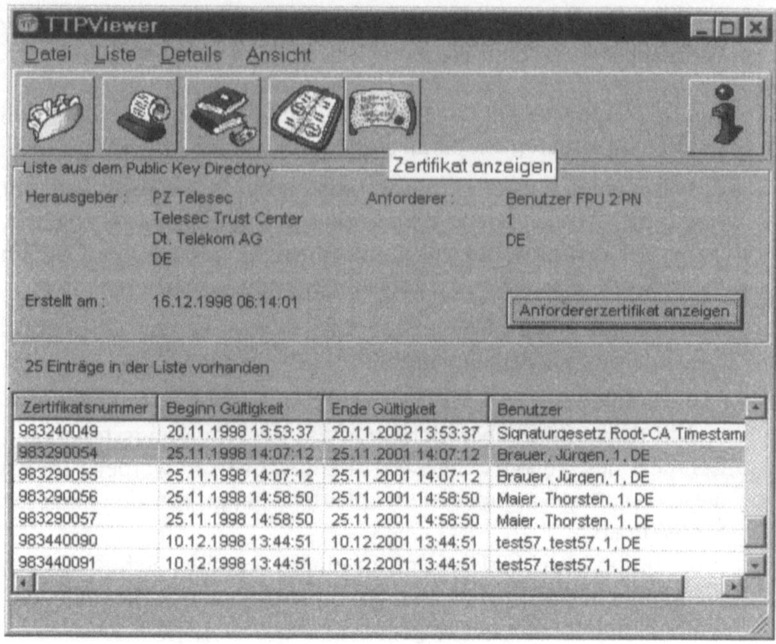



| Zertifikatsnummer | Beginn Gültigkeit | Ende Gültigkeit | Benutzer |
|---|---|---|---|
| 983240049 | 20.11.1998 13:53:37 | 20.11.2002 13:53:37 | Signaturgesetz Root-CA Timestam |
| 983290054 | 25.11.1998 14:07:12 | 25.11.2001 14:07:12 | Brauer, Jürgen, 1, DE |
| 983290055 | 25.11.1998 14:07:12 | 25.11.2001 14:07:12 | Brauer, Jürgen, 1, DE |
| 983290056 | 25.11.1998 14:58:50 | 25.11.2001 14:58:50 | Maier, Thorsten, 1, DE |
| 983290057 | 25.11.1998 14:58:50 | 25.11.2001 14:58:50 | Maier, Thorsten, 1, DE |
| 983440090 | 10.12.1998 13:44:51 | 10.12.2001 13:44:51 | test57, test57, 1, DE |
| 983440091 | 10.12.1998 13:44:51 | 10.12.2001 13:44:51 | test57, test57, 1, DE |

Die Liste enthält die Zertifikate von Personen, der Zertifizierungstelle selbst und der obersten Instanz, der Regulierungsbehörde. Die Liste selber ist wiederum digital signiert. Die Einträge zeigen die Gültigkeitsdauer und den registrierten Benutzer des Zertifikates. Die Unversehrtheit der Liste läßt sich über den Menupunkt „Details" abfragen. Über den Button „Zertifikat anzeigen" werden Informationen zum ausgewählten Zertifikat ausgegeben. Die folgenden Bildschirme zeigen die entsprechenden Daten. Alle Informationen können bei Bedarf ausgedruckt werden. Da die Listen im Laufe der Zeit sehr umfangreich werden können, ist die zusätzliche Möglichkeit der Online-Prüfung einzelner Zertifikate sinnvoll.

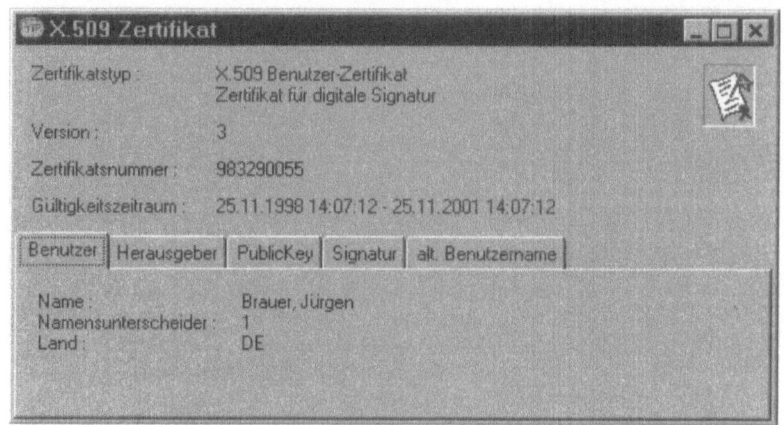



Abb. 3.4.2
Benutzerdaten

Bild 3.4.2 zeigt die Benutzerdaten. Sie beziehen sich auf die Person, die das Zertifikat beantragt hat. Pseudonym-Zertifikate werden in einer getrennten Liste aufgeführt. Das Symbol in der oberen rechten Ecke des Bildschirms deutet an, daß hier noch ein oder mehrere Attribut-Zertifikate vorliegen.

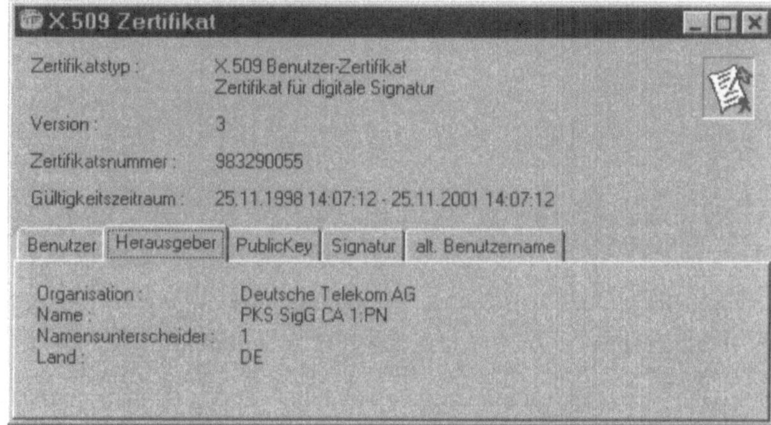



Abb. 3.4.3
Herausgeber

Die Informationen über den Herausgeber (Abb. 3.4.3) zeigen auch die Zertifizierungsstelle an, welche das Zertifikat ausgestellt hat. Die Anzeige der Signatur des Gesamtliste – Im Menu „Details" – würde im Zertifikat die Regulierungsbehörde (RegTP) als Aussteller ausweisen. Hier wird die Hierarchie von der obersten Wurzelinstanz über die Zertifizierungsstellen bis zur einzelnen Person deutlich.

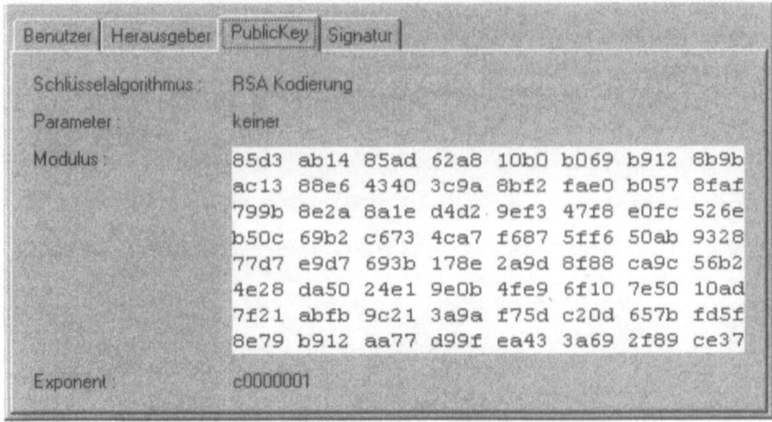







Die beiden obigen Bildschirme zeigen den öffentlichen Schlüssel des Inhabers in der RSA-Kodierung und die Signatur, mit der die ausstellende Behörde das Zertifikat versiegelt hat. RIPEMD-160 gibt dabei den verwendeten Hashalgorithmus an. Die Schlüssellänge beträgt in diesem Fall 1024 Bit.

## 3.4.2
## Online-Prüfung

Da eine regelmäßige Aktualisierung der Zertifikatsverzeichnisse auf lokalen Rechnern bei stetig wachsender Teilnehmerzahl sehr zeitaufwendig werden kann, ist auch die Online-Prüfung einzelner Zertifikate möglich. Hierzu kann eine direkte ISDN-Verbindung zum Telesec Trust Center aufgebaut werden, oder eine Internetverbindung benutzt werden. Im Trust Center stehen entsprechende Server zur Verfügung, die eine schnelle Antwort garantieren.

Für die Zukunft ist darüber hinaus mit der Einbindung von Verzeichnisdiensten wie LDAP zu rechnen. Besonders bei Nutzung der digitalen Signatur in der globalen Kommunikation und in automatisierten Abläufen wäre es zu aufwendig, jedes Zertifikat in einzelnen manuellen Schritten zu prüfen. Zudem müßte jeweils recherchiert werden, mit welcher Zertifizierungsstelle Kontakt aufgenommen werden müßte. Auch beim Einsatz in Unternehmen mit mehreren Standorten, Filialen und Außenstellen stellen effiziente Prüfabläufe einen wichtigen Faktor für den reibungslosen Einsatz dar.

# 3.5
# Einbindung in Anwendungen

Ein wichtiger Faktor für eine breite Nutzung der digitalen Signatur ist der einfache Einsatz. Dokumente sollten möglichst auf Knopfdruck zu signieren und zu verschlüsseln sein. Hierzu müssen die bestehenden Anwendungsprogramme ergänzt und angepaßt werden. Für einige Softwarepakete sind bereits entsprechende Komponenten vorhanden oder gerade in der Umsetzung.

In **Textverarbeitungsprogramme** und Office-Pakete läßt sich ein Aufruf der Funktionen über die i.d.R. vorhandenen Makrosprachen einbinden. Mit deren Hilfe können die Menus und Symbolleisten um die gewünschten Aufrufe erweitert werden.

Das Dokumenten-Austausch-Programm **Acrobat** von Adobe enthält ab der Version 4 die Möglichkeit, die Dokumente zu signieren. Durch das kostenlos verfügbare Programm zum Lesen und Anzeigen der Dokumente findet dieses Format zunehmend bei der Archivierung und dem Verteilen von Informationen im Internet Anwendung.

**E-Mail-Programme** verfügen häufig über Schnittstellen zu Ergänzungsmodulen. Die verbreiteten Programme wie AK-Mail, Eudora, Pegasus, Lotus-Domino, Netscape Messanger, Microsoft-Outlook und Microsoft-Mail können bereits heute die digitale Signaturen zu verwenden.

Für die Wahrung von Copyrights und die Erkennung von veränderten Graphiken, Audio- und Videodaten lassen sich diese mit einer digitalen Signatur und ggf. auch mit einem Zeitstempel versehen. Es wäre zu untersuchen, ob sich Techniken wie die Steganographie mit der Signatur kombinieren lassen.

**Webserver**-Software und Browser-Clients arbeiten bereits mit Zertifikaten. So können auf den Websites, die eine SSL Verschlüsselung oder SET einsetzen i.d.R die Zertifikate der Sites abgefragt werden.

**Branchensoftware**, bei der die Sicherheit eine hohe Priorität hat, z.B. bei Banken, Versicherungen, Notaren oder Anwaltskanzleien, wird in Zukunft verstärkt die Signatur-Funktion enthalten.



Die standardisierten Programmierschnittstellen API, wie sie in Kapitel 2.4 erläutert wurden, tragen dazu bei, die Funktionen so in die Software zu implementieren, daß sie mit unterschiedlichen Anbietern von Hardware (Chipkarten, Lesegeräte) und Diensten zusammenarbeiten. Die Telekom bietet im Zusammenhang mit dem PKS-Dienst ein Entwicklungspaket mit grundlegenden Applikationen an. Bild 3.5.1 zeigt die Programmebenen für die Schnittstellen und die Anwendungsentwicklung.



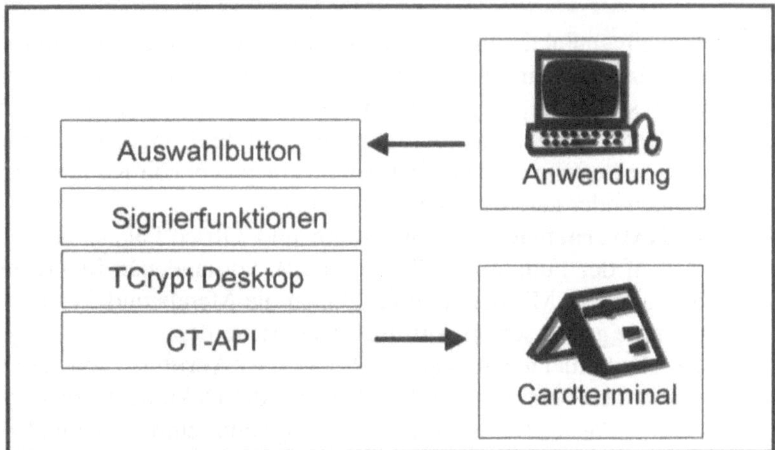



Die Ebene „TCrypt Desktop" stellt hierbei folgende Basisfunktionen zur Verfügung:

1. Erkennen und Initialisieren des Chipkarten-Lesegerätes

2. Eingabe und Prüfung der PIN-Nummer

3. Erstellung und Prüfung der digitalen Signatur

4. Ver- und Entschlüsseln von Daten

5. Erzeugen und Prüfen von Zeitstempeln

6. Prüfen und Verwalten der Zertifikate

Anwendungsentwickler können über Standard-Programmiersprachen auf die Bibliotheken zugreifen. Zur Drucklegung stand das Entwicklungspakt für Windows 95 und Windows NT zur Verfügung. Die CT-API wird auch für weitere Plattformen wie MS-DOS, Windows 3.11 oder verschiedene UNIX-Varianten geliefert.

In Ergänzung zu den von der Regulierungsbehörde zertifizierten Trust Centern werden Unternehmen eigene interne Trust Center betreiben. Die digitale Signatur kann dabei weiterhin von registrierten Zertifizierungsstellen wie Telesec oder D-Trust ausgestellt werden. Ihre Kernaufgabe wird die Umsetzung der Public-Key-Infrastruktur sein. Über Verzeichnisdienste wie X.400, X.500, NDS, LDAP oder andere wird der Zugang zu den öffentlichen Schlüsseln ermöglicht. Auch die Verwaltung und Einbindung von Attribut-Zertifikaten in die Arbeitsabläufe ist ein wichtiges Einsatzfeld. Für automatisierte Workflow-Anwendungen öffnen sich dadurch neue Möglichkeiten. Über die Attribut-Zertifikate können hierbei die Entscheidungskompetenzen detailliert festgelegt werden. Es ist zu erwarten, daß sich diese nahtlos in das Regelwerk heutiger Groupware-Anwendungen einfügen.



Ein weiteres Anwendungsfeld ist die kombinierte Zugangs- und Nutzungsregelung für interne Bereiche. Wenn Computer mit einem Chipkarten-Lesegerät ausgestattet sind, so kann dieses zugleich die Sicherung der Gerätenutzung mit übernehmen. Da die Informationen in Attribut-Zertifikaten frei wählbar sind, ist sogar eine automatische Konfiguration der Software und deren Einsatzmöglichkeit denkbar.

# 3.6
# Zeitstempeldienst

Ein wesentlicher Bestandteil nachvollziehbarer Vorgänge ist die Festlegung auf ein bestimmtes Datum, das von neutraler Stelle vergeben wird. Hierzu stellt die Zertifizierungsstelle den Zeitstempel zur Verfügung. Um ein Dokument mit einem solchen Stempel zu versehen, wird der Signaturschlüssel des Dokumentes online an das Trust Center geschickt. Dieses verpflichtet sich gemäß dem SigG die „Datei" umgehend mit einer geeichten Zeitmarke zu versehen, mit seinem privaten Schlüssel zu signieren und an den Absender zurückzusenden. Der kann nun das mit Datum versehene Siegel mit seinem eigenen Dokument verbinden. Damit ist genau festgelegt, bis zu welchem Zeitpunkt ein Dokument bearbeitet wurde. Jede Änderung nach diesem Zeitpunkt würde das Siegel brechen.

Für die Zukunft ist eine Erweiterung des Konzeptes geplant, bei der auch eine Empfangsbestätigung von online übersandten Dokumenten möglich wird. Dies ist bei der Einhaltung von Fristen besonders wichtig. So hat jedes Gericht einen Pförtner, der bis 24:00 Uhr Dokumente annimmt und den fristgerechten Eingang bestätigt. Vergleichbare Konzepte werden auch für den Online-Versand benötigt. Denkbar ist auch eine neutrale Stelle, die den Empfang eines Dokumentes durch einen Server bestätigt. Dieser vertrauenswürdige Dritte muß allerdings dann auch für den Weiterversand sorgen. Eine endgültige Sicherheit über den Eingang des Dokumentes beim Empfänger ist damit immer noch nicht gewährleistet.

Einige Firmen entwickeln zur Zeit eine „Blackbox" die mit zwei unabhängigen internen Uhren und dem Abgleich eines Funksignals operieren. Dieses Funksignal wird von der Physikalisch-Technischen Bundesanstalt in Braunschweig dauerhaft ausgesendet. Die Blackboxen können u.a. von Firmen in internen Trust Centern eingesetzt werden. Als Einsatzgebiet für den Zeitstempel bieten sich u.a. folgende Anwendungen an:

1. Signieren von Verträgen

2. Signieren von Versionen eines Dokumentes

3. Datieren von wissenschaftlichen Arbeiten

4. Unterzeichen von behördlichen Papieren

5. Eingangsstempel für elektronische Post

## 3.7
## Sicherheit



Wie im Kapitel 3.3 und 3.4 beschrieben, lassen sich die Sicherheitsprüfungen nahezu beliebig ausdehnen. Bis zu welchem Grad dies in der tägliche Praxis notwendig sein wird, hängt nicht zuletzt vom persönlichen Sicherheitsbedürfnis ab. Eines besonderen Augenmerks bedarf die Verwahrung der PIN-Nummer der Chipkarte. Die Sicherheit definiert sich über den Besitz der Karte und das Wissen um die PIN-Nummer. Nur beides zusammen erlaubt die Benutzung der Karte. Sollte die PIN-Nummer in Vergessenheit geraten, so kann sie mit Hilfe einer zusätzlichen Kennung, dem „Telepaßwort" gegenüber der Zertifizierungsstelle erneuert werden. Dieses wir individuell bei der Antragstellung festgelegt.

Während eines Signiervorgangs sollte die Chipkarte auf keinen Fall unbeaufsichtigt im Lesegerät verbleiben. Zu diesem Zeitpunkt ist die Karte über die PIN-Nummer freigeschaltet. Unbefugten wäre es in diesem Moment möglich, Daten zu signieren und Informationen zu entschlüsseln. Der Maßnahmenkatalog zum SigG sieht vor, daß die Signiersoftware nach einiger Zeit der Inaktivität den Signiervorgang unterbricht und zur erneuten Eingabe der PIN-Nummer auffordert. Dadurch soll dem versehentlichen „Vergessen" der freigeschalteten Karte entgegengewirkt werden.

In Zukunft soll die PIN-Nummer durch biometrische Verfahren wie Fingerabdruck und Iris Erkennung ergänzt oder ersetzt werden. Diese bieten eine höhere Sicherheit und können nicht verloren oder vergessen werden.

Biometrische<br>Verfahren

Bei der Nutzung von Software, die nicht dem SigG entspricht – wie das Programm PGP, sollte der private Schlüssel nicht auf dem Rechner verbleiben. Hier bietet es sich an, die Daten auf Diskette zu kopieren und diese bei jedem Signiervorgang einzulegen. Bei einem Verlust des privaten Schlüssels können bestimme Daten nicht mehr entschlüsselt werden und sind somit verloren. Die Zertifizierungsstelle kann auf besonderen Wunsch eine Kopie des privaten Schlüssels verwahren. Ohne Aufforderung ist sie dazu nicht befugt.

Bei allen Verschlüsselungsverfahren spielt die Länge des verwendeten Schlüssels eine entscheidende Rolle. Durch die Exportbeschränkungen seitens der USA verfügen viele Programme nur über eine Schlüssellänge von 40 oder 56 Bit. Diese ist mit heutigen Computersystemen in einigen Stunden zu entschlüsseln. Bei der Verwendung von Zertifikaten in WWW-Browsern oder E-Mail-Programmen sollte dabei stets darauf geachtet werden, die verwendete Länge zu prüfen. Das folgende Bild zeigt die Schlüssellänge eines Webbrowsers bei der Verwendung von sicheren Verbindungen über SSL.



Bild 3.7.1<br>40-bit SSL-<br>Schlüssel

# 4 Kryptoverfahren

## 4.1
## Entstehung

Bei der Verschlüsselung von Informationen geht es um den Schutz vor Einsicht und Veränderung. Eine Nachricht soll zwischen zwei Parteien übermittelt werden, ohne daß Dritte sie lesen können. Bei den einfachen Verfahren müssen sich die beiden beteiligten Parteien vorher über ein gemeinsames Verfahren einigen, um die Informationen zu verschlüsseln (kodieren, chiffrieren) und zu entschlüsseln (dekodieren, dechiffrieren).

Schon 500 v. Chr. nutzten die Spartaner ein Verfahren, um geheime Botschaften zu übermitteln. Dazu wurde ein Stab mit einem Band umwickelt. Auf dieses wurde anschließend der Text in Längsrichtung geschrieben. Anschließend wurde das Band abgewickelt und verschickt. Der Empfänger des Bandes wickelt das ihm überbrachte Band wieder um einen Stab, um die Informationen zu lesen. Nur wenn dieser Stab den gleichen Durchmesser hatte, ließen sich die Zeichen entziffern. Der Durchmesser des Stabs war somit der geheime Schlüssel.

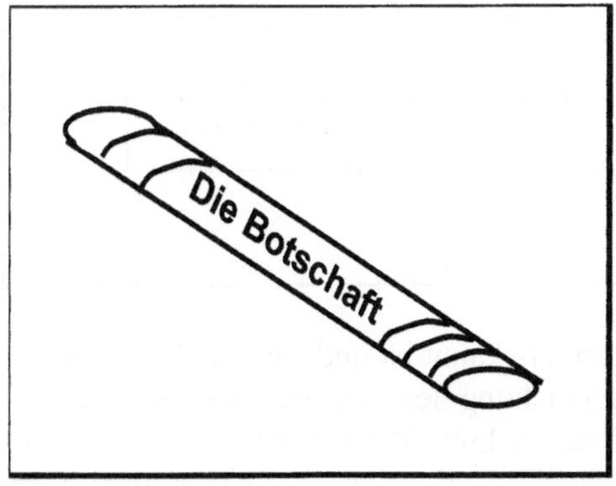


Abb. 4.1.1
Ein historisches
Beispiel

Vor dem Einsatz der Elektronik und der Digitaltechnik wurden im wesentlichen mechanische Geräte zum Verschlüsseln verwendet, so die legendäre „Enigma" um 1930. Die ersten computerbasierenden Verfahren wurden Anfang der 60er Jahre eingesetzt. Heute finden sich Verschlüsselungstechniken bereits unbemerkt in vielen Haushalten, z.B. in Form von schnurlosen Telefonen der DECT-Technik.

Durch die zunehmende geschäftliche Nutzung des Internets und dem Einzug der digitalen Kommunikation innerhalb von Unternehmen und Organisationen (Intranet) rückt die Sicherung von Informationen durch Verschlüsselungstechniken immer mehr in den Blickpunkt der Öffentlichkeit.

## 4.2
## Grundlagen

Für die auf Computer basierende Verschlüsselung existieren zahlreiche Verfahren mit unterschiedlicher Sicherheit und Komplexität. Für die Erläuterung der prinzipiellen Vorgehensweise soll hier zunächst eine der einfachsten Methoden, ROT-13, erläutert werden. Bei dieser Methode werden die Buchstaben eines Textes vertauscht. Ein Zeichen wird nach einer festen Regel durch ein anderes ersetzt. Dabei werden die ersten 13 Zeichen im Alphabet mit den hinteren 13 Zeichen, und die letzten 13 Zeichen mit den weiter vorne stehenden ersetzt. So wird also A zu N, E zu R und X zu K. Ein Beispiel:

Abb. 4.2.1
Das ROT-13-
Verfahren

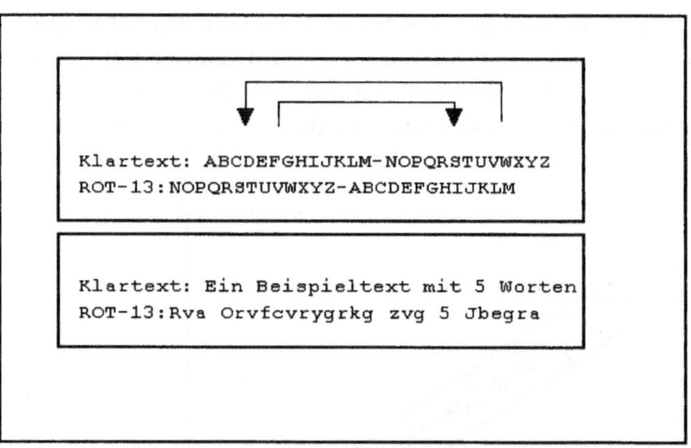


Da das Verfahren bekannt ist und sich die Verschlüsselung relativ leicht durch Untersuchung des kodierten Textes erkennen läßt, bietet es keinen wirklichen Schutz. Würde statt der festen Zahl 13 eine beliebige Zahl verwendet werden, wäre das Dekodieren schon schwieriger. Da jedoch eine sehr einfache Systematik angewendet wird, kann ein potentieller Angreifer (Hacker) durch Ausprobieren den Schlüssel herausfinden und den Text dekodieren.

Das eingangs erwähnte Verfahren der Spartaner ist da schon komplexer, da hier der Kodierungsalgorhithmus, also der Durchmesser des Stabs, nicht festgelegt ist. Der Durchmesser ist also der Schlüssel für das Entziffern des Textes.

Bei den Schlüsseln, die in heutigen Krypto-Algorithmen verwendet werden, handelt es sich um längere Textblöcke oder Zahlenkombinationen. Ist der Schlüssel zur Nutzung der EC-Karte am Geldautomaten noch auf 4 Ziffern begrenzt, so kommen beim Verschlüsseln von Ziffern- und Buchstabenkombinationen ein Schlüsseln von 6 bis 128 Zeichen Länge (56 bis 1024 Bit) zum Tragen. Je länger der Schlüssel ist, desto sicherer ist die Kodierung.

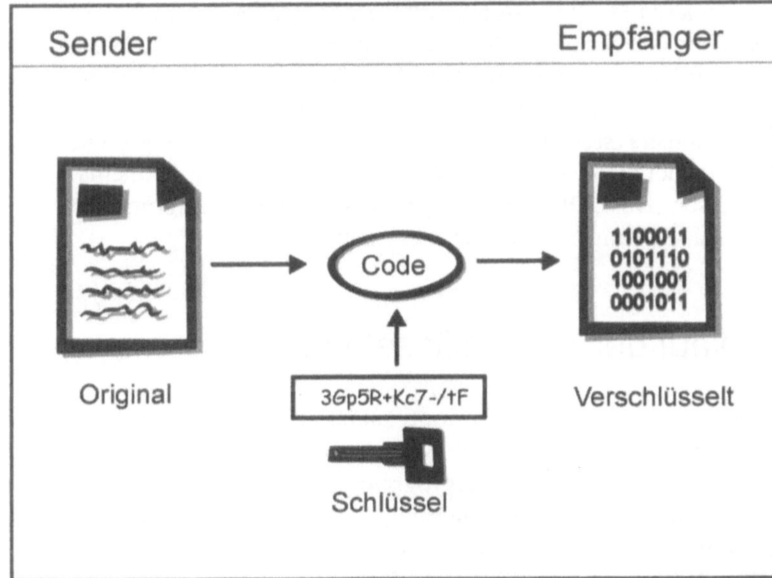


Abb. 4.2.2
Prinzip der Ver-
schlüsselung

Die älteren Verschlüsselungsverfahren basieren auf der **symmetrischen** Methode, bei der gleiche Schlüssel für das Verschlüsseln und Entschlüsseln verwendet werden.

Die Mathematiker Whitfield Diffie und Martin Hellman [DH76] stellten 1976 das „Public Key"-Konzept vor. Dieses **asymmetrische** Verfahren beruht auf zwei Schlüsseln. Diese sind zwar voneinander abhängig, können jedoch getrennt voneinander benutzt werden. Man spricht hierbei von einem geheimen und einem öffentlichen Schlüssel. Bei diesem Verfahren verwendet man den speziellen öffentlich bekannten (Public Key) Schlüssel des Empfängers der Nachricht für die Verschlüsselung. Nur der Empfänger kann diese mit einem zweiten, nur ihm bekannten privaten Schlüssel entziffern. Populär wurde das Verfahren mit der Veröffentlichung des Computerprogramms „Pretty Good Privacy" [ST95] [RFC1991], kurz „PGP", von Phil Zimmerman im Jahre 1991. In den folgenden Abschnitten werden die Verfahren im einzelnen erläutert.

## 4.3
## Symmetrische Verfahren

Die Bezeichnung „symmetrisch" wurde gewählt, da mit einem Schlüssel sowohl Daten verschlüsselt als auch entschlüsselt werden können. Dies ist vergleichbar zu einem Türschlüssel, mit dem sich eine Türe sowohl schließen als auch öffnen läßt. Soll ein Dokument von einer anderen Person entschlüsselt werden können, so muß diese ebenfalls über den Schlüssel verfügen. Der Schlüssel muß zunächst generiert werden und dann für beide Vorgänge zur Verfügung stehen. Die symmetrischen Verfahren werden bereits seit den 70er Jahren in Computersystemen eingesetzt. Bei einigen Verfahren wie „Vernam" ist der Grad ihrer Sicherheit erprobt oder sogar mathematisch bewiesen. Das „DES"-Verfahren [ANX392] gilt aufgrund der hohen Leistung heutiger Computer nicht mehr als sicher.

## 4.3.1
## Der Ablauf der Verschlüsselung

Um einen Text zu verschlüsseln, muß zuerst ein geeigneter Schlüssel vorliegen. Dieser kann je nach Verfahren frei gewählt oder von einem entsprechenden Computerprogramm generiert werden. Die erzeugten Schlüssel sollen sich möglichst immer unterscheiden. Bei der Erzeugung durch eine Software werden daher i.d.R. Zufallszahlen und andere Parameter zu Hilfe genommen. Hierzu zählen Datums- und Zeitangaben oder frei über die Tastatur einzugebende Zeichen. Bei der Tastatureingabe kann zusätzlich der Schreibrythmus und die Schreibgeschwindigkeit berücksichtigt werden. Auch die Bewegungen der Maus können als Parameter verwendet werden. Abbildung 4.3.1 verdeutlicht das Zusammenspiel der Faktoren. Bei den Zufallszahlen spielt die Bandbreite der Zahlen eine Rolle. Eine Zufallszahl zwischen 1 und 10 läßt sich leichter nachvollziehen als eine Zufallszahl zwischen 1 und 1 Million. Genau so ist beim Lotto die Gewinnchance bei 6 aus 10 höher als bei 6 aus 49.

Die Qualität des Schlüssels und somit der Verschlüsselung hängt also von verschiedenen Faktoren ab. Die Länge der Schlüssel liegt

bei den allgemein verwendeten Verfahren wie „DES" und „IDEA"
zwischen 64 und 128 Bit.

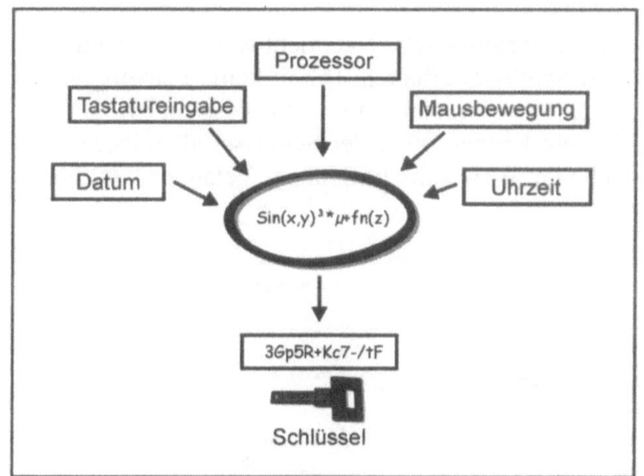


Abb. 4.3.1
Generieren einer
Zufallszahl

Der Schlüssel wird nun verwendet, um den Originaltext zu verschlüsseln. Dazu wird eine Kopie des Originaltextes erzeugt, die
dann verschlüsselt an den Empfänger verschickt wird. Mit dem gleichen Schlüssel wird der Text vom Empfänger wieder entschlüsselt.

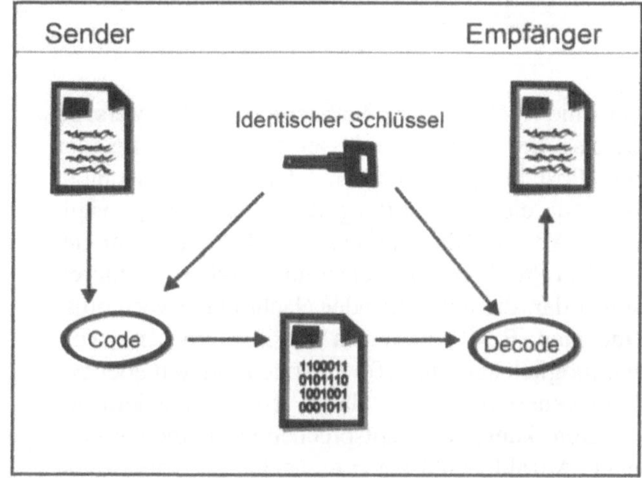


Abb. 4.3.2
Symmetrische
Verschlüsselung

## 4.3.2
## Schlüsselverwaltung

Damit der Empfänger die verschlüsselte Nachricht wieder entschlüsseln kann, muß er den Schlüssel erhalten. Damit keine Unbefugten in den Besitz des Schlüssels kommen, und damit diese und weitere Nachrichten entschlüsseln können, muß der Schlüssel also über einen anderen und sicheren Weg zum Empfänger gelangen als die Nachricht selbst.



Abb. 4.3.3
Schlüssel-
transport

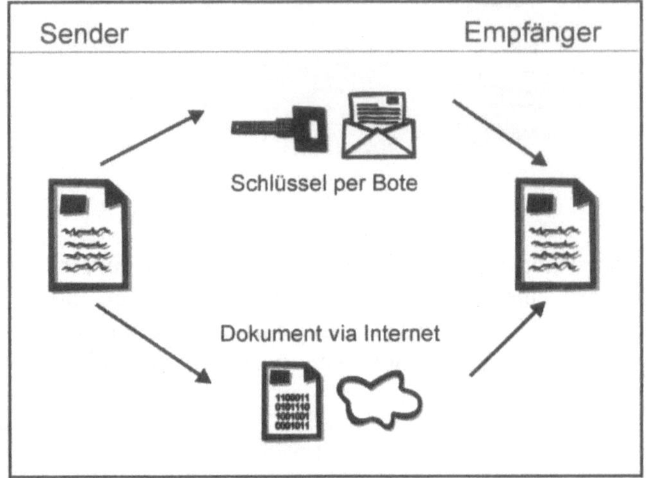

Ein Beispiel für eine vergleichbare Maßnahme ist der Versand der PIN-Nummer, also der Zugangsschlüssel einer EC-Karte, der auch mit getrennter Post in einem neutralen Umschlag verschickt wird. Welcher Weg für die Übermittlung des Schlüssels gewählt wird, hängt von der Art und der zeitlichen Anforderung an die Kommunikation ab. Ein Problem stellt bei symmetrischen Verfahren die Zahl der Personen dar, die untereinander Nachrichten verschlüsselt austauschen möchten. Bei 10 Personen mag dies noch mit vertretbarem Aufwand möglich sein, bei 100 Personen müßten aber bereits 4950 Schlüssel generiert werden, damit jeder mit jedem geschützt kommunizieren kann. Die entsprechende mathematische Formel hierzu lautet: Anzahl Schlüssel = n* (n-1) / 2, wobei n die Anzahl der Personen ist.

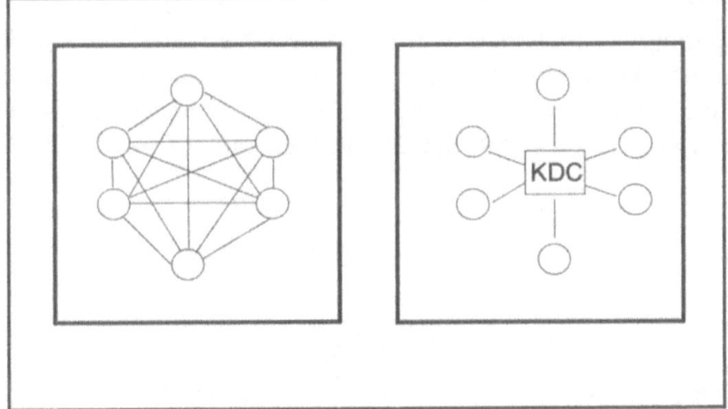





Damit nicht jeder Teilnehmer mit jedem anderen seinen Schlüssel persönlich austauschen muß, werden für diese Aufgabe Schlüssel-zentralen (Key Distribution Center, KDC) eingerichtet. Die Verschlüsselung und der Versand von Informationen erfolgt nun mit Hilfe zusätzlicher temporärer Schlüssel des KDC.

Bei den in Kapitel 4.5 beschriebenen hybriden Verfahren wird gezeigt, wie sich symmetrische Schlüssel durch nochmalige Kodierung auch zusammen mit der verschlüsselten Nachricht versenden lassen.

# 4.3.3
# Algorithmen

Zu den häufig eingesetzten symmetrischen Verfahren gehören:

- IDEA

International Data Encryption Algorithm, 1992
Blockchiffre, Schlüssellänge 128 Bit. Wurde an der ETH in Zürich entwickelt. Die Firma Ascom Systec AG hält ein Patent für die USA und viele europäischen Länder. Je nach Einsatz entstehen Lizenzge-bühren. Gilt als sicher, u.a. aufgrund des langen Schlüssels.

- DES

Data Encryption Standard, 1977
Blockchiffre, Schlüssellänge 40–56 Bit. Wurde in den USA 1977 vom National Bureau of Standards entwickelt. Ist seit 1981 ANSI-Standard [ANX392]. Aufgrund der kurzen Schlüssellänge gilt DES inzwischen als angreifbar.

■ Triple-DES

Zur Steigerung der Sicherheit wurde 1985 ein Verfahren entwickelt, bei dem der DES-Algorithmus dreimal nacheinander verwendet wird. Hierbei wird jeweils ein eigener Schlüssel eingesetzt. Somit ergibt sich eine theoretische Schlüssellänge von 112 bzw. 168 Bit [ANX91].

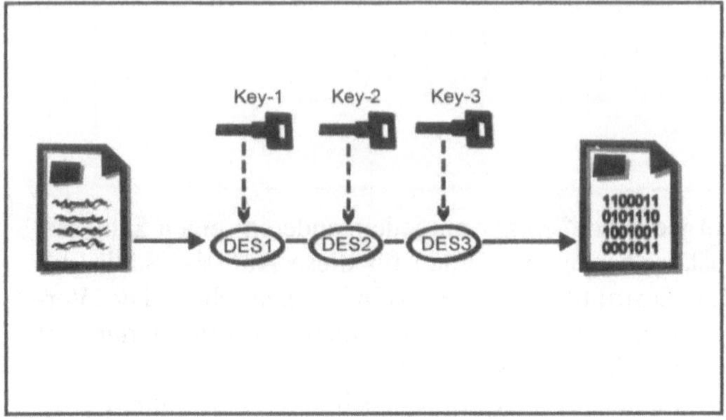


Abb. 4.3.5
Triple-Des

■ RC4/5

Rons Code Nr. 4 bzw. Nr. 5. Entwickelt von Ronald Rivest.
Fand in Apples Betriebsystem Version 7 beim Versand von Daten im Netzwerk Verwendung [RI95].

# 4.4
# Asymmetrische Verfahren

Das Konzept der asymmetrischen Verschlüsselung (Public-Key-Verfahren) entstand 1976 [DH76], als abzusehen war, daß die Schlüsselverteilung bei symmetrischen Verfahren bei offenen Netzen mit Tausenden oder gar Millionen Teilnehmern nicht mehr möglich ist. Die Mathematiker Rivest, Shamir und Adleman [RSA78] entwickelten 1978 das nach ihnen benannte und heute noch eingesetzte asymmetrische RSA-Verfahren.

Mit diesem Public-Key-Verfahren lassen sich nun zwei grundlegende Anwendungen ausführen:

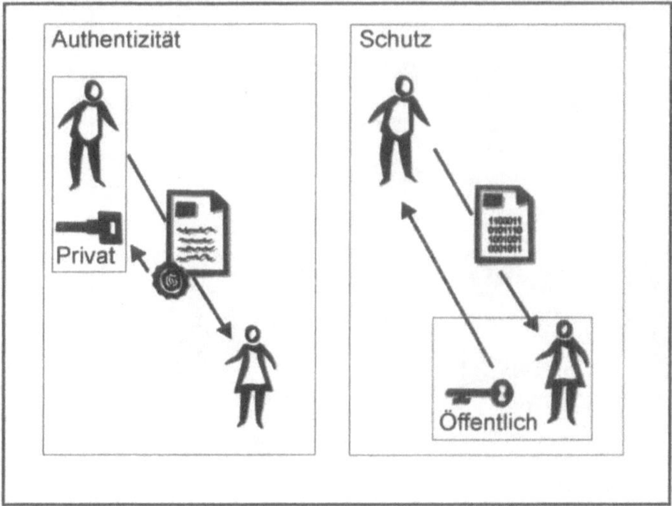




- **Authentizität**

Das Erzeugen eines verschlüsselten Fingerabdrucks des Textes, mit
dem die Überprüfung einer nachträglichen Manipulation möglich
wird.

- **Schutz**

Die Verschlüsselung ganzer Texte zum Schutz vor Einsicht und
Veränderung. Gerade geschäftliche Informationen wie Angebote,
Kalkulationen oder Bestellungen und Rechnungen können so gegen
Ausspähung auf dem Transportweg gesichert werden.

Im Gegensatz zum symmetrischen Verfahren, bei dem für Kodierung und Dekodierung der gleiche Schlüssel verwendet wird, werden beim asymmetrischen Verfahren zwei getrennte Schlüssel benötigt. Beide Schlüssel dienen sowohl der Ver- als auch der Entschlüsselung.

Vergleichbar ist dieses Verfahren mit einer Aktentasche mit
Zahlenschloß. Jeder kann Dokumente für den sicheren Transport
durch Verdrehen der Zahlen vor Einsicht schützen. Doch nur der Inhaber der Tasche kennt die Zahlenkombination, um die Tasche zu
öffnen.

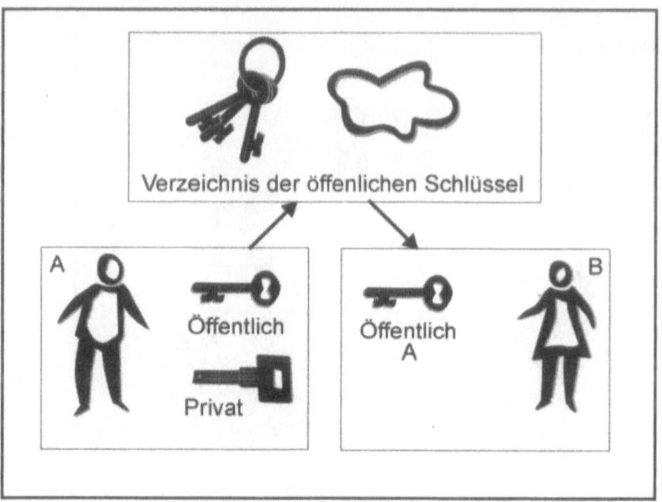

Abb. 4.4.2
Prinzip der
asymmetrischen
Verschlüsselung

## 4.4.1
## Die Charakteristik der Schlüssel

Der öffentliche und der private Schlüssel werden gleichzeitig durch ein mathematisches Verfahren generiert. Der Ablauf entspricht grundsätzlich dem bei symmetrischen Schlüsseln.

Der **private Schlüssel**, auch geheimer Schlüssel genannt, muß wie beim symmetrischen Verfahren besonders sicher aufbewahrt werden. Im Rahmen des SigG ist vorgeschrieben, daß der private Schlüssel auf einer Chipkarte gespeichert wird und nicht ausgelesen werden kann. Der private Schlüssel erfüllt zwei Aufgaben: Zum einen die Identifizierung der Person, die eine Nachricht mit ihm verschlüsselt, zum anderen die Entschlüsselung von Nachrichten, die mit dem korrespondierenden öffentlichen Schlüssel chiffriert wurden.

Der **öffentliche Schlüssel**, der dem Public-Key-Verfahren seinen Namen gegeben hat, dient zur Verschlüsselung von Nachrichten, die dann nur mit dem privaten Schlüssel wieder entschlüsselt werden können. Der öffentliche Schlüssel wird allen Kommunikationspartnern bekannt gemacht. Hierzu dienen spezielle Datenbanken z.B. bei den Zertifizierungsstellen (Trust Center). Neben den von der Regulierungsbehörde zugelassenen Trust Centern vergeben einige unabhängige Firmen wie VeriSign, Eurosign oder TC Trust Center Hamburg entsprechende Schlüsselpaare und ermöglichen die Überprüfung.

Die Erzeugung des Schlüsselpaares kann zentral bei einem Trust Center erfolgen oder dezentral auf dem eigenen Computer. Im zweiten Fall muß der öffentliche Schlüssel manuell an eine Schlüsseldatenbank übermittelt werden, damit andere Personen den Schlüssel finden können. Kapitel 2 geht näher auf die sogenannten „Public-Key-Infrastruktur" ein.

## 4.4.2
## Verschlüsseln mit dem öffentlichen Schlüssel des Empfängers

Auf den ersten Blick klingt es sicher paradox, eine Nachricht mit einem öffentlich bekannten Schlüssel zu kodieren. Verstärkt wird dieser vermeintliche Widerspruch noch, wenn zum Verschlüsseln nicht der eigene, sondern der öffentliche Schlüssel des Empfängers verwendet wird. Durch die Kombination und gegenseitige Abhängigkeit des öffentlichen und privaten Schlüssels ist dies jedoch möglich. Der Sender einer Nachricht recherchiert zunächst den öffentlichen Schlüssel des Empfängers der Nachricht. Je leichter der öffentliche Schlüssel einer Person zugänglich ist, je mehr Personen können verschlüsselte Nachrichten an diese Person versenden.

Einige E-Mail-Programme besitzen Module zur Verwaltung der öffentlichen Schlüssel. Im sogenannten Schlüsselbund sammelt man die einmal ermittelten öffentlichen Schlüssel der Kommunikationspartner. Die Software erkennt dann automatisch, daß für den betreffenden Empfänger bereits ein öffentlicher Schlüssel vorliegt.

Das Bild zeigt die Schlüsselverwaltung des „PGP"-Moduls innerhalb eines E-Mail- Programms mit darin enthaltenen Schlüsseln.

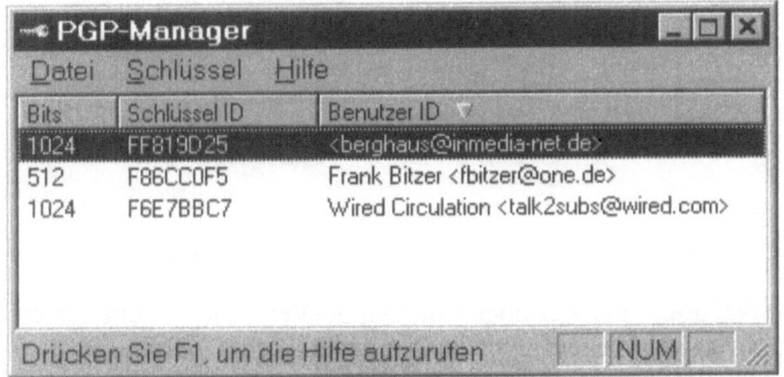


Abb. 4.4.3
Schlüsselverwaltung in PGP

Nachfolgend ist ein öffentlicher Schlüssel aus dem Programm PGP aufgeführt. Er kann so auch an jede ausgehende E-Mail angehängt werden. Damit erhält jeder Empfänger von Nachrichten, auch

wenn sie nicht verschlüsselt sind, den Public Key und kann ihn in
seinen eigenen Schlüsselbund aufnehmen.

```
-----BEGIN PGP PUBLIC KEY BLOCK-----
Version: 2.4.3i

mQB5AzZmbPosRtECAKVbYSGmU1duT0Sx0i1ro/v4vekFU7/
qLV1u5mlRWAKuDZzFvCf3uiXU6KOKx2nDD541iGfT475Iv0
m5yPhswPUABatrC7ZyYW5rIEJpdHplciA8ZmJpdHplckBvb
mUuZGU+iQBVAwergQc46r9Jucj4bMD1AQGjggH/b/k6R3cg
z/eGRKwpkAWQPC4/iNbn+rSnyMx7oGM0y34oZtbApK8zF+m
hWnUJdcpRRGJqndC5D5weTVaVqoXA5g=8T5YL+
-----END PGP PUBLIC KEY BLOCK-----
```

Die gewünschte Nachricht wird nun mit dem öffentlichen Schlüssel des Empfängers verschlüsselt und versandt. Eine Kopie des Originaltextes bleibt beim Absender. Der Absender selbst könnte den
verschlüsselten Text nicht mehr lesen, denn dieser kann nur mit dem
privaten und geheimen Schlüssel des Empfängers entschlüsselt werden. Der Abschnitt 4.5 über hybride Verfahren zeigt, daß beim Einsatz des PGP Programms noch einige Zwischenschritte erfolgen, die
an dieser Stelle jedoch nicht relevant sind.

Abb. 4.4.4
Asymmetrisches
Verschlüsseln

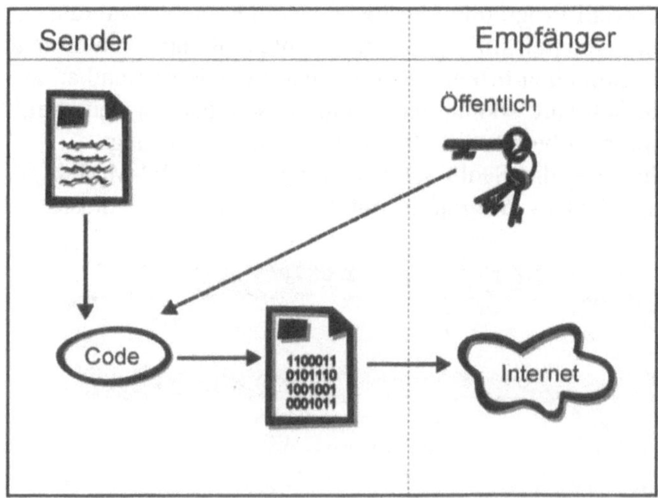


Die Nachricht gelangt über eine Online-Verbindung vom Absender zum Empfänger und wird nach dem Empfang auf dessen Computer gespeichert. Der Empfänger erkennt die verschlüsselte Nachricht anhand der definierten Kennung.

```
From: Peter Maier <pmaier@eucom.de>
To: fbitzer@one.de
Subject: Software Infos
-----BEGIN PGP MESSAGE-----
Version: 2.6.3i

hEwDv0m5yPhswPUBAfwOy9yXVHniKffo6cYD7mHJzwDW368qbkBYokUTzvVPJArk
VhmmZEx/A+gowJYMZcATzBVR+dBX+DsjBO7yrnCVpgAAANw8KHYfS0mSHD2XxLDn
dSun7fqknkQg4v9qIQArNB7LadqB38cvHp4pxR5bkiV6Q5GqtMsiBAxP8G7FGAM5
ICNAbiSrKgkz0FyySsVSCeunWbA5p6DZrL5tojRQ1IsPojj+zbBEgtc/jUmHlZjO
o2di0PINCJqGHA6IXdmLiVgfs5DC//hd1qeXT2SS87M+6//QRzMP0JPGt/cJh9fg
A2ePfxlTCtA2PzDnERsIssDE3deAeaJzKjJzt/b2IDoo97PQRdZJu5Dy/XKRe9IB
SPxU3F6fxC/blpMtIX9k
-----END PGP MESSAGE-----
```

Je nach verwendeter Verschlüsselungsmethode und eingesetzter Software wird die Nachricht anschließend mit dem privaten Schlüssel des Empfängers entschlüsselt.

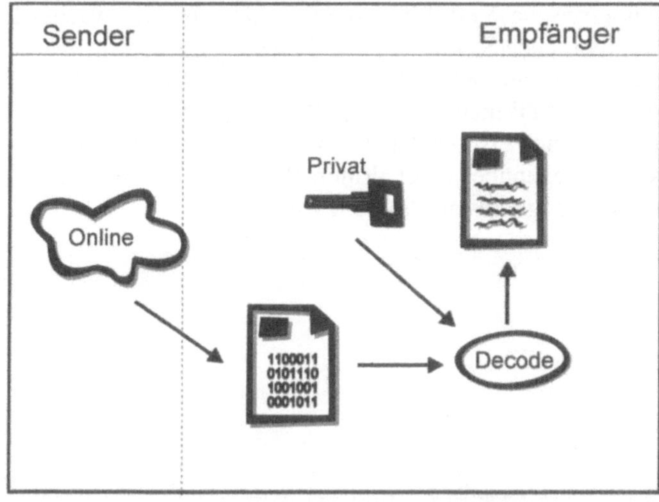


Abb. 4.4.5
Asymmetrisches Entschlüsseln

Beim Einsatz entsprechender Software geschieht dies alles automatisch. Dabei müssen nicht die gleichen E-Mail-Programme verwendet werden. Lediglich ein Teil des Programms muß in der Lage sein, den kodierten Text zu erkennen und die richtige Entschlüsselungsmethode aufzurufen. Abbildung 4.4.6 zeigt den Eingangsordner eines Mailprogramms einer signierten und einer verschlüsselten E-Mail.

Abb. 4.4.6
Mailverwaltung in der Software

| Status | Datum | Wer | Betreff |
|---|---|---|---|
| | 03.12.98, 14:05:32 | Werner B | Re: pgp |
| | 03.12.98, 14:32:27 | fbdm@aol.com | test |
| | 03.12.98, 14:45:57 | =?ISO-8859-1?Q?GF | Re: Agenda zum Workshop |

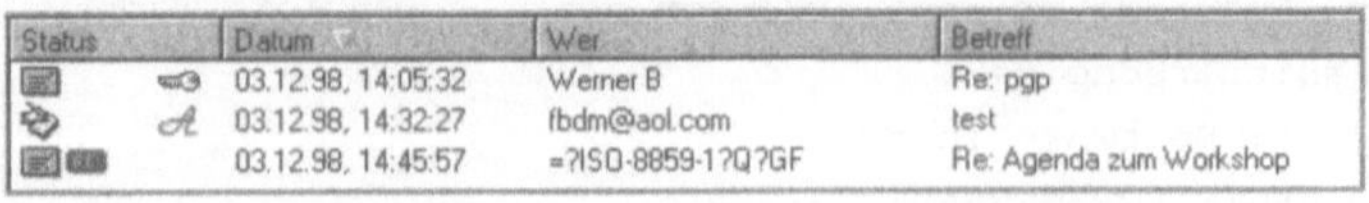

Für den Versand einzelner Nachrichten ist dieses Verfahren gut geeignet. Aufgrund der technischen Eigenschaften der E-Mail-Verteilcomputer (Mailserver) ist der Versand von Kopien nicht mehr über die Kopie-Funktion (CC = Carbon Copy) der E-Mail-Programme möglich. Bei dieser Funktion wird nur eine Instanz der Nachricht zum Server übermittelt, der dann die Kopien verschickt. Da aber beim verschlüsselten Versand jede Nachricht einzeln mit dem öffentlichen Schlüssel des Empfängers verschlüsselt wird, scheidet der Versand mit der „CC"-Funktion aus. Die „BCC"-Funktion (Blind Carbon Copy), bei der die Empfänger nicht sehen, an wen noch Kopien verschickt wurden, versendet alle Kopien einzeln vom Mail-Programm aus. Hiermit lassen sich alle Nachrichten einzeln verschlüsseln und versenden.

Sicherheit

Die asymmetrische Verschlüsselung enthält eine Schwachstelle indem ein öffentlicher Schlüssel einer Person vorgetäuscht werden kann. Wie schon in Kapitel 1 erläutert, prüft das E-Mail-Sendeprotokoll SMTP nicht die Identität der Person, die eine Nachricht versendet. Eine Person B kann somit den öffentlichen Schlüssel einer Person A gegenüber einer dritten Person C vortäuschen. Die Signierfunktion beugt diesem Problem vor.

Abb. 4.4.7
Vortäuschen eines Public Key

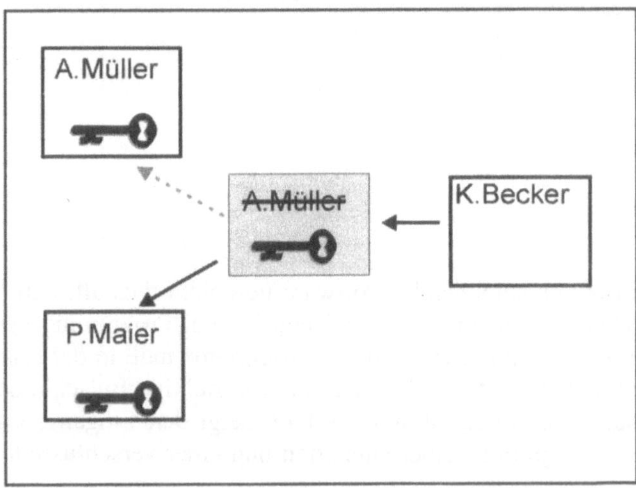

## 4.4.3
## Signieren mit dem privaten Schlüssel des Senders

Nachdem die Verschlüsselung der Nachricht sicherstellt, daß Unbefugte keine Einsicht in die Daten haben, dient das Signieren der sicheren Identifizierung des Absenders (Authentizität). Da nur der Absender im Besitz seines privaten Schlüssels ist, kann davon ausgegangen werden, daß eine mit diesem Schlüssel chiffrierte Nachricht tatsächlich von der angegebenen Person kommt. Es ist daher wichtig, den privaten Schlüssel gut zu schützen. Das Verschlüsseln mit dem privaten Schlüssel wird auch als „Signieren" bezeichnet. Kapitel 2 beschreibt die Maßnahmen zum Schutz des privaten Schlüssels im Rahmen des SigG.

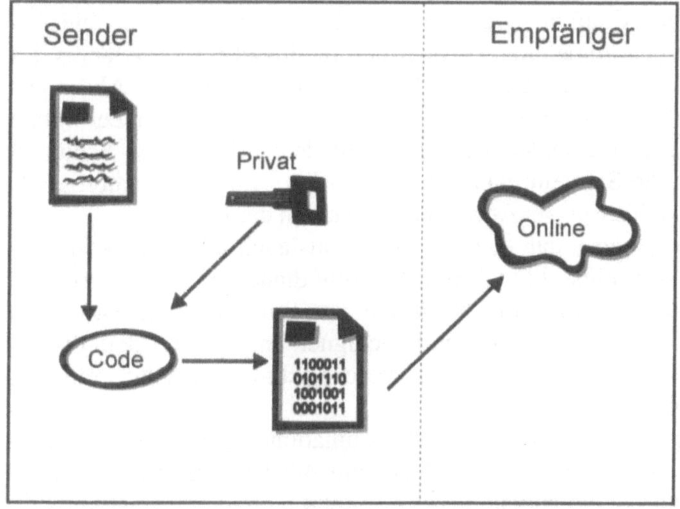


Abb. 4.4.8
Verschlüsseln mit privatem Schlüssel

Das Dokument wird mit dem privaten Schlüssel des Absenders verschlüsselt. In der Praxis wird hierzu oft nicht der gesamte Text verschlüsselt, sondern ein eindeutiger Fingerabdruck des Textes in Form eines zusätzlichen Textblocks. Diese Hashfunktion wird im Kapitel 4.6 detailliert beschrieben. Kapitel 4.5 beschreibt darüber hinaus ein hybrides Verfahren, das von der Software „PGP" verwendet wird.

Um die Nachricht zu entschlüsseln, muß der Empfänger nun den öffentlichen Schlüssel des Absenders anwenden.

Abb. 4.4.9
Entschlüsseln
der Nachricht

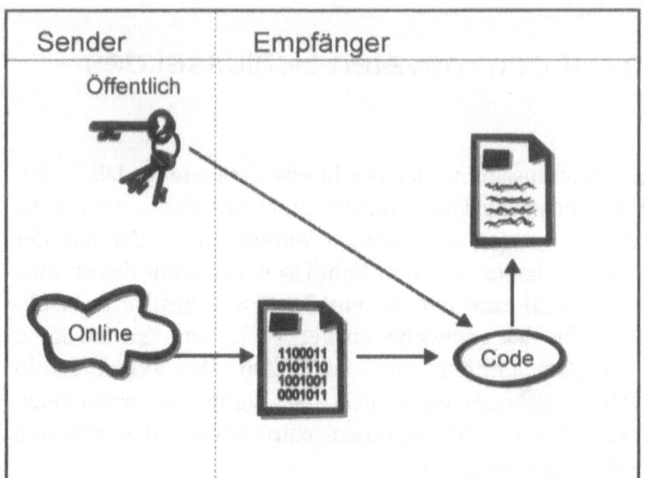

Schlüsselver-
zeichnis

Falls der Empfänger diesen nicht bereits in seinen „Schlüssel-bund" aufgenommen hat, sucht er den Schlüssel im Verzeichnis des entsprechenden Trust Centers. Dieses ist im Zertifikat des Absenders angegeben. Kapitel 2.5 und 3.4 zeigen die Inhalte einiger Zertifikate mit den entsprechenden Angaben. Mit dem öffentlichen Schlüssel kann nun die Signatur entschlüsselt werden. Nur der zugehörige öf-fentliche Schlüssel des Absenders ist dazu in der Lage.

Wir sehen also, daß sowohl privater als auch öffentlicher Schlüs-sel zum Verschlüsseln und Entschlüsseln dienen. Für die Verschlüs-selung mit dem Ziel, die Nachricht vor Einsichtnahme Dritter zu schützen, ist diese Methode nicht geeignet, da jeder mit dem öffent-lichen Schlüssel des Absenders diese Nachricht entschlüsseln und lesen kann.

In der Praxis kommen oft Kombinationen aus beiden Vorge-hensweisen zur Anwendung. Abschnitt 4.5 beschreibt diese hybri-den Verfahren, die zudem die in Kapitel 4.6 erläuterte Hashfunktion einbeziehen.

## 4.4.4
## Algorithmen

■ RSA

Dieses Verfahren ist am weitesten verbreitet. Es wurde 1978 von Rivest, Shamir und Adleman entwickelt [RSA78]. Das Grundprinzip der Kodierung basiert auf der Komplexität bei der Zerlegung sehr großer Zahlen (512 Bit bis 2048 Bit, also 50 bis 200 Stellen) in ihre

Primfaktoren. Der Algorithmus ist in einzelnen Ländern patentiert.
Kommerziell vertreibt die Firma RSA Inc. in den USA die Software.

■ El Gamal

Dieser Algorithmus basiert auf ähnlichen Mechanismen wie RSA
und wurde 1985 entwickelt [EL85]. Die Schlüssellänge variiert zwischen 512 und 1024 Bit.

# 4.5
# Hybride Verfahren

Da sich viele Teile des Buchs auf die SigG-konformen Verfahren
beziehen, sei darauf hingewiesen, daß die hybride Verschlüsselungsmethode **nicht** Bestandteil des Signaturgesetzes ist. Die Verschlüsselung ganzer Dokumente wird dort nicht gefordert, jedoch
auch nicht untersagt.

Das hybride Verfahren kombiniert die bisher erläuterten Methoden und nutzt damit die Geschwindigkeitsvorteile des symmetrischen und die Flexibilität des asymmetrischen Verfahrens. Wie in
Kapitel 4.4 angegeben, ist das asymmetrische Verfahren bei der
Verschlüsselung wesentlich langsamer als das symmetrische und
daher für die Kodierung umfangreicher Datenmengen nicht besonders geeignet. Wird das schnellere symmetrische Verfahren verwendet, so stellt sich die Frage nach einem geeigneten Schlüssel und
dessen Übermittlung an den Empfänger der kodierten Nachricht.

Die grundlegende Idee besteht nun darin, das Problem der
Schlüsselübermittlung beim symmetrischen Verfahren (Kapitel 4.3)
zu umgehen, indem der verwendete Schlüssel gemeinsam mit der
kodierten Nachricht verschickt wird. Dabei darf der Schlüssel natür-
lich nicht im erkennbaren Klartext mitgeliefert werden, sonst wäre
jeder potentielle Angreifer in der Lage, die Nachricht sofort zu entschlüsseln.

Da der symmetrische Schlüssel selbst aber nur einige Zeichen
lang ist, kann dieser, wie bereits beim Kodieren des Hashwertes in
Kapitel 4.5 gesehen, effizient mit einem asymmetrischen Schlüssel
verschlüsselt werden. Hierzu findet das in Kapitel 4.4.4 beschriebene Vorgehen Verwendung, bei dem der öffentliche Schlüssel des
Empfängers zur Kodierung benutzt wird.

Der gesamte Vorgang besteht also aus mehreren Stufen:

■ Erzeugen eines symmetrischen Schlüssels

Im ersten Schritt wird ein sogenannter „Sessionkey" erzeugt. Der
Name deutet schon an, daß dieser Schlüssel nur einmal, also für eine

Symmetrisch
und asymme-
trisch

„Session", verwendet wird. Es handelt sich in der Praxis zumeist um einen 128 Bit langen Schlüssel für die Verfahren DES, Triple-Des oder IDEA. (siehe auch Kapitel 4.3).

■ Verschlüsseln des Textes

Das Dokument wird nun mit einem der obigen symmetrischen Verfahren verschlüsselt. Bei der Nutzung des PGP-Programms wird das Dokument zuvor noch automatisch komprimiert. Dies beschleunigt die Verschlüsselung und den anschließenden Versand. Bei der Dekodierung wird das Dokument automatisch entpackt.

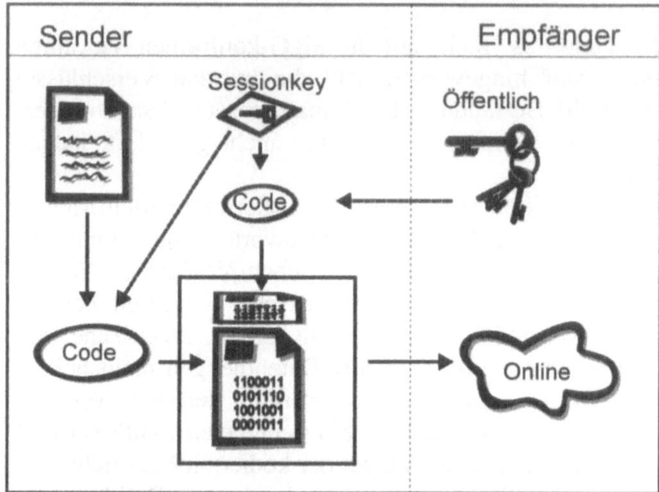


Abb. 4.5.1
Hybride Ver-
schlüsselung

■ Verschlüsseln des Schlüssels

Um den Sessionkey gesichert zusammen mit dem verschlüsselten Dokument zu versenden, wird dieser mit dem öffentlichen Schlüssel des Empfängers nach dem asymmetrischen Verfahren verschlüsselt.

■ Zusammenfassen und Versenden

Das verschlüsselte Dokument und der verschlüsselte Sessionkey werden anschließend zu einem gemeinsamen Dokument zusammengefaßt und können dann per E-Mail verschickt werden. Zusätzlich werden die Informationen über die verwendeten Verschlüsselungsalgorithmen beigefügt. Die Einsicht oder Manipulation an diesem Dokument ist nicht mehr möglich, da ohne den privaten Schlüssel des Empfängers keine der enthaltenen Informationen entschlüsselt werden kann.

■ Entschlüsseln

Der Empfänger der Nachricht entschlüsselt nun zuerst den Sessionkey mit seinem privaten Schlüssel. Mit dem Sessionkey und der bei-
gefügten Information über den eingesetzten Verschlüsselungsalgo-
rithmus wird nun der eigentliche Text entschlüsselt.

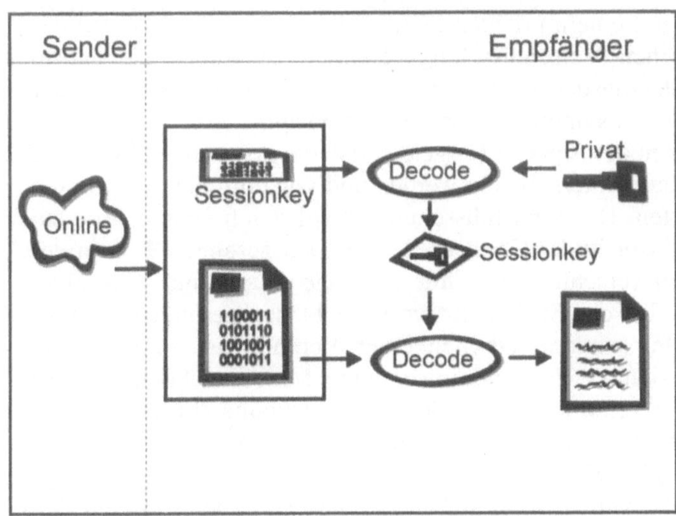


Abb. 4.5.2
Hybride Ent-
schlüsselung

Beim Einsatz der PGP-Software kommt dieses hybride Verfahren
zur Anwendung. Zusätzlich kann das Dokument vor der Verschlüsselung noch signiert werden. In einem so bearbeiteten Dokument
finden sich dann drei verschlüsselte Komponenten:

1. Der Sessionkey

2. Der Text

3. Die Prüfziffer


■ Das Beste zum Schluß

Der gesamte Vorgang des Signierens und Verschlüsselns wird beim
Einsatz moderner E-Mail Software durch einen einzigen Mausklick
erzeugt. Der gesamte Vorgang dauert auf handelsüblichen Computern nur einige Sekunden und wird automatisch beim Versand und
Empfang eines so verschlüsselten Dokumentes abgearbeitet.

# 4.6
# Kryptographische Hashverfahren

Das SigG schreibt vor, daß eine Veränderung auch nur eines Zeichens in einem Dokument nach seiner digitalen Unterschrift erkannt werden muß. Wie zuvor beschrieben, kann dies durch Verschlüsseln des Textes mit einem privaten Schlüssel erfolgen. Ein Nachteil der asymmetrischen Verschlüsselungsverfahren ist jedoch die enorm hohe Berechnungsdauer, die um den Faktor 100 bis 1000 über der Berechnungszeit symmetrischer Verfahren liegt.

Chipkarte   Im Rahmen des SigG ist festgelegt, daß die privaten Schlüssel auf einer Chipkarte untergebracht werden und von dort nicht ausgelesen werden dürfen. Die Verschlüsselung erfolgt durch einen speziellen Kryptoprozessor in der Chipkarte selbst. Den gesamten Text in der Chipkarte zu verschlüsseln würde zu lange dauern und wäre nicht praktikabel. Da das SigG nicht vorschreibt den gesamten Text zu verschlüsseln, sondern lediglich einer Veränderung zu erkennen, macht man sich die Hashfunktion zunutze. Mit dieser Funktion wird aus dem Text eine absolut eindeutige Prüfsumme (Fingerabdruck, Hashwert, MD = Message Digest oder MAC = Message Authentification Code) [ISO101183] erzeugt. Es handelt sich um eine Einwegfunktion, d.h., von einem bestehenden Hashwert kann nicht auf den Text zurückgeschlossen werden.

# 4.6.1
# Bildung des Hashwertes

Die Hashfunktion bildet aus einem beliebig langen Text eine Prüfsumme fester Länge. Diese ist bei den häufig verwendeten Funktionen 128 oder 160 Bit, also 16 oder 20 Zeichen, lang. Das besondere Merkmal dieser Methode ist die absolute Eindeutigkeit der Prüfsumme für jeden beliebigen Text. Nie haben zwei Texte die gleiche Prüfsumme. Diese Eigenschaft bezeichnet man als „kollisionsfrei". Zudem kann aus der Prüfsumme der Ausgangstext nicht rekonstruiert werden.

Die Hashfunktion wird oftmals als Komprimierungsfunktion beschrieben. Dies ist insofern irreführend, als bei den bekannten Kompressionsprogrammen wie ARJ, PKZIP oder StuffIt sich aus den komprimierten Daten (Komprimat) jederzeit wieder der Originalzustand erzeugen läßt. Dies soll gerade bei der Hashfunktion nicht möglich sein.

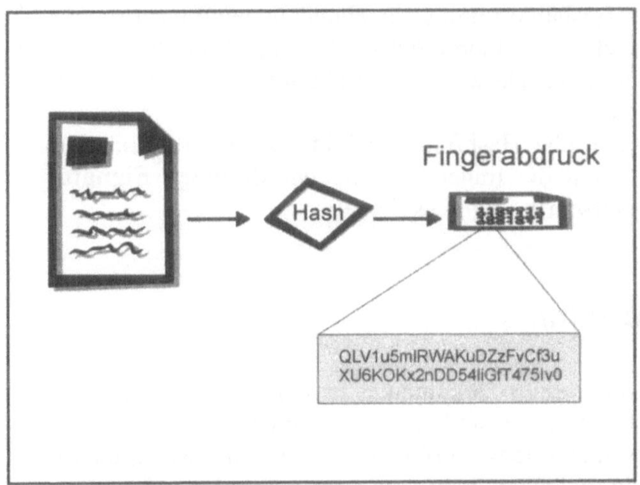


Ein einfaches Beispiel soll das Prinzip der Hashfunktion erläutern. Die in der Praxis eingesetzten Verfahren sind jedoch um ein Vielfaches komplexer.

Die Buchstaben werden in Computern durch Zahlen des ASCII-Codes repräsentiert. Hierbei steht für den Buchstaben „A" der Wert 65, für B = 66, ... Z = 90, a = 97, b = 98, ... z = 122. Subtrahiert man nun jeweils 64, so werden die Zeichen durch Werte von 1 ... 58 dargestellt. Diese Werte der einzelnen Buchstaben werden dann addiert. Bei einem Hashwert von 5 Zeichen Länge lassen sich ca. 1000 Zeichen umfassende Texte abbilden.

Beispiel: „Das ist ein Test" ergibt den Wert 000164.

Diese Funktion würde jedoch auch bei dem Text „Das gst egn Tist" die Zahl 164 liefern, ist also keine wirklich nutzbare Funktion. Dies zeigt jedoch die zentrale Problematik der Hashfunktionen. So wurden inzwischen bei einigen schon länger verwendeten Funktionen Fehler entdeckt.

## 4.6.2
## Verschlüsselung

Würde der Fingerabdruck ohne weiter Kodierung verwendet, wäre es einem Angreifer möglich, den Text zu ändern und bei Kenntnis der Hashfunktion einen neuen Fingerabdruck zu erzeugen. Damit niemand den Text und den Fingerabdruck ändert, wird der Fingerabdruck anschließend verschlüsselt. Hierzu wird der private Schlüssel des Absenders verwendet. Zusätzlich wird die Information über den verwendeten Hashalgorithmus eingebunden, damit der Empfänger weiß, mit welchem Verfahren der Hashwert gebildet wurde und diesen nachbilden kann. Diese Aufgabe übernimmt die eingesetzte Software automatisch.

Die kryptographische Hashfunktion bildet zusammen mit dem Public-Key-Verfahren die tragende Säule der **digitalen Signatur** (auch digitale Unterschrift, digitales Siegel).

## 4.7
## Digitale Signatur

Die digitale Signatur eines Dokumentes ist ein verschlüsselter Fingerabdruck des Inhaltes. Sie stellt die Integrität und Authentizität eines Dokumentes und seines Verfassers sicher. Eine Manipulation am Inhalt oder dem „Siegel" kann von entsprechender Software jederzeit erkannt und angezeigt werden. Eine Manipulation wird zwar nicht verhindert, jedoch zweifelsfrei erkannt. Die Hashfunktion in Kombination mit der Verschlüsselung bildet den Kern des kryptographischen Konzeptes der digitalen Signatur im SigG. Durch die Verschlüsselung mit dem privaten und geheimen Schlüssel des Absenders ist zugleich die eindeutige Identifizierung des Absenders gegeben.

## 4.7.1
## Erzeugen der Signatur

Wie im Kapitel 4.6 beschrieben, wird in einem ersten Schritt mittels einer Hashfunktion ein absolut eindeutiger Fingerabdruck des gewünschten Dokumentes erzeugt. Zum Schutz gegen Manipulation wird der Fingerabdruck in einem zweiten Schritt verschlüsselt.

Dazu wird der private Schlüssel des Dokumentenerzeugers verwendet. Dies stellt sicher, daß nur der Inhaber des privaten Schlüssels diesen Fingerabdruck erstellt haben kann. Das so erzeugte „Siegel" wird zusammen mit dem signierten Dokument per E-Mail verschickt. Mit dem gleichen Verfahren kann auch die eigentliche E-Mail signiert werden. Abb. 4.7.1 zeigt die einzelnen Schritte.

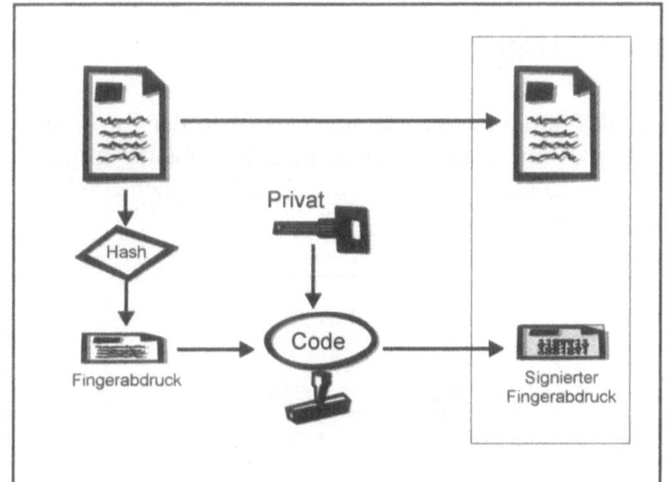





Die folgende Auflistung zeigt eine signierte E-Mail, die mit dem Programm „PGP" erzeugt wurde. Die eigentliche Signatur befindet sicht zwischen den „SIGNATURE" Zeilen.

```
From: Frank Bitzer <fbitzer@one.de>
To: wmaier@firma.de
Subject: signierte mail
-----BEGIN PGP SIGNED MESSAGE-----
Hallo Herr Maier,
ich bestätige den Seminartermin
in München am 14.9.1998
Mit freundlichen Grüßen
Frank Bitzer
-----BEGIN PGP SIGNATURE-----
Version: 2.6.3i
Charset: noconv

iQBVAwU50zUYhr9Jucj4bMD1AQGGQgH8DX
xAN31N63oTzIFdT121F2e6Tc/CdEmVjJZ8
AHeSYz2kRKDdKRnVGTpF61PwQgtTJ+9YLh
DTi7C2QCcNiKCC6g=5pvQXK
-----END PGP SIGNATURE-----
```

# 4.7.2
# Prüfen der Signatur

Der Empfänger des kombinierten Dokumentes ist in der Lage, die Identität des Absenders und die Unversehrtheit des Inhaltes zu prüfen. Dazu wird die Übereinstimmung zwischen Dokumenteninhalt und übermitteltem Hashwert geprüft.



Abb. 4.7.2
Prüfen der
Signatur

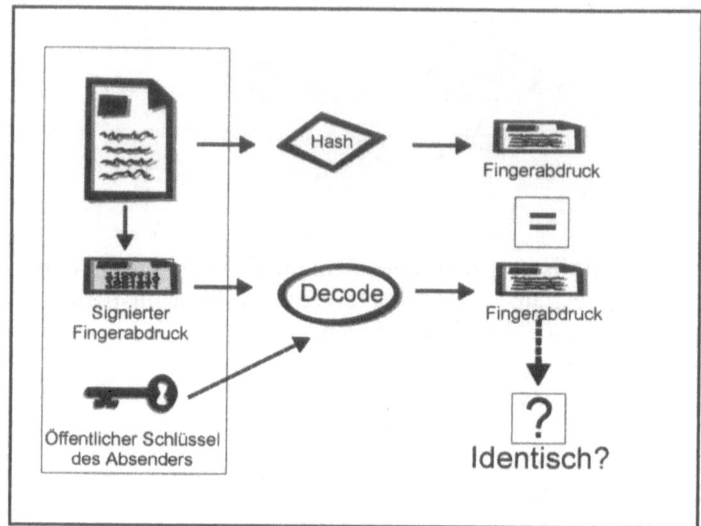

Für diesen Vorgang sind zwei Schritte nötig. Zuerst wird die Signatur, also der verschlüsselte Hashwert, mit dem öffentlichen Schlüssel des Absenders entschlüsselt. Kapitel 4.4 beschreibt, wie man in den Besitz dieses Schlüssels gelangt. Anschließend wird mit der angegebenen Hashfunktion eine nochmalige Prüfsumme des übermittelten Dokumentes erstellt. Dazu wird implizit das vom Sender benutzte Hash- und Kryptoverfahren mit übertragen. Wenn nun dieser gerade errechnete Wert mit dem übermittelten Hashwert übereinstimmt, wurde das Dokument nicht verändert. Im Falle einer Manipulation am Originaldokument würde das Prüfprogramm auf das gebrochene Siegel aufmerksam machen. Bild 4.7.3 zeigt zwei Nachrichten mit gültiger und eine mit ungültiger Signatur.

Abb. 4.7.3
Anzeige einer
manipulierten
Signatur

| Status | | Datum ▼ | Wer | Betreff |
|---|---|---|---|---|
| | ℋ | 08.01.99, 13:43:57 | Frank Bitzer | signiert |
| | ℋ | 08.01.99, 16:15:14 | Frank Bitzer | signiert |
| | ? | 08.01.99, 16:50:16 | Willi Maier | signiert |



*4 Kryptoverfahren*

## 4.7.3
## Algorithmen

■ MD2, MD4, MD5

Die Verfahren „Message Digest", MD2, MD4 und MD5, wurden von Ron Rivest entwickelt [RI91], [RFC1319], [RFC1320], [RFC1321]. Die Länge der Prüfsumme beträgt bei MD5 128 Bit. Die Verfahren gelten nicht mehr als sicher.

■ SHA

Der „Secure Hash Algorithmus" wurde 1992 von National Institue for Standards and Technologie (NIST) und der National Security Agency (NSA) entwickelt [ANX930]. Die Länge beträgt 160 Bit.

■ RIPEMD-160

Das grundlegende Verfahren RIPEMD wurde im europäischen Forschungsprojekt RACE entwickelt. H. Dobbertin, A. Bosselaers und B. Preneel entwickelten daraus RIPEMD-160 mit 160 Bit Länge. [DO96], [DBP96], [DO98]

## 4.8
## Sicherheit

Die Qualität des Verfahrens geht einher mit der Zeit, die benötigt wird, ein bekanntes Verfahren zu „knacken". Ein Experte entwickelt einen Algorithmus. Andere Analytiker versuchen daraufhin die Schwachstellen des Algorithmus zu finden. Die Ergebnisse werden öffentlich diskutiert. Dies hat den Vorteil, daß ein Verfahren, das seit 20 Jahren „offiziell" noch nicht „geknackt" wurde, als sicher gelten kann. Das SigG schreibt eine Überprüfung der verwendeten Verfahren alle 6 Jahre vor. Die einzelnen Verfahren unterscheiden sich in ihrer Sicherheit. Die Länge des Schlüssels spielt dabei eine entscheidende Rolle. Die Algorithmen selbst sind bei einigen Verfahren öffentlich verfügbar.

Immer wieder versuchen nun „Hacker" mit unterschiedlichen Methoden die Daten zu entschlüsseln. Die folgenden Abschnitte geben eine kurze Beschreibung einiger dieser Vorgehensweisen.

## 4.8.1
## Brute-Force-Attacke

Diese Methode ist sehr beliebt, seit sich über das Internet nahezu beliebig viele Rechner virtuell zusammen schalten lassen. Dadurch wird eine ungeheure Rechenleistung erreicht. Bei der Vorgehensweise werden der Reihe nach alle möglichen Schlüssel ausprobiert. Mit dieser Methode konnten in letzter Zeit einige Daten, die mit älteren Verfahren und Schlüssellängen von lediglich 48 oder 56 Bit arbeiteten, entschlüsselt werden. Betrachtet man jedoch den administrativen Aufwand und die immer noch lange Rechenzeit von einigen Tagen oder Stunden bei ca. 100.000 zusammengeschalteten Rechnern, so ist klar, daß solche Aktionen nicht jeden Tag vorkommen.

## 4.8.2
## Man in the middle

Hierbei täuscht ein Angreifer den gewünschten Empfänger vor und läßt die Daten mit einem fingierten öffentlichen Schlüssel verschlüsseln. Der Absender geht davon aus, seine Daten sicher zu verschlüsseln, nutzt aber nicht den richtigen Schlüssel des Empfängers, sondern den vorgetäuschten. Der Angreifer kann die Daten nun einsehen und sie unter Umständen sogar mit dem richtigen Schlüssel des Empfängers neu verschlüsseln und an ihn weiterleiten.

## 4.8.3
## Craking Cyphers

Liegen große Mengen von Daten vor, die durch den gleichen Algorithmus verschlüsselt wurden, so kann durch eine statistische Auswertung der Häufigkeit von Wörtern versucht werden, den Algorithmus zu erkennen.

## 4.8.4
## Clear-Text-Attack

Diese Methode wird angewendet, wenn Originaltexte und verschlüsselte Texte vorliegen. Dann wird versucht, durch Vergleiche von Mustern oder Zeichenketten den Algorithmus zu erkennen.

# 5 Rechtliche Aspekte

## 5.1
## Internet – rechtsfreier Raum ?

Entgegen einer falschen, aber immer noch weit verbreiteten Ansicht ist das Internet kein rechtsfreier Raum. Er war es auch zu keinem Zeitpunkt. Unternehmen und Privatpersonen, die in irgendeiner Form im Internet tätig werden, sei es im Wege der Kommunikation, der Bereitstellung von Inhalten oder im Bereich der Transaktion, haben zahlreiche Berührungspunkte mit rechtlichen Fragestellungen. So ist beispielsweise der Autor, der seine Texte online verbreitet, gegen die unerlaubte Nutzung seines Werkes durch unbefugte Dritte durch das Urheberrecht ebenso geschützt wie die Online-Bilddatenbank eines Photographen. Ein Anbieter von Waren oder Dienstleistungen, der seine Wettbewerber mit unsachgemäßer, überzogener oder gar beleidigender „Schmähkritik" überzieht, sieht sich den Sanktionsmechanismen des Wettbewerbsrechts und gegebenenfalls des Strafrechts ausgesetzt.

## 5.2
## Das Internet – neue Rechtsphänomene und -beziehungen

Das Internet schafft jedoch eine Anzahl neuer Rechtsphänomene und -beziehungen. Zu denken ist hier zunächst daran, daß Online-Inhalte können weltweit bereitgestellt und an jedem Ort abgerufen werden, wo ein Internetzugang besteht. Nutzer dieser technischen Möglichkeiten treten miteinander in Kontakt, ohne sich jemals physisch begegnet zu sein. Darüber hinaus werden die Daten über Kommunikationswege übermittelt, die unüberschaubar, kaum nachvollziehbar und – jedenfalls von den Kommunikationspartnern – erst recht nicht kontrolliert werden können. Zahlreiche Einrichtungen und Organisationen sind bei der Übertragung tätig. Der Absender übermittelt auf elektronischem Wege seine Daten an seinen Provider, möglicherweise bereits auf Übertragungsleitungen, die diesem nicht einmal gehören, sondern einem anderen Telekommunikationsunternehmen. Von dort werden sie auf unterschiedlichen Wegen unter Einschaltung weiterer Provider und Übermittler bis zum Endprovider des Empfängers geleitet. Dieser lädt die Daten wiederum von seinem Server, wobei diese elektronisch auf Wegen übertragen werden, die wiederum Dritten gehören.

Dies löst selbstverständlich eine große Zahl rechtlicher Fragestellungen aus:

1. Wer haftet für Kommunikationsfehler ?

2. Wo und wann kommt überhaupt ein Vertrag zustande ?

3. Wie läßt sich nachweisen und prozessual verwerten, welche Daten von wem zu welchem Zeitpunkt übermittelt wurden und auch beim Empfänger zugegangen sind ?

Soll sich der Electronic Commerce zukünftig entwickeln, d. h. insbesondere auch der Abschluß von Verträgen im Internet, geht es um Fragen der vertragsrechtlichen und beweisrechtlichen Sicherheit.

# 5.3
# Vertragsschluß im Internet

Ebenso wie in der „realen" Welt können auch im Internet Verträge wirksam abgeschlossen werden. Elektronische Kommunikationswege, insbesondere via E-Mail oder im Online-Bereich, ermöglichen solche Vertragsschlüsse. Diese können beispielsweise die Übermittlung von Daten und Information oder auch die sonstige Bestellung von Waren oder anderen Dienstleistungen zum Gegenstand haben. Wesentlich ist, daß allein die Tatsache, daß ein Vertrag mittels elektronischer Kommunikation geschlossen wurde, nichts an der grundsätzlichen Möglichkeit seines wirksamen Zustandekommens ändert.

Auch wenn Verträge im Internet grundsätzlich wirksam geschlossen werden können, werfen die neuen Informations- und Kommunikationstechnologien allerdings gerade in vertragsrechtlicher Hinsicht eine Reihe von juristischen Fragen auf. Dabei geht es insbesondere um folgende Punkte:

1. Welches sind die Voraussetzungen eines wirksamen Vertragsschlusses im Internet ?
2. Wann kommt ein Vertrag im Internet überhaupt zustande ?
3. Welches sind die Haftungsfolgen fehlerhafter Willenserklärungen
   und Übermittlung ?
4. Können im Internet auch Verträge abgeschlossen werden, die einer besonderen Form, z.B. der Schriftform oder der notariellen
   Beurkundung, bedürfen ?
5. Wie kann die Identität der Kommunikationspartner und die Unverfälschtheit der übermittelten Daten rechtlich sichergestellt
   werden ?

Diese Fragestellungen sollen im folgenden erörtert werden.

# 5.3.1
# Voraussetzungen des Vertragsschlusses

Zunächst soll veranschaulicht werden, welches die Voraussetzungen
für den wirksamen Abschluß eines Vertrages grundsätzlich sind. Erforderlich sind:

1. zwei übereinstimmende Willenserklärungen (Angebot und Annahme),
2. die dem jeweiligen Vertragspartner auch zugehen.

Unter einer Willenserklärung ist die „Äußerung eines auf die
Herbeiführung einer Rechtswirkung gerichteten Willens" zu verstehen. Üblicherweise werden die Willenserklärungen im Vertragsrecht
als „Angebot" und „Annahme" bezeichnet. Dabei geht das Angebot
der Annahme zeitlich vorauSatz Ein Vertrag kommt dann zustande,
wenn beide übereinstimmen, d.h. auf die Herbeiführung eines bestimmten rechtlichen Erfolges gerichtet sind. Dies ist z.B. beim
Kaufvertrag der Fall, wenn sich die Vertragsparteien einig sind, daß
der Verkäufer eine bestimmte Ware dem Käufer zu einem bestimmten Kaufpreis übereignen will.

### 5.3.1.1
### Das Angebot im Internet

Da also der wirksame Vertragsschluß zunächst ein Angebot voraussetzt, stellt sich die Frage, worin bei einem Vertragsschluß unter Zuhilfenahme elektronischer Kommunikation das Angebot zu sehen ist.



Die Darstellung von Waren und Dienstleistungen im Internet als solche stellt noch kein Angebot dar. Vielmehr wird darin nur eine sog. „invitatio ad offerendum" gesehen. Wie bei einem Bestellkatalog ist die Darstellung im Internet allein die Aufforderung an den Kunden, etwas zu bestellen, d. h. seinerseits ein Angebot zu machen, welches das Warenhaus oder das Versandhaus erst noch annimmt. Das Angebot geht demnach vom Besteller aus; der Anbieter entscheidet darüber, ob er das Angebot annehmen und damit den Vertrag zustande kommen lassen will.

### 5.3.1.2
### Der Zugang von Willenserklärungen

Eine weitere wesentliche Voraussetzung des Vertragsschlusses ist, daß die Willenserklärungen den Vertragsparteien auch zugehen. Zwei Personen, die unmittelbar miteinander kommunizieren, ohne daß ein Hilfsmittel dazwischen geschaltet ist, können ihre Äußerungen, damit auch ihre Willenserklärungen, unmittelbar miteinander austauschen. Nach § 147 AbSatz 1 Satz 1 BGB kann der einem Anwesenden gemachte Antrag auch nur sofort angenommen werden. Die Annahmeerklärung des Angebotes allein reicht für den Vertragsschluß allerdings nicht auSatz Weitere Voraussetzung ist vielmehr, daß die Annahmeerklärung ihrerseits auch dem Antragenden, also demjenigen, der das Angebot abgab, auch zuging. Als Zeitpunkt des Vertragsschlusses gilt dann derjenige, an dem die Annahmeerklärung dem Antragstellenden tatsächlich zugeht. Dies bedeutet, daß der Vertrag unter Anwesenden unmittelbar geschlossen wird, da die jeweiligen Willenserklärungen sofort ausgetauscht werden.

Dieser Grundsatz gilt gem. § 147 Abs. 1 Satz 2 BGB auch dann, wenn Angebot und Annahmen mittels Fernsprecher von Person zu Person gemacht wurden. Entscheidend ist dabei, daß die Kommunikationspartner gleichzeitig ihre Willenserklärungen austauschen. Sie telefonieren nicht nur miteinander, sondern nutzen zudem auch noch die gleiche Übermittlungsleitung.

Dies ist jedoch bei der Kommunikation mittels E-Mail oder im Internet nicht der Fall. Hier kommt es bei der Übertragung zu zeitlichen Verzögerungen. Dies gilt sogar für sog. Chats. Darüber hinaus wird die Kommunikation im Internet über unterschiedliche Übertragungswege vermittelt. Von einer „Gleichzeitigkeit" im vorher beschriebenen Sinne kann daher nicht die Rede sein. Folge ist, daß für den Vertragsschluß auf elektronischem Wege nicht die Grundsätze des Zugangs von Willenserklärungen unter Anwesenden gelten.

### 5.3.1.3
### Der Zugang elektronischer Willenserklärungen

Es stellt sich damit die Frage, wann im Rahmen der Kommunikation via Internet eine Willenserklärung zugeht. Wenn es sich nicht um Kommunikation unter „Anwesenden" handelt, steht damit fest, daß es sich nur noch um den Austausch von Willenserklärungen unter „Abwesenden" handeln kann. Nach § 130 Abs. 1 Satz 2 BGB wird eine Willenserklärung, die gegenüber einem Abwesenden abgegeben wird, in dem Zeitpunkt wirksam, in welchem sie ihm zugeht. Damit ist aber noch nicht geklärt, bis zu welchem Zeitpunkt der Antragende, also derjenige, der einem Abwesenden ein Angebot unterbreitet, damit rechnen darf, daß bei ihm auch die Erklärung des Empfängers eingeht, das Angebot auch annehmen zu wollen. Dafür regelt das Gesetz in § 147 Abs. 2 BGB, daß das Angebot „nur bis zu dem Zeitpunkt angenommen werden kann, in welchem der Antragende den Eingang der Antwort unter regelmäßigen Umständen erwarten darf".

Als Beispiel sei hier der Vertragsschluß mittels brieflicher Kommunikation angeführt. Versendet der Antragende sein Angebot per Brief und kann er davon ausgehen, daß auch die Mitteilung der Annahme in entsprechender Weise erfolgt, dann kommt der Vertrag zustande, sobald die Annahmeantwort beim Anbieter eingegangen ist. Entscheidend ist, daß die Annahme, d.h. die briefliche Annahmeerklärung, nur so lange erfolgen kann, wie dies der Zeitrahmen normalerweise beansprucht. Wird der übliche Zeitrahmen überschritten, dann kommt der Vertrag nicht zustande, weil die Annahmefrist verstrichen ist. Aber auch für diesen Fall findet sich eine gesetzliche Lösung. Nach § 150 Abs. 1 BGB gilt die verspätete Annahme als neuer Antrag. Der Grund liegt darin, daß der Antragende davor geschützt werden soll, in zeitlich unzumutbarer Weise an sein Angebot gebunden zu sein. Denn nach § 145 BGB ist bestimmt, daß derjenige, der einem anderen die Schließung eines Vertrages anträgt, an den Antrag gebunden ist, es sei denn, daß er die Bindung ausgeschlossen hat. Dieser Ausschluß findet sich etwa in Formulierungen wieder wie „freibleibend".

Was bedeuten diese Überlegungen nun für die elektronische Kommunikation? Diese Frage wird vielfach und kontrovers diskutiert. Üblicherweise – und somit auf der sicheren Seite – wird angenommen, daß eine Willenserklärung erst dann zugegangen ist, sofern sie auf dem Rechner des Empfängers erscheint. Nicht ausreichend ist damit, daß die E-Mail abgesandt wurde oder auf dem Server des Empfängers eingetroffen ist. Für den Zugang von Willenserklärungen auf elektronischem Wege ist daher maßgeblich, wann mit dem Abruf einer Mail durch den Empfänger üblicherweise gerechnet werden kann. Der Begriff des „Üblichen" dürfte gegenwärtig kaum zu definieren sein. Die Nutzungsgewohnheiten unterliegen erheblichen Änderungen. Der Umgang mit Internet und E-Mail wird zunehmend selbstverständlich. Sicherlich sind unterschiedliche Bewertungsmaßstäbe zugrunde zu legen, je nachdem, ob es sich um Kommunikation zwischen Privatleuten oder unter Beteiligung von Geschäftsleuten handelt, die auf ihren Briefbögen sogar auf ihre elektronische Erreichbarkeit hinweisen. Von ihnen ist zu verlangen, daß sie mindestens einmal pro Tag zu den gewöhnlichen Geschäftszeiten die E-Mail lesen. Bei Privatleuten ist ein allgemeinverbindliches Gewohnheitsrecht bislang nicht ausgeprägt. Allenfalls dürfte verlangt werden, daß hier die E-Mails einmal pro Woche abgerufen werden.

Für das Zustandekommen von elektronischen Verträgen bedeutet dies, daß die Annahme eines Vertragsangebotes bei Geschäftsleuten täglich abgerufen wird und die Annahmeerklärung binnen eines weiteren Tages beim Antragenden eingehen sollte. Bei Privatleuten ist die Frist zur Übermittlung der Annahmeerklärung entsprechend länger.

## 5.3.2
## Der EU-Richtlinienvorschlag zum elektronischen Geschäftsverkehr

Am 18.11.1998 hat die Europäische Kommission einen Richtlinienvorschlag über „bestimmte rechtliche Aspekte des elektronischen Geschäftsverkehrs im Binnenmarkt" vorgelegt. Darin schreibt die Kommission in Art. 9 fest – wie es bereits der deutschen Rechtslage entspricht – daß die Mitgliedstaaten gehalten sind, den wirksamen Abschluß elektronischer Verträge zu ermöglichen. Die tatsächliche Benutzung elektronischer Verträge darf danach weder durch Rechtsvorschriften, die für den Vertragsabschluß gelten, verhindert werden, noch dürfen Verträge in ihrer Wirksamkeit oder Rechtskraft allein aufgrund des Umstandes gefährdet sein, daß sie auf elektronischem Wege zustande gekommen sind.

Damit ist aber noch keine Regelung darüber getroffen, wie bzw. zu welchem Zeitpunkt der elektronische Vertrag nach dem Willen der Kommission geschlossen wird. Diese Fragestellung versucht Art. 11 des Richtlinienentwurfes zu regeln. Danach ist der Vertrag immer dann geschlossen, „wenn der Nutzer vom Diensteanbieter auf elektronischem Wege die Bestätigung des Empfangs seiner Annahme erhalten und er den Empfang der Empfangsbestätigung bestätigt hat". Diese Regelung mutet in der Tat sehr kompliziert und umständlich an. Sie wurde auch schon entsprechend kritisiert.

Zusätzlich verwirrend ist dabei der Definitionsversuch, zu welchem Zeitpunkt die Empfangsbestätigung als beim Nutzer eingegangen gilt. Sie gilt als beim Nutzer eingegangen und die Bestätigung ihres Erhalts gilt als abgegeben, wenn die jeweils andere Partei, für die sie bestimmt ist, sie abrufen kann. Dabei sind die Empfangsbestätigung des Diensteanbieters und die Bestätigung ihres Erhalts durch den Nutzer so schnell als möglich abzusenden.

Damit läßt es die Richtlinie für das Zustandekommen des Vertrages genügen, daß die „Bestätigung der Empfangsbestätigung" abrufbar ist. Daraus läßt sich nur folgern, daß dies vertragsschließende Erklärung auf dem Server des Empfängers eingegangen ist und dieser Umstand für das Zustandekommen des Vertrages auch ausreichend ist. Es ist – im Gegensatz zur derzeitigen Rechtslage in der Bundesrepublik – nach dem Willen der Europäischen Kommission nicht mehr erforderlich, daß diese tatsächlich auch abgerufen wird.

Der Lösungsansatz der Kommission ist aber noch weitreichender. Denn es muß gefragt werden, ob die im Abschnitt 5.3.1.1 beschriebene Rechtsfigur der „invitatio ad offerendum" im Internet noch Gültigkeit besitzt. Wie beschrieben, gilt eine Homepage tatsächlich rechtlich bislang nur als Aufforderung an den Nutzer oder Verbraucher, dem Anbieter bzw. Verkäufer zunächst einmal ein Angebot zu unterbreiten, welches er etwa bei Eingang einer Bestellung auch annimmt. Unter Berücksichtigung des von der Kommission gewählten Lösungsansatzes hat es allerdings den Anschein, als werde die Rechtsfigur der „invitatio ad offerendum" obsolet. Zu diesem Ergebnis gelangt man, hält man sich den von der Kommission vorgeschlagenen Weg des Vertragsschlusses vor Augen.

In dem Richtlinienentwurf heißt es, daß der Vertrag geschlossen ist, „wenn der Nutzer vom Diensteanbieter auf elektronischem Wege die Bestätigung des Empfangs seiner Annahme erhalten und er den Empfang der Empfangsbestätigung bestätigt hat". Der Diensteanbieter bestätigt danach die „Annahme" mittels einer „Empfangsbestätigung". Zu den Forderungen der Kommission gehört in diesem

Zusammenhang, daß der Nutzer diese unmittelbar bestätigt, d.h. also nochmals den Erhalt der Empfangsbestätigung kundtut. Wenn aber der Diensteanbieter die Annahme bestätigt, die ihm der Nutzer übersandte, kann dies nur bedeuten, daß das der Annahme vorausgehende Angebot nur von dem Diensteanbieter selbst stammen kann. Demnach fordert der Diensteanbieter den Nutzer also nicht mehr auf, ihm doch ein Angebot zu unterbreiten, sondern unternimmt dies selber.



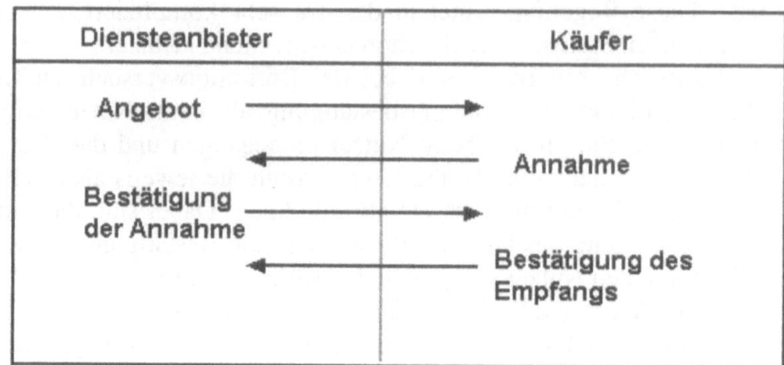

Abb. 5.1
Die einzelnen
Schritte bis zum
Vertragsschluß

Dieses Ergebnis entspricht auch dem von der Kommission verfolgten Ziel eines umfassenden Verbraucherschutzes beim elektronischen Geschäftsverkehr. Denn aus der sog. Laiensphäre ist bis zum heutigen Tag nicht einsehbar – geschweige denn nachzuvollziehen – daß der Verbraucher bei einer Katalogbestellung das Angebot an das Versandhaus abgibt und nicht umgekehrt. Der Lösungsvorschlag der Kommission trägt damit der Rechtsvorstellung des Nutzers Rechnung.

Ist dieses Verfahren zum Abschluß eines Vertrages auf elektronischem Wege aber wirklich unnötig kompliziert und umständlich? Vorderstes Ziel ist es, rechtliche Sicherheit bei Transaktionen im Internet zu gewährleisten. Die wechselseitigen Bestätigungen tragen dazu bei. Schließlich läßt sich aus dem Wortlaut der Richtlinie nicht entnehmen, daß die Nutzung automatisierter Verfahren ausgeschlossen wäre. Sofern die Annahme des Angebotes beim Diensteanbieter eintrifft und er Erkennungsmechanismen geschaffen hat, die eine Bestellung eindeutig zuordnen können, wäre es ihm möglich, ohne manuelle Betätigung die Empfangsbestätigung abzusenden. Gleiches gilt damit auch für den Nutzer, der durch Einstellungen seinen Computer veranlassen könnte, den Empfang der Empfangsbestätigung zu übermitteln.

Festzuhalten bleibt danach im Ergebnis, daß unter Berücksichtigung der EU-Richtlinie das Angebot von Seiten des Diensteanbieters vorgenommen wird und die letzte vertragsschließende Erklärung nicht mehr auch tatsächlich vom Server des Empfängers abgerufen werden muß.

## 5.3.3
## Grundsatz der Formfreiheit von Verträgen

Für Vertragsschlüsse gilt der Grundsatz der Formfreiheit. Damit können Verträge im allgemeinen abgeschlossen werden, ohne daß sie für ihre Wirksamkeit z.B. der Schriftform, einer notariellen Beurkundung oder gar der behördlichen Genehmigung bedürfen. Üblicherweise können Verträge daher mündlich, d.h. auch telefonisch, abgeschlossen werden.

### 5.3.3.1
### *Vertragliche und gesetzliche Schriftform*

Häufig vereinbaren Vertragsparteien die Schriftform für ihre Verträge, zumindest jedoch lassen sie sich per Fax oder jedenfalls schriftlich den Inhalt der getroffenen Vereinbarung bestätigen. Sie verbinden damit den Wunsch nach rechtlicher Sicherheit. So kann z.B. anhand des Namenszuges festgestellt werden, wer der Vertragspartner ist. Sie wollen über seine Authentizität im klaren sein. Ferner sind die Vertragsparteien daran interessiert, explizit festzuhalten, über welchen vertraglichen Inhalt sie sich geeinigt haben. Sofern bei der vertraglichen Abwicklung Unklarheiten auftauchen, soll das Schriftstück, welches beide Vertragsparteien unterzeichnet haben, Auskunft über den Vertragsinhalt geben. Das Schriftstück dient damit der Feststellung der Identität der Vertragsparteien und Bestimmung und ggf. Auslegung des vertraglichen Inhalts. Im Fall eines Rechtsstreits soll es auch im Prozeß der rechtlichen Aufklärung helfen.

Auch das Gesetz verlangt immer dann besondere Formen für die Wirksamkeit des Vertragsschlusses, wenn die Vertragsparteien wegen des besonderen Vertragsgegenstandes gewarnt werden sollen. So verhält es sich etwa bei der Bürgschaft, für deren Wirksamkeit es der schriftlichen Übernahme bedarf. Weiteres Beispiel ist das Testament, das – sofern es nicht beim Notar errichtet wird – eigenhändig geschrieben und unterschrieben werden muß. Beim Grundstückskauf muß der Kauf sogar notariell beurkundet werden. Wenn das Rechtsgeschäft von besonderer Bedeutung ist, wie z.B. die Ehe, bedarf es der Mitwirkung zuständiger Behörden, bei der Eheschließung eben der des Standesbeamten. Das Erfordernis der Schriftform findet sich ferner bei Verbraucherkreditverträgen einschließlich der Ratenkreditgeschäfte (vgl. § 4 VerbrKrG) und auch für Quittungen, die in der Praxis von besonderer Bedeutung sind.

Es stellt sich allerdings die Frage, ob im Internet dem Sicherheitsbedürfnis der Vertragsparteien durch die Schriftlichkeit ihrer Vereinbarung einerseits und ggf. gesetzlichen Formbestimmungen andererseits überhaupt entsprochen werden kann.

### 5.3.3.2
### Ausgangssituation im Internet

Wie eingehend dargelegt, können auch im Internet Verträge abgeschlossen werden. Es fragt sich allerdings, ob der Schriftform dadurch genüge geleistet wird, daß der vertragliche Text etwa eingetippt und noch mit dem Namenszug der Vertragsparteien versehen wird. Es könnte auch überlegt werden, den Namen einzuscannen oder eine Datei mit dem eigenen Namen anzufertigen und der Vertragsdatei beizufügen.

Ausgangspunkt für die Beantwortung der Frage ist § 126 Abs. 1 BGB. Darin heißt es: „Ist durch Gesetz schriftliche Form vorgeschrieben, so muß die Urkunde von dem Aussteller eigenhändig durch Namensunterschrift oder mittels notariell beglaubigten Handzeichens unterzeichnet werden". Weiter heißt es in § 126 Abs. 2 BGB, daß bei einem Vertrag die „Unterzeichnung der Parteien auf derselben Urkunde erfolgen" muß. Diese Regelungen, die zunächst nur dann Anwendung finden, soweit das Gesetz die Schriftform vorschreibt, werden in ihrer Anwendbarkeit durch § 127 BGB ausgedehnt.



Danach gelten die Vorschriften des § 126 BGB „im Zweifel auch für die durch Rechtsgeschäft bestimmten schriftlichen Form". Dies bedeutet nichts anderes, als Vertragsparteien der zwischen ihnen geltenden Schriftform nur dann entsprechen, wenn sie eine eigenhändige Namensunterschrift leisten. „Eigenhändig" bedeutet dabei, daß der Aussteller sie tatsächlich auch selber ausführt. Es ist beispielsweise durch die Rechtsprechung entschieden, daß die Unterzeichnung durch Stempel, Maschinenschrift, Faksimilie oder sonstige mechanische Hilfsmittel unzulässig ist.

Es steht damit fest, daß das Eintippen oder Einscannen des Namenszuges nicht der Schriftform genügt. Damit können im Internet keine Verträge geschlossen werden, die Schriftform aufweisen müssen. Dies bedeutet allerdings, daß eine ganze Anzahl von Verträgen (vgl. Abschnitt 5.3.3.1) im Internet nicht abgeschlossen werden können. Der übliche Kaufvertrag, der z.B. ein Buch, eine CD, eine

Software oder Bilder etc. zum Gegenstand hat, kann im Internet wirksam abgeschlossen werden.

## 5.3.3.2.1 Der EDI-Rahmenvertrag

Trotz der Problematik, daß es der elektronische Geschäftsverkehr (bislang) nicht zuläßt, in schriftlicher Form Verträge einzugehen, schließen Unternehmen bereits heute Verträge speziell mit dem Ziel, sich die Möglichkeiten der Informations- und Kommunikationstechnologien zunutze zu machen.

Zwischen Unternehmen, die miteinander elektronischen Datenaustausch betreiben, wird regelmäßig ein sog. EDI-Rahmenvertrag (Electronic Data Interchange) vereinbart. Darunter ist der einseitige oder gegenseitige Transfer von Geschäftsdaten zu verstehen, wobei diese nach standardisierten Formaten strukturiert sind. Wesentlich ist, daß der Datentransfer von Computer zu Computer unter Anwendung offener Kommunikationsverfahren erfolgt. Dies bedeutet praktisch, daß nur noch miteinander verbundene Computer der beiden Partner miteinander kommunizieren, ohne daß die bewußte Erklärung eines Menschen für einzelne Aktionen erforderlich wird. So kann der Computer eines produzierenden Unternehmens etwa registrieren, daß bestimmte Werkzeuge verbraucht sind. Diese Information überträgt er online an seinen Partnercomputer in der Zulieferfirma, der die Bestellung verbucht, den Auftrag annimmt und schließlich dafür sorgt, daß der Auftrag einschließlich Rechnungsstellung und Versand abgewickelt wird.

Der EDI-Rahmenvertrag sieht zunächst vor, daß die elektronischen Aktivitäten der Rechner anerkannt werden. Ihnen wird damit vorab die rechtliche Bindung zuteil, bislang ohne Einsatz der digitalen Signatur. Mit der Einführung dieser Technologie könnten auch die zugrundeliegenden Rahmenverträge online geschlossen werden. Diese Verfahrensweise ersetzt zwar nicht die Schriftform, in der sie bislang zwischen den Vertragsparteien geschlossen wurden. Durch den Einsatz der digitalen Signatur wird aber der Vertragsschluß, in sicherer Kenntnis und Identifizierbarkeit des Vertragspartners sowie Nachweisbarkeit des vertraglichen Inhalts, online sicher. Der Austausch eines schriftlichen Dokuments wird obsolet. Dies erhöht die Flexibilität.

Entscheidend ist dabei die Möglichkeit der sogenannten bruchlosen Weiterverarbeitung, d.h. der Integration der übermittelten Daten, ohne daß diese etwa ausgedruckt werden müssen. Anwendungsfelder liegen insbesondere im kommerziellen Bereich sowie dem Austausch von Entwicklungsdaten, dem elektronischen Kapitaltransfer, aber auch bei dem Austausch von Steuer- und Zollerklärungen so-

Kommunikation zwischen Computern

wie personenbezogener Daten. Als Standard wird dabei häufig das Regelwerk von UN/EDIFACT (United Nation Electronic Data Interchange For Administration Commerce And Transport) vereinbart.

Für die Streitbeilegung wird häufig eine Schiedsklausel vereinbart, wonach alle Streitigkeiten, die im Zusammenhang mit einem solchen Rahmenvertrag entstehen, beispielsweise nach der Schiedsordnung der Deutschen Institution für Schiedsgerichtsbarkeit e.V. (DIS) endgültig unter Ausschluß des ordentlichen Rechtsweges entschieden werden. Die EDI-Rahmenverträge könnten unter Einschluß des Konzeptes der digitalen Signatur gerade im Business-to-Business-Bereich zusätzlich an Bedeutung gewinnen.

### 5.3.3.2.2  Beispielsfall: Versicherungssektor

Im Versicherungsbereich werden zahlreiche Überlegungen angestellt, um die neuen Medien, insbesondere auch unter Integration des Konzeptes der digitalen Signatur, für die interne Geschäftsabwicklung, aber auch in der Kommunikation mit den verschiedenen Filialen, den Versicherungsvertretern und den Kunden zu nutzen.

Formlosigkeit des Versicherungsvertrags vs. Versicherungsschein als „Beweisurkunde"

Dabei ist bedeutsam, daß der Versicherungsvertrag formlos geschlossen werden kann. Entscheidend für die Auslegung des vertraglichen Inhalts ist der Versicherungsschein. Es handelt sich dabei um eine „Beweisurkunde", bei der die Nachbildung der eigenhändigen Unterschrift genügt. Insofern ist es eine Ausnahme zu den engen Beweisvorschriften der Zivilprozeßordnung, die für den Beweis eine Urkunde, d.h. ein Dokument, welches mit einer eigenhändigen Unterschrift signiert ist, vorsehen. Der Versicherungsschein enthält nur eine Nachbildung der entsprechenden eigenhändigen Unterschrift. Es wäre demnach denkbar, daß ein Versicherungsschein nicht mehr postalisch zugesandt, sondern mit der digitalen Signatur versehen online den Kunden übermittelt wird.

Allerdings sieht das Versicherungsvertragsgesetz (VVG) zahlreiche Vorschriften vor, die ausdrücklich der Schriftlichkeit bedürfen. Dies ist beispielsweise bei schriftlichen Widerspruchsmöglichkeiten des Versicherungsnehmers, dem schriftlichen Widerruf des Antrages nach § 8 VVG verlangt. Zu denken ist auch an § 16 VVG. Danach hat der Versicherungsnehmer bei Schließung des Vertrages alle ihm bekannten Umstände, die für die Übernahme der Gefahr „erheblich" sind, dem Versicherer anzuzeigen. Wesentlich ist dabei, daß ein Umstand im Zweifel immer dann als „erheblich" einzustufen ist, wenn der Versicherer ausdrücklich oder schriftlich danach gefragt hat. Bei unrichtiger Anzeige kann der Versicherer bekanntermaßen von dem Vertrage zurücktreten.

Aber auch im Versicherungsbereich gilt, daß der Einsatz überall dort denkbar ist, wo nicht im engen Sinne Schriftlichkeit verlangt wird. Dies ist also der Fall beim Vertragsschluß, der grundsätzlich auch im Versicherungsrecht formfrei ist.

## 5.3.3.2.3  Beispielsfall: Öffentliche Verwaltung

Die öffentliche Verwaltung hat eine herausragende Stellung bei der Förderung der Akzeptanz des Konzeptes der digitalen Signatur und deren Verbreitung. Öffentliche Ämter können zukünftig als Annahmestellen im Verbund mit Unternehmen tätig werden, die die technische Infrastruktur einer Zertifizierungsstelle unterhalten. Behörden genießen bei den Bürgern einen Vertrauensvorschuß hinsichtlich ihrer Seriosität und Erfahrenheit im Umgang mit persönlichen Daten.

Im Bereich der öffentlichen Verwaltungen sind gleichzeitig zahlreiche Anwendungsfälle für den Einsatz der digitalen Signatur denkbar (vgl. Kapitel 6), sei es in der behördeninternen Kommunikation, zwischen den Verwaltungsträgern oder insbesondere auch mit den Bürgern. In diesem Zusammenhang stellen sich eine Vielzahl rechtlicher Fragen. Denn die gesetzlichen Grundlagen jedweden Verwaltungshandelns sehen an zahlreichen Stellen die Schriftform als Gültigkeitsvoraussetzung vor. Dennoch ist der Spielraum für die Nutzung der elektronischen Kommunikation im Verwaltungsbereich sehr weitgehend, wie im folgenden dargestellt wird.

*Zahlreiche Anwendungsmöglichkeiten in der Verwaltung*

### *Nichtförmliches Verwaltungsverfahren*

§ 10 Verwaltungsverfahrensgesetz (VwVfG) enthält den Grundsatz der Nichtförmlichkeit des Verwaltungsverfahren. Der Begriff Nichtförmlichkeit begründet eine Vermutung der Formfreiheit und bedeutet, daß im allgemeinen kein Formzwang für Anträge, Entscheidungen und deren Bekanntgabe besteht.

Dieser Grundsatz der Nichtförmlichkeit des Verfahrens steht jedoch unter dem Vorbehalt besonderer Rechtsvorschriften über die Form des Verfahrens. Neben den Vorschriften über das förmliche Verfahren in den §§ 63 ff. VwVfG und denen zum Planfeststellungsverfahren in den §§ 72 ff. VwVfG enthalten einige Fachgesetze, so beispielsweise das Melde- und Paßrecht, das Kfz-Zulassungsrecht und Baurecht, besondere Formvorschriften. Soweit aber keine besonderen Formvorschriften bestehen, läßt sich bereits derzeit das Verwaltungsverfahren, abgesehen von etwaigen Beweisproblemen, auf elektronischem Wege abwickeln.

Dies gilt zunächst sogar unabhängig vom Einsatz digitaler Signaturen. Die Form der Durchführung des Verwaltungsverfahrens und auch die Akzeptanz elektronischer Dokumente steht vielmehr im pflichtgemäßen Ermessen der Behörde.

Viele Städte und Gemeinden präsentieren sich bereits heute im Internet. Dort werden meist die E-Mail-Adressen der einzelnen Ämter bzw. der zuständigen Mitarbeiter veröffentlicht. Oftmals werden die E-Mail-Adressen auch auf den Briefbögen der Behörden bekanntgegeben. Es stellt sich in diesem Zusammenhang unweigerlich die Frage, ob Behörden, die ihre E-Mail-Adresse vergleichbar der Postadresse veröffentlichen, nicht auch verpflichtet sind, Eingänge, die sie auf elektronischem Weg erreichen, zu bearbeiten.

Es ist nur eine Frage der Zeit, bis Bürger von der Verwaltung die Bearbeitung online übermittelter Anträge oder Widersprüche verlangen. Grundsätzlich ist die Behörde nicht daran gehindert, diesem Verlangen der Bürger nachzukommen. Entscheidet sich eine Stadt, ein Verwaltungsverfahren aufgrund eines mittels elektronischer Medien gestellten Antrags, welcher keinen besonderen Formvorschriften unterliegt, zu eröffnen, so bestehen dagegen keine grundsätzlichen rechtlichen Bedenken. Vorausgesetzt man läßt die beweisrechtlichen Schwierigkeiten außer acht.

Läßt sich eine Behörde auf die Entgegennahme von rechtsverbindlichen Erklärungen mittels elektronischer Medien ein, müssen aber auch die entsprechenden internen Voraussetzungen in organisatorischer Hinsicht geschaffen werden. Es muß gewährleistet sein, daß die elektronischen Dokumente den jeweils zuständigen Stellen zugeleitet werden. Zudem müssen die Mitarbeiter verpflichtet werden, mindestens einmal täglich die elektronische Post zu sichten, ggf. auszudrucken und diese entsprechend den geltenden Organisationsverfügungen der Amts- bzw. Referatsleitung zur Kenntnis zu geben.

Auch wenn es keine rechtlichen Grundsätze gibt, die eine Behörde zur Abwicklung des Verwaltungsverfahrens auf elektronischem Weg verpflichten und die Durchführung im pflichtgemäßen Ermessen der Behörde steht, kann eine Verpflichtung der Behörde aufgrund ihres vorangegangenen Tuns entstehen. So etwa wenn sie bereits online mit dem Bürger kommuniziert hat und dieser darauf vertrauen durfte, daß die Behörde seine Anträge auf elektronischem Wege akzeptiert. Man könnte gar die Ansicht vertreten, daß Behörden, die ihre E-Mail-Adresse nach außen kundtun, ihre Mailbox sozusagen dem Empfang rechtsverbindlicher Dokumente widmen, sich die Eingänge dann auch zurechnen lassen müssen.

Es empfehlen sich daher klarstellende Hinweise, auf welchem Wege die Behörde Eingänge akzeptiert. Damit wird verhindert, daß

Städte Eingänge gegen sich gelten lassen müssen, die sie eigentlich nicht akzeptieren wollen.

### 5.3.3.2.3.1 Erlaß und Bekanntgabe

Auch ein Verwaltungsakt ist grundsätzlich nicht an eine bestimmte Form gebunden. § 37 VwVfG sieht für den Erlaß eines Verwaltungsakts den „schriftlichen, mündlichen und den auf sonstiger Weise" erlassenen Verwaltungsakt vor.

Für den Erlaß eines Verwaltungsaktes, der keinen besonderen Formerfordernissen unterliegt, bedeutet dies, daß ein solcher problemlos auf elektronischem Wege übermittelt und bekanntgegeben werden kann. Vorausgesetzt der Empfänger verfügt über ein entsprechendes Empfangsgerät.

§ 126 AbSatz 1 BGB gilt im öffentlichen Recht nur für materiellrechtliche Willenserklärungen, nicht jedoch für Verfahrenshandlungen. Ist für ein bestimmtes Verfahren die Schriftform vorgeschrieben, so verlangt das Verwaltungsverfahrensrecht keine eigenhändige Unterschrift, sondern begnügt sich nach § 37 Abs. 2 VwVfG mit der Namenswiedergabe des zuständigen Behördenbediensteten.

Auch wenn teilweise das Vorliegen eines Papierdokuments verlangt wird, stellt nach herrschender Meinung ein auf elektronischem Wege übermittelter Verwaltungsakt einen schriftlichen Verwaltungsakt dar, wenn die Übermittlung die Verkörperung der Willenserklärung der Behörde in einer der Schriftform vergleichbaren Weise gestattet. Dafür wird auf Empfängerseite die Möglichkeit des Ausdruckes gefordert. Die Behörde selbst muß zusätzlich einen Ausdruck zu den Akten nehmen, um dem Erfordernis einer schriftlichen und vollständigen Aktenführung Rechnung zu tragen.

Eine elektronische Übermittlung im Verwaltungsverfahren bleibt derzeit jedoch für all diejenigen Falle ausgeschlossen, in denen das Fachgesetz neben der eigentlichen Schriftform noch ausdrücklich die eigenhändige Unterschrift vorschreibt, Vorschriften zur persönlichen Übergabe (wie etwa im Melderecht) vorsieht oder aber besondere Formularpflichten bestehen.

Hier wird auf ministerieller Ebene zu prüfen sein, ob an den engen Formvoraussetzungen festgehalten werden muß oder aber es die Sicherheitsinfrastruktur – einhergehend mit der gesetzlichen Sicherheitsvermutung – nicht möglich erscheinen läßt, die Anwendung der digitalen Signatur hier zuzulassen.

## 5.4
## Integration Allgemeiner Geschäftsbedingungen (AGB)

Verträge werden häufig durch sog. Allgemeine Geschäftsbedingungen der Vertragspartner ausgestaltet. Zahlreiche Unternehmen haben diese für sich standardmäßig formuliert.

Rechtlich problematisch ist dabei häufig, ob und unter welchen Voraussetzungen diese Teil des Vertrages werden. Das Gesetz zu den AGB regelt, daß es dem Verbraucher möglich und auch zumutbar sein muß, die AGB zur Kenntnis zu nehmen. Daher werden diese in öffentlichen Ladenlokalen ausgehangen, stehen auf der Rückseite von Verträgen oder werden in der schriftlichen Kommunikation mit übersandt.

Dabei ist bedeutsam, daß die Möglichkeit bestanden haben muß, die AGB „bei Vertragsschluß" zur Kenntnis zu nehmen. Dies wird im Internet vielfach übersehen. Denn es können Internetseiten gefunden werden, bei denen das Angebot des Bestellers erst abgegeben wird, dieser dann die Verbindung abbricht, ohne daß ein hinreichender Hinweis auf die dem Vertrag zugrundeliegenden AGB erfolgte. Ferner ist wesentlich, daß es dem Verbraucher auch zumutbar war, die AGB zur Kenntnis zu nehmen. Dabei ist festzustellen, daß das „Kleingedruckte" in der Tat häufig in einem kleinen Format gedruckt ist und sich zudem noch über mehrere Seiten erstreckt.

Für das Internet gilt, daß es wenig hilfreich ist, die schriftlichen AGB einfach zu scannen und anschließend ins Netz zu stellen. Es wird als unzumutbar angesehen, lange und unüberschaubare AGB am Bildschirm zu lesen, mit der Folge, daß sie nicht Vertragsbestandteil werden und im Extremfall der Vertrag als nicht geschlossen gilt. Auch der Hinweis darauf, daß der Verbraucher die AGB doch ausdrucken und in Ruhe lesen könnte, hilft hier wenig weiter. Denn dies bedeutet für ihn Mehrkosten und zusätzlichen Aufwand.

Bei der Gestaltung einer Internetpräsenz ist deshalb darauf zu achten, daß die AGB vor dem eigentlichen Vertragsteil, bzw. der Versendeseite, zur Kenntnis gebracht werden.

## 5.5
## Beweis und Beweisrecht

Können sich die Vertragsparteien auf eine Auslegung des vertraglichen Inhalts außergerichtlich nicht einigen, wird darüber üblicherweise im Rahmen eines Gerichtsprozesses Beweis erhoben. Sind die Vertragsparteien zum Beispiel über die Nichtzahlung des Kaufpreises im Streit, muß der Verkäufer zur Durchsetzung seiner rechtlichen Ansprüche beweisen, daß zwischen den Parteien des Prozesses überhaupt ein vertragliches Verhältnis begründet wurde.

## 5.5.1
## Grundzüge des Beweisrechts

Der Beweis ist eine Tätigkeit des Gerichts und der Streitparteien, die das Gericht von der Wahrheit oder der Unwahrheit einer Tatsachenbehauptung überzeugen soll. So ist beispielsweise die Fragestellung, ob zwischen Prozeßparteien ein Vertrag geschlossen wurde, oder die Höhe des Kaufpreises eine Tatsache, über die im Wege des Beweises Feststellungen getroffen werden können.

Die deutsche Zivilpozeßordnung (ZPO) kennt verschiedene Beweismittel, nämlich den Augenschein, Zeugenbeweis, Sachverständigen, die Urkunde und Parteivernehmung. Falls der in Streit stehende Vertrag weder nach der Vereinbarung zwischen den Streitparteien oder nach Maßgabe gesetzlicher Vorschriften der Schriftform bedurfte, kann über den Vertragsschluß insbesondere durch Zeugen Beweis angeboten werden. Sie können etwa darstellen, wie die Vertragsverhandlungen verlaufen sind und ob diese zum mündlichen Abschuß eines Vertrages geführt haben.

Von großer praktischer Bedeutung ist aber der Beweis durch Urkunden, aus denen die Vertragsparteien und der vereinbarte Inhalt hervorgehen. Ihnen kommt im Prozeß eine hohe Beweiskraft zu. Dazu heißt es in § 416 ZPO: „Privaturkunden begründen, sofern sie von den Ausstellern unterschrieben oder mittels notariell beglaubigten Handzeichens unterzeichnet sind, vollen Beweis dafür, daß die in ihnen enthaltenen Erklärungen von den Ausstellern abgegeben worden sind“. Als typische „Privaturkunde“ in diesem Sinne gilt der schriftliche und unterzeichnete Vertrag. Der Aussteller, also derjenige, der die Erklärung in der Urkunde abgibt, muß die Urkunde unterschrieben haben. Sofern diese Voraussetzung erfüllt ist, gilt die in der Urkunde enthaltene Erklärung als vom Aussteller abgegeben, also geäußert und abgesandt. Ein Gegenbeweis gegen diese äußerer Beweiskraft ist undenkbar.

Bei einer Vertragsurkunde besteht zwischen den Vertragsparteien die Vermutung, daß sie den endgültigen, wohlüberlegten Willen der Parteien enthält. Der Gegenbeweis – etwa unter Darlegung mündlicher Abreden – ist deshalb nur zulässig, wenn die Partei bestimmte Tatsachen für eine unrichtige oder unvollständige Beurkundung anführt. Daraus läßt sich leicht erkennen, daß sich eine Partei, die den

Hoher Beweiswert von Urkunden

Inhalt einer Urkunde anficht, einer prozessual für sie schwierigen Lage ausgesetzt sieht.

Vor diesem Hintergrund ist es nur verständlich, daß sich die Frage stellt, wie es sich mit dem Beweiswert elektronischer Dokumente verhält.

## 5.5.2
## Beweiswert elektronischer Dokumente

Auch elektronische Dokumente sind dem Beweis zugänglich. Sie entbehren der Beweisfähigkeit nicht allein deshalb, weil sie eben nur in elektronischer Form vorliegen. Es schadet auch nicht, daß sie keine „Urkunden" im rechtlichen Sinne sind, da es an der Schriftlichkeit fehlt. Denn dafür ist – wie in Abschnitt 5.5.1 gesehen – die eigenhändige Namensunterschrift erforderlich, die durch das Eintippen oder Einscannen der Unterschrift nach der derzeitigen Rechtslage nicht ersetzt werden kann.

Es stellt sich dann allerdings die Frage, welchen Beweiswert elektronische Dokumente letzten Endes haben. Zentrale Rechtsvorschrift ist § 286 ZPO. Das Gericht kann danach „unter Berücksichtigung des gesamten Inhalts der Verhandlungen und des Ergebnisses einer etwaigen Beweisaufnahme nach freier Überzeugung" entscheiden, ob eine tatsächliche Behauptung für wahr oder für nicht wahr zu erachten ist. Eine Qualifizierung als Privaturkunden im Sinne des § 416 ZPO kommt für digitale Dokumente nicht in Betracht. Es fehlt an einer dauerhaften Verkörperung und Namensunterschrift. Schließlich ist auch die in ihnen festgehaltene Gedankenäußerung nicht unmittelbar aus ihnen heraus zu entnehmen, da sie erst noch ausgedruckt werden müssen.

Dementsprechend können digital generierte Dokumente nach überwiegender Auffassung in der Rechtslehre nur im Rahmen freier richterlicher Beweiswürdigung im Zivilprozeß berücksichtigt werden. In der Praxis kann daher ein Verkäufer beim Abschluß eines Vertrages im Internet nicht darauf vertrauen, daß die elektronisch erstellten Unterlagen den vollen Beweis für den Abschluß und den Inhalt des Vertrages erbringen. Der Käufer kann sich ohne weiteres darauf berufen, den Vertrag nie oder nicht mit dem vom Verkäufer behaupteten Inhalt abgeschlossen – geschweige denn überhaupt abgesandt – zu haben. Sendeprotokolle erbringen nämlich nicht den Anscheinsbeweis für den Zugang einer Erklärung. Sie haben allenfalls Indizwirkung.

Es bleibt anzumerken, daß sich dieses Problem auch nicht damit lösen läßt, daß die Vertragsparteien etwa vereinbaren, daß ihren

elektronisch übermittelten Erklärungen von Seiten des Gerichts ein
bestimmter Beweiswert, etwa der einer Urkunde im Sinne des § 416
ZPO, zuzubilligen sei. Selbst dann, wenn beide Parteien im Prozeß
vortragen würden, daß zwischen ihnen eine entsprechende Beweis-
vereinbarung gilt, hätte diese jedoch keine Bindungswirkung für die
richterliche Beweiswürdigung. Das Gesetz sieht allein für Strengbeweise wie die Urkunde, Zeugen, Sachverständige, Augenschein
und die Parteivernehmung vor, daß das Gericht an den Ergebnissen
der entsprechenden Beweisaufnahme gehalten ist. Eine privatrechtli-
che Klausel, die die Strengbeweise auf andere Beweisarten aus-
dehnt, ist durch das Gesetz nicht eröffnet. Daher könnte es das Gericht selbst bei Vorliegen einer entsprechenden Vereinbarung ableh-
nen, das elektronische Dokument als Urkunde mit den mit ihr verbundenen Beweiswerten zu qualifizieren. Im übrigen ist bereits
zweifelhaft, ob im Verhältnis Anbieter und Kunde letzterer überhaupt an eine solche Klausel gebunden wäre.

Im Ergebnis bedeutet dies, daß sich die Vertragsparteien einer
großen Rechtsunsicherheit ausgesetzt sehen. Daher ist es gegenwärtig nicht nur üblich, sondern vielfach auch ratsam, die Annahme einer elektronischen Bestellung schriftlich, zumindest jedoch per Fax,
zu bestätigen. Allerdings ist dieser Umstand für die Weiterentwicklung des elektronischen Geschäftsverkehrs nicht nur hinderlich, sondern auch unpraktikabel. Es stellt sich nämlich die Frage, worin
denn der Vorteil elektronischer Geschäftsabschlüsse gesehen werden
kann, wenn damit vertragliche und beweisrechtliche Unsicherheiten
verbunden sind, diesen aber nur begegnet werden kann, indem
nachträglich auf traditionellem Papierweg Bestätigungen erfolgen.
Die vertragliche Kommunikation ist dann weder schneller noch we-
niger aufwendig.

Aufgrund dieser Sachlage mußte der Gesetzgeber tätig werden
und eine rechtliche Handhabe für den elektronischen Geschäftsverkehr entwickeln. Vorläufiges Ergebnis dieser Entwicklung ist das
Konzept der digitalen Signatur. Sein Ziel ist es, Technologien und
Organisationsstrukturen bereitzustellen, die den gesetzlichen Anforderungen entsprechen, unter denen elektronische Kommunikation
als sicher gelten kann und elektronische Dokumente einen gestei-
gerten Beweiswert haben.

# 5.6
# Das Recht der digitalen Signatur

Die digitale Signatur ermöglicht es, den Electronic Commerce zukünftig rechtssicher und beweisbar zu gestalten. Wesentliche

Rechtsgrundlagen des Konzeptes der digitalen Signatur sind das Signaturgesetz und die Signaturverordnung.

## 5.6.1
## Das Signaturgesetz

Das SigG trat in der Bundesrepublik am 1.8.1997 in Kraft. Es wurde als Art. 3 des Informations- und Kommunikationsdienste-Gesetzes, IuKDG, implementiert. Vielfach wurde das IuKDG von den Medien als sogenanntes Multimedia-Gesetz bezeichnet. Das SigG ist das erste Gesetz dieser Art auf nationaler Ebene.

Es finden sich allerdings Vorläufergesetze in den Vereinigten Staaten, allerdings nur auf Ebene der einzelnen Bundesstaaten. Nach seinem in § 1 Abs. 1 niedergelegten Zweck und Anwendungsbereich soll das Signaturgesetz Rahmenbedingungen für digitale Signaturen schaffen, unter denen „diese als sicher gelten und Fälschungen digitaler Signaturen oder Verfälschungen von signierten Daten zuverlässig festgestellt werden können". Das Gesetz regelt mithin eine Sicherheitsinfrastruktur, bei deren Benutzung die elektronische Signatur als sicher gilt.

In § 1 Abs. 2 stellt das Signaturgesetz die Anwendung anderer Verfahren für digitale Signaturen ausdrücklich frei, „soweit nicht digitale Signaturen nach diesem Gesetz durch Rechtsvorschrift vorgeschrieben sind". Auf den Unterschied zwischen digitalen Signaturen, die den Anforderungen des Signaturgesetzes entsprechen, und solchen, die nicht darunter zu subsumieren sind, und die rechtlichen Konsequenzen wird ausführlich an anderer Stelle einzugehen sein (vgl. Abschnitt 5.6.1.2.3).

### 5.6.1.1
### Der Begriff der digitalen Signatur

Eine digitale Signatur ist nach der Definition des § 2 Abs. 1 SigG „ein mit einem privaten Signaturschlüssel erzeugtes Siegel zu digitalen Daten, das mit Hilfe eines zugehörigen öffentlichen Signaturschlüssels, der mit einem Signaturschlüssel-Zertifikat einer Zertifizierungsstelle versehen ist, den Inhaber des Signaturschlüssels und die Unverfälschtheit der Daten erkennen läßt". Das Signaturgesetz legt somit für die digitale Signatur kein bestimmtes technisches Verfahren fest. Es verlangt allein, daß zwei zueinander gehörende Schlüssel Gegenstand des Verfahrens sind.

Es handelt sich damit um ein sogenanntes asymmetrisches Verfahren, bestehend aus einem privaten und einem öffentlichen

Schlüssel. Ausdrücklich festzuhalten ist, daß das Signaturgesetz keine Regeln zu Fragen der Kryptographie, also Verfahren, die es ermöglichen, Dritten die Einsichtnahme in Dokumente zu verwehren, trifft.

## 5.6.1.2
### Rechtlicher Wert digitaler Signaturen

Es ist wichtig klarzustellen, daß digitale Signaturen auch zukünftig nicht mit „Schriftlichkeit" verwechselt werden dürfen. Daran ändert auch die neue Rechtslage nichts. Ursprünglich war in früheren Entwürfen zum IuKDG der Versuch unternommen worden, das Problem der Schriftlichkeit zu lösen. Das Bundesjustizministerium verbreitete allerdings bereits im Januar 1997 einen ersten Entwurf zur Änderung der Formvorschriften in zahlreichen zivilrechtlichen Gesetzen.

Dieser Entwurf sieht die Ersetzung der Schriftform durch eine „Textform" bei den zivilrechtlichen Bestimmungen vor, bei denen die strenge Schriftform entbehrlich ist. Der Gesetzesentwurf sieht die Einführung eines neuen § 126 a BGB vor. Nach Art. 1 Nr. 1 des Entwurfes zu § 126 a AbSatz 1 SATZ 1 BGB soll der Textform dabei bereits Genüge geleistet sein, wenn der Text in Schriftzeichen lesbar und die Person des Erklärenden erkennbar ist. Die elektronische Übermittlung soll die Textform wahren, wenn die Erklärung beim Empfänger jederzeit durch Umwandlung in Schriftzeichen lesbar gemacht werden kann.

### 5.6.1.2.1   Gesetzliche Vermutungswirkung

Nach dem SigG gelten dagegen allein zwei gesetzliche Vermutungen. Die Vermutungswirkung erstreckt sich auf die

1. Authentizität des Absenders und

2. Integrität der übermittelten Daten.

Der erste Fall regelt die Sicherheit zur Frage, mit wem die Kommunikation überhaupt erfolgt. Nach der zweiten Vermutung gelten die kommunizierten Daten als unverfälscht beim Empfänger eingetroffen, wenn sie vor Versendung mit der digitalen Signatur versehen wurden. Ferner ist einem Absender unmöglich, seine Nachricht, die er mit der digitalen Signatur versehen hat, nachträglich in Abrede zu stellen. Das Absenden der Nachricht kann nicht länger abgestritten werden. Dies ergibt sich mittelbar aus § 5 AbSatz 1 SigG.

Darin ist geregelt, wie eine Person überhaupt Inhaber einer digitalen
Signatur werden kann. Beantragen können diese nur natürliche Personen, nicht etwa juristische Personen wie Unternehmen, Verbände
oder gar Behörden.

Da aber die beantragende Person eindeutig identifiziert wird und
nur sie über ihre digitale Signatur verfügt, kann auch nur sie der Absender der in Rede stehenden Nachricht sein. Es existiert keine
zweite identische Signatur.

### 5.6.1.2.2   Prozessuale Bedeutung

Im SigG ist nicht geregelt, daß elektronische Dokumente, die mit der
digitalen Signatur versehen sind, etwa den Beweiswert von Urkunden enthalten. Es fehlt jegliche gesetzliche Inbezugnahme. Wie bereits dargestellt, kommt Urkunden (handschriftlicher Namenszug
unter einem Dokument) im Rahmen eines Prozesses besondere Beweiserheblichkeit zu. Die Tatsache, daß der Gesetzgeber die digitale
Signatur nicht entsprechend aufwertete, läßt nur den Schluß zu, daß
digitale Dokumente trotz ihrer digitalen Signatur keine Urkunden im
Sinner der ZPO darstellen.

Dennoch ist anerkannt, daß die Nutzung der digitalen Signatur für
den Verwender Vorteile hat. Denn bei der freien richterlichen Beweiswürdigung gemäß § 286 ZPO kann ihr ein besonderer Beweiswert zukommen. Allerdings ändert dies nichts daran, daß sie dennoch dem Ermessen und damit auch der Willkür des Gerichts überlassen wird.

Ein digitales Dokument, das mit einer digitalen Signatur versehen
ist, die den Anforderungen des SigG entspricht, weist allerdings eine
erheblich höhere Sicherheit vor Fälschung und Verfälschung auf, als
ein herkömmliches Schriftdokument. Durch diese faktische Sicherheit bietet ein solches digitales Dokument im Rahmen der freien
Beweiswürdigung der Gerichte mindestens eine vergleichbare
Rechtssicherheit wie ein papiergebundenes Schriftdokument.

Rechtlich umstritten ist aber insbesondere die Frage, ob die Verwendung der digitalen Signatur zu einer sog. Beweislastumkehr im
Sinne des Zivilprozesses führt. Ausgangslage ist, daß grundsätzlich
jede Streitpartei die für sie günstigen Tatsachen darlegen und beweisen muß. So hat etwa der Verkäufer nachzuweisen, daß der einen
Zahlungsanspruch gegen den Käufer hat. Ihm obliegt die Beweislast
dafür, daß ein Vertrag zwischen beiden besteht. Für den Käufer wäre
es nun von Vorteil, beweisen zu können, daß er den Kaufpreis bereits ausgeglichen hat. Üblicherweise geschieht dies durch Vorlage
einer Quittung oder ggf. eines Bankauszugs. Selbstverständlich
könnte er auch Zeugen benennen, die etwa die Übergabe des Geldes

bezeugen können. Welche Beweise sich der Käufer auch immer zu
eigen macht: Er hat die Beweislast dafür, bereits gezahlt zu haben.

Das Szenario unter Verwendung der digitalen Signatur wäre etwa
wie folgt:

Der Verbraucher bestellt im Internet bei einem Versandhandel ein
Paar Schuhe. Seine Bestellung signiert er mittels der digitalen Signatur. Der Versandhandel sendet ihm darauf zehn Paar Schuhe zu,
obwohl der Käufer allein ein Paar bestellt hatte. Es kommt zum Prozeß, da sich der Verbraucher weigert, die weiteren neun Schuhe abzunehmen und zu bezahlen.

Entscheidend für den Ausgang des Streits ist die Frage, wieviel
Paar Schuhe tatsächlich bestellt waren und wem dafür der Nachweis
gelingt. Ohne Verwendung der digitalen Signatur könnte der Versandhandel eine E-Mail als Bestellung vorlegen, die zehn bestellte
Schuhpaare ausweist. Ursache könnte ein Übermittlungsfehler oder
nachträgliche Änderung durch den Versandhandel sein. Der Besteller hätte nun die Beweislast dafür, daß er tatsächlich nur ein paar
Schuhe bestellt hat. Die Gegenseite könnte vortragen, daß der Besteller seinerseits nachträglich die Anzahl der bestellten Schuhe verändert hat. Zweifel daran, daß ihm gelingt, das Gericht von seiner
Bestellung zu überzeugen sind jedenfalls angebracht.

Anders ist die Sachlage unter Verwendung der digitalen Signatur.
Der Nutzer der digitalen Signatur beruft sich darauf, daß er ausweis-
lich der von ihm signierten E-Mail ein Paar Schuhe bestellt hat. Für
ihn gilt die gesetzliche Vermutung, daß er tatsächlich der Absender
der Bestellung ist und diese unverfälscht beim Versandhandel angekommen ist. Es trifft nunmehr den Versandhandel nachzuweisen,
daß bei ihm eine Bestellung von zehn Paar Schuhe eingetroffen ist.

Dieser Beweis dürfte nach dem derzeit geltenden technischen
Standard kaum zu erbringen sein. Die Sicherheitsvermutung der digitalen Signatur wäre etwa dadurch zu widerlegen, daß Dritte eine
Zugriffsmöglichkeit auf die vorhandene Chipkarte oder die PIN-
Nummer hatten oder es an einer gewissen Plausibilität des Anspru-
ches fehlt. Sofern eine entsprechende Entkräftung der Sicherheitsvermutung nicht gelingt, wird das Gericht daher auch in freier Beweiswürdigung zu dem Ergebnis kommen, daß wegen der gesetzlichen Vermutung zugunsten der digitalen Signatur, nur ein Paar
Schuhe bestellt war. Der Versandhandel wird bei dem Versuch unterliegen, das Geld für die weiteren neun Paar Schuhe einzufordern.
Daher ist der Nutzer einer digitalen Signatur im Rahmen eines Prozesses im Vorteil.

Die Frage, ob die Verwendung der digitalen Signatur im Ergebnis
zu einer prozessualen Beweislastumkehr im dogmatischen Sinne
führt, braucht nicht abschließend beantwortet zu werden. Sie ist ge-

richtlich bislang unbeantwortet. Fest steht aber, daß die digitale Signatur zu einem Beweisvorteil für den Verwender führt, der den Beweismitteln des Strengbeweises sehr nahe kommt.

### 5.6.1.2.3   Bedeutung „sonstiger" digitaler Signaturen

Zu beachten ist, daß der erhebliche Beweiswert von Dokumenten, die mit digitalen Signaturen versiegelt wurden, nur dann zur Geltung kommt, sofern es sich um Signaturen handelt, die nach Maßgabe des SigG generiert wurden. Die Signatur muß demnach auf einem asymmetrischen Verschlüsselungskonzept beruhen und von einer Stelle ausgegeben sein, die von der Regulierungsbehörde genehmigt wurde.

Dokumente, die mit anderen (schwächeren) Signaturen versehen sind, werden im Prozeß nicht den Vorteil eines höheren Beweiswertes erfahren. Bei ihnen handelt es sich um Signaturen, deren Sicherheitswert offen bleibt. Für sie spricht nicht die gesetzliche Vermutungswirkungen der Authentizität des Absenders sowie der Integrität der übermittelten Daten. Die Frage nach einer mögliche Beweislastumkehr ist klar zu verneinen. Jede Partei muß die für sie günstigen Tatsachen darlegen und beweisen.

Von besonderem Interesse dürfte die gerichtliche Bewertung sein, wenn im Rahmen eines Prozesses sich widersprechende Willenserklärungen aufeinander prallen, wobei z.B. die das vertragliche Angebot mit einer digitalen Signatur im Sinne des Signaturgesetzes und die Annahme mit einer nicht gesetzeskonformen digitalen Signatur signiert wurde. Nach dem Sinn und Zweck des SigG dürfte allerdings zu unterstellen sein, daß diejenige Streitpartei, die die digitale Signatur im Sinne des Signaturgesetzes auf ihrer Seite weiß, obsiegt – zumindest jedoch im Vorteil ist.

Als Konsequenz kann es nur bedeuten, daß Unternehmen, Behörden oder auch Privatpersonen, die sich der Signatur bedienen, die nicht dem Signaturgesetzes entspricht, möglicherweise einen rechtlichen Nachteil im Rahmen eines Prozesses erleiden. Dies gilt erst recht dann, wenn diese Partei darauf verzichtete, ein Dokument gesetzeskonform zu signieren, und die andere Prozeßpartei gerade eine gesetzeskonforme Signatur verwandte.

### 5.6.1.3
### Haftungsrechtliche Aspekte

Es stellt sich die Frage nach der Haftung für den Fall, daß bei der Verwendung der digitalen Signatur rechtliche Probleme auftreten.

Das Signaturgesetz regelt nur das Verfahren bezüglich der Signatur und Zertifizierung. Es enthält sich aber jedweder Angabe zu Haftungsfragen für den Fall eventuell auftretender Unstimmigkeiten. Daraus ist zu schließen, daß grundsätzlich in diesen Angelegenheiten die allgemeinen zivilrechtlichen und öffentlich-rechtlichen Haftungsregelungen Anwendung finden. Der Gesetzgeber sah eine besondere Regelung offensichtlich als nicht notwendig an, da die bereits vorhandene Haftungsgesetzgebung und -rechtsprechung ausreichend sei.

Von praktischer Bedeutung ist die Frage nach den rechtlichen Konsequenzen, wenn es bei der elektronischen Übertragung zu Fehlern kommt. Zu denken ist hier zunächst an den Fall, daß beispielsweise die Willenserklärung für eine Online-Bestellung durch den Provider falsch übermittelt wird. Nach §§ 119, 120 BGB ist eine solche Erklärung anfechtbar, da sie durch eine „Anstalt" unrichtig übermittelt wurde.

Die rechtliche Wirkung der Anfechtung ist, daß das Rechtsgeschäft nach § 142 AbSatz 1 BGB als „von Anfang an nichtig" angesehen wird. Einzige Konsequenz ist in diesem Fall, daß sich der Anfechtende ggf. schadensersatzpflichtig macht, wenn der Vertragspartner auf die Gültigkeit der Erklärung vertrauen durfte. Dies bedeutet jedenfalls, daß sofort nach Kenntnis einer unrichtigen Übermittlung schnellstens gehandelt werden muß und der Vertragspartner über den Umstand der falschen Übermittlung aufgeklärt werden sollte.

Ebenso verhält es sich in dem Fall, daß der Absender unvorsichtigerweise und irrtümlich bei der Erstellung seiner Mail falsche Angaben macht. Auch hier besteht grundsätzlich die Anfechtungsmöglichkeit, außer wenn allein durch Unachtsamkeit fehlerhaftes Datenmaterial verwendet wird. Hier handelt es sich um einen sog. unbeachtlichen Motivirrtum.

# 5.7
# Europäische Entwicklung

Der elektronische Geschäfts- und Rechtsverkehr endet nicht an den nationalen Grenzen. Er zeichnet sich gerade dadurch aus, daß die Informations- und Kommunikationstechnologien grenzüberschreitende Wirkung für jedweden Rechts- und Geschäftsverkehr entfalten können. Die Europäische Union hat diese Tatsache aufgenommen und versucht, einen europaweiten Rechtsrahmen für die elektronische Kommunikation zu schaffen.

Am 17.05.1998 legte die Europäische Kommission in ihrer Mitteilung an den Rat, das Europäische Parlament, den Wirtschafts- und Sozialausschuß und den Ausschuß der Regionen einen Vorschlag für eine Richtlinie des Europäischen Parlaments und des Rates über gemeinsame Rahmenbedingungen für elektronische Signaturen vor.

Bereits in der Mitteilung vom 16. April 1997 an den Rat, das Europäische Parlament, den Wirtschafts- und Sozialausschuß und den Ausschuß der Regionen über eine „Europäische Initiative für den elektronischen Geschäftsverkehr" betrachtete die Kommission digitale Signaturen als wesentliches Element, um es dem Empfänger von Daten in offenen Netzen zu ermöglichen, deren Herkunft zu überprüfen und gleichzeitig festzustellen, ob diese auch vollständig und unverändert sind. Entsprechend unterbreitete die Kommission am 08.10.1997 dem Europäischen Parlament, dem Rat, dem Wirtschafts- und Sozialausschuß und dem Ausschuß der Regionen eine Mitteilung über „Sicherheit und Vertrauen in elektronische Kommunikation – ein europäischer Rahmen für digitale Signaturen und Verschlüsselung" und wurde am 1. Dezember 1997 vom Rat aufgefordert, den nunmehr vorliegenden Richtlinienentwurf zu erarbeiten.

Inhaltlich regelte dieser erste Richtlinienenvorschlag – im Gegensatz zum deutschen Signaturgesetz – keine technischen Sicherheitsanforderungen und damit die Beschränkung auf das Verfahren der „digitalen" Signatur, dafür aber die Haftung der Diensteanbieter, die qualifizierte Zertifikate ausstellen. In Deutschland ist der Gesetzgeber der Ansicht, daß die bestehenden zivilrechtlichen Haftungsregeln ausreichen. Der Richtlinienentwurf beschränkte sich dabei nicht auf „digitale" Signaturen, sondern erweiterte die Anwendung auf grundsätzlich „elektronische" Signaturen.

Zur Begründung führte die Kommission aus, daß die Wirtschaft die zukünftigen Verfahren der Signatur definieren und Überregulierung nicht die Entwicklung des Marktes hemmen solle. Es war absehbar, daß dieser Richtlinienentwurf nicht endgültig sein und es inhaltlichen Änderungen des EU-Telekommunikationsrates geben würde. Umstritten war insbesondere, daß die technischen Vorgaben und Sicherheitsanforderungen, wie sie im deutschen Signaturgesetz niedergelegt sind, nicht auch Gegenstand des Richtlinienentwurfes waren.

Am 22. April 1999 hat sich der EU-Telekommunikationsrat auf einen gemeinsamen Standpunkt über die Richtlinie geeinigt, der zahlreiche Änderungen und Anpassungen an die deutschen Rechtslage vorsieht. Der im Ministerrat gefundene Kompromiß ermöglicht es Unternehmen, die Zertifzierungsdienstleistungen erbringen wollen, gemäß den Grundsätzen des Binnenmarktes (z.B. Niederlassungsfreiheit), in allen EU-Mitgliedstaaten tätig zu werden. Ziel ist es, die freie Entfaltung dieses Zukunftsmarktes zu fördern. Daher brauchen sich die Anbieter von Zertifizierungsstellen auch keinem Genehmigungsverfahren zu unterziehen. Wichtig ist, daß die Richtlinie in Artikel 6 nunmehr vorsieht, daß die Zerifizierungsstelle bei Schäden nach den einzelstaatlichen Haftungsregeln gegenüber der Person haftet, „die auf das Zertifikat vertraut".

Die Annahme der Richtlinie durch den Ministerrat und das EU-Parlament erfolgt noch im Jahr 1999. Die einzelnen Mitgliedstaaten haben danach 18 Monate Zeit, um die Richtlinie in nationales Recht umwandeln.

# 5.8
# Internationale Entwicklungen

Auf internationaler Ebene werden zum Thema „digitale" Signatur und elektronischer Geschäftsverkehr zahlreiche Aktivitäten und Diskussionen durchgeführt. Die UN-Kommission für internationales Handelsrecht (UNCITRAL) hat ein Modellgesetz für den elektronischen Geschäftsverkehr beschlossen und, darauf basierend, Arbeiten zur Entwicklung einheitlicher Regeln für digitale Signaturen aufgenommen.

Die Organisation für wirtschaftliche Zusammenarbeit und Entwicklung (OECD) ist ebenfalls in diesem Bereich tätig und stützt sich dabei auf die Leitlinien für die Kryptographiepolitik von 1997. Weitere internationale Organisationen, darunter die Welthandelsorganisation (WTO), befassen sich ebenfalls mit diesen Themen.

# 6 Einsatzfelder

Den Anwendungsfeldern für den Einsatz der digitalen Signatur sind praktisch keine Grenzen gesetzt. Sofern – wie etwa bei der Eheschließung durch Standesbeamte oder bei der notariellen Beurkundung der Notare – keine besonderen behördlichen oder hoheitlichen Rechtsakte oder Funktionsträger oder die Schriftform für die Wirksamkeit eines Rechtsgeschäfts erforderlich sind, kann die digitale Signatur in allen denkbaren geschäftlichen Situationen und privaten Umfeld eingesetzt werden. Denn die digitale Signatur kann praktisch in allen Lebensbereichen die eigenhändige Unterschrift und das signierte digitale Dokument das eigenhändig unterschriebene Dokument ersetzen. Dies ist überall dort der Fall, wo Daten elektronisch übertragen, gespeichert oder verarbeitet werden.

Die verschiedenen Anwendungsfelder für digitale Signaturen stellen unterschiedliche Anforderungen an Nutzer, Unternehmen, Behörden und deren Infrastruktur. Daher ist hier eine entsprechende Differenzierung vorzunehmen. Die wesentlichen Anwendungsgebiete sind:

1. Business-Kommunikation
- Business to Business
- Business to Customer
- Intranet (firmeninterne Kommunikation)

2. Behördliche Kommunikation
- Behörden untereinander
- Behörden mit Bürgern
- Intranet (behördenintern)

3. Private Kommunikation

# 6.1
# Business-Kommunikation

Der Bereich kommerzieller Kommunikation findet im Internet auf drei Ebenen statt. Zum einen treten Geschäftsleute und Unternehmen miteinander in Kontakt, tauschen Informationen aus oder vereinbaren einen Waren- und Dienstleistungsaustausch.

Von gleicher – wenn nicht sogar größerer Bedeutung – ist der Aspekt des Electronic Commerce, der den Endkunden im Auge hat. Hier ist es für die vertrauensvolle wechselseitige Kommunikation entscheidend, daß Besteller und Diensteanbieter jeweils sicher den Kommunikationspartner identifizieren und die vermittelten Inhalte überprüfen können. Schließlich ist die digitale Signatur geeignet, durch ihren internen Einsatz zur Steigerung der Effizienz von Unternehmen beizutragen. Denn Daten- und Informationsflüsse können schnell und ohne Medienbruch, dafür aber authentisch weiterverarbeitet werden.

# 6.1.1
# Business-to-Business-Kommunikation

Logistik, Buchhaltung, Bestellwesen

Im Bereich der geschäftlichen Kommunikation von Firmen untereinander bieten sich vielfältige Möglichkeiten für den Einsatz der digitalen Signatur. Zunächst ist an die gesamte Logistik zu denken. Stellt die Buchhaltung fest, daß bestimmte Materialien, Ersatzteile oder Gegenstände nicht mehr, oder nicht in der ausreichenden Menge vorhanden sind, dann ist die Bestellung des Nachschubs ein sinnvolles Anwendungsfeld für die digitale Signatur. Die Kooperationspartner sind in der Lage, ihre gegenseitige Identität sowie Art bzw. Anzahl der bestellten Ware verifizieren zu können. EDI-Rahmenverträge (vgl. Kapitel 5.3.3.2.1) können dabei die Grundlage für die intensive Nutzung der digitalen Signatur darstellen.

Medizinischer Bereich

Im medizinischen Bereich ist die sichere Übertragung vertraulicher Unterlagen unabdingbar. Zu denken ist z.B. an die Übertragung von Patientendaten zwischen verschiedenen Laboren, Krankenhäusern und anderen Einrichtungen. Es muß immer gewährleistet sein, daß Daten unbedingt vom vermuteten Absender stammen. Es wäre kaum auszumalen, wenn Diagnosen, Röntgenbilder, Rezepte, Atteste oder auch Rechnungen verfälscht würden. Im schlimmsten Fall könnte sogar eine falsche Behandlung die Folge sein, wenn etwa durch den Eingriff eines Dritten, Schattierungen auf einem Röntgenbild verändert wurden.

Nur der konsequente Einsatz der digitalen Signatur wird sicherstellen, daß es gerade im Bereich der Medizin nicht etwa zu den beschriebenen Fehlern kommt. Auch Röntgenbilder können mit der digitalen Signatur versehen werden. Eine Veränderung am Bild wäre sofort nachprüfbar. Um jegliches Haftungsrisiko auszuschließen, kann die Kommunikation hier nur mittels der digitalen Signatur erfolgen.

Der Versicherungssektor ist ein praktisches Beispiel für Anwendungsmöglichkeiten sicherer elektronischer Kommunikation. Versicherungsvertreter nehmen bislang bei ihren Kunden die Daten auf, indem sie diese in das Antragsformular eintragen. Dieser Vorgang könnte ebensogut dadurch geschehen, daß die persönlichen Daten und Auskünfte unmittelbar in ein digitales Formular, welches auf dem Bildschirm des mitgeführten Laptops sichtbar ist, online eingegeben werden. Für die Sicherstellung, daß die aufgenommenen Daten nicht verändert werden, wäre dieses elektronische Dokument mit der digitalen Signatur des Antragstellers zu versehen.

Der Versicherungsvertreter könnte diese Daten online der Erfassungsstelle übersenden, die den Antrag konkret umsetzt. In diesem Fall müßte er das Datenpaket mit seiner digitalen Signatur versehen.

## 6.1.2
## Business-to-Customer-Kommunikation

Der Einsatz digitaler Signaturen ist wesentlich für die Fortentwicklung des elektronischen Geschäftsverkehrs. Virtuelle Marktplätze sind zahlreich im Netz vertreten, allerdings mit unterschiedlichem Erfolg. Ihre Zielgruppe sind oft die Endkunden oder Verbraucher. Zumeist bestehen hier Bedenken hinsichtlich geldwerter Transaktionen, da das Vertrauen in die Sicherheit der Übertragungswege im Netz nicht besteht.

Gleichzeitig geht damit die Furcht einher, bei Bestellungen ungerechtfertigten Ansprüchen ausgesetzt zu sein, ohne selbst den Nachweis für die eigene Rechtsposition führen zu können, insbesondere in Fragen des vertraglichen Inhalts, seiner Geschäftsbedingungen etc. Die digitale Signatur verhindert, daß der Verbraucher – insbesondere dann, wenn er technischer Laie ist – durch technisch versierte Anbieter, die ohne erkennbare Spuren Verträge nachträglich ändern, Schaden erleidet.

Das Konzept der digitalen Signatur erhöht damit die Sicherheit, die – wenn sich der Verbraucher dieses Umstandes auch bewußt wird – zu einer höheren Akzeptanz und damit positiven Entwicklung des elektronischen Geschäftsverkehrs führen wird.

# 6.1.3
# Intranet (firmeninterne Kommunikation)

Elektronische Akte, Steigerung der Effizienz des „Workflow"

In der firmeninternen Kommunikation gewinnen die elektronische Datenübertragung und automatisierte Steuerungselemente weiter an Bedeutung. Ein Ende dieser Entwicklung ist nicht abzusehen. Mechanismen der Arbeitsabläufe, des sog. „Workflow", sind davon erheblich betroffen. Dies hängt nicht zuletzt mit der Möglichkeit zusammen, Vorgänge in digitaler Form bruchlos weiterzuverarbeiten. Dadurch können elektronische Akten angelegt werden, die eine effiziente Bearbeitung von firmeninternen Abläufen ermöglichen.

Dabei ist die Internationalisierung der Unternehmen bemerkenswert. Sie tauschen ihre Daten weltweit zwischen ihren Entwicklungs- und Produktionsstätten aus, u.a. um kontinuierliche Arbeitsabläufe zu garantieren. Technische Daten, die ggf. im Rahmen einer Produktentwicklung integriert werden müssen, dürfen keinesfalls auf dem Übertragungsweg verfälscht (oder gar gelesen) werden. Aus diesem Grunde könnten sogar unternehmensinterne Zertifizierungsstellen aufgebaut werden, um die Sicherheit der Kommunikation zu gewährleisten und zu strukturieren.

Attribute und Zeitstempel

Attribute als Teil der Zertifikate ermöglichen nicht nur die Zuordnung der digitalen Signatur zu einer bestimmten Person, sondern auch noch die Bestimmung ihrer Vertretungsrechte. Sie sind ein wichtiges Mittel zur Strukturierung interner kommunikativer Prozesse. Attribute können die Vertretungsbefugnisse der Mitarbeiter eingrenzen, indem sie klarstellen, daß z.B. die Vertretungsmacht auf eine bestimmte Geldsumme, klare Handlungsvorgaben oder bestimmte Kompetenzen beschränkt ist. So könnte etwa die Prokura eines Mitarbeiters als Attribut ein Zertifikat konkretisieren. Der Empfänger einer elektronischen Kommunikation würde dadurch nicht nur die Identität des Absenders gewahr werden, sondern darüber hinaus auch Klarheit über dessen Rechte erfahren.

Konkretisierung von Rechten und digitale Archivierung

Damit geht auch der Einsatz des **elektronischen Zeitstempels** einher. Er eignet sich für die dauerhafte Archivierung der im Betrieb anfallenden Dokumente und Daten. Sofern das Unternehmen bereits vollständig auf die elektronische Dokumentenverwaltung eingestellt ist, kann diese Form der Archivierung platzsparend wirken und gleichzeitig den gesetzlichen Anforderungen zu bestimmten Aufbewahrungspflichten genügen.

Bestimmte Daten, beispielsweise in der anwaltlichen, steuerberatenden, wirtschaftsprüfenden oder ärztlichen Praxis, sind über einen bestimmten Zeitraum aufzubewahren. Sie sollen als Beweis- und Nachweis für etwaige zukünftige Regresse dienen können. Folge ist, daß in den jeweiligen Praxen große Lagerbestände für das archivierte Material bereitgehalten werden müssen.

Die digitale Archivierung ist hierfür ein Lösungsansatz. Auf kleinstem Raum können digital größtmögliche Datenmengen verarbeitet und damit auch gelagert werden. Entscheidend ist allerdings, daß in diesem Zusammenhang auch der Nachweis gelingt, daß die Daten einerseits mit denjenigen übereinstimmen, die Gegenstand der Originalakten waren, und andererseits von wem diese zu welchem Zeitpunkt erstellt wurden. Die digitale Signatur bietet hier den Lösungsweg.

Im Verbund mit der Zeitstempelfunktion gelingt der Nachweis, zu welchem Zeitpunkt die Digitalisierung vorgenommen wurde und ab welchem Zeitpunkt die Daten abgelegt wurden. Darüber hinaus ist es für den Bereich der Archivierung wesentlich feststellen zu können, ob es sich bei dem archivierten Material schlichtweg um Kopien oder auch um das Original handelt. Ein elektronisches Dokument, welches mit der digitalen Signatur versehen wurde, gilt als unverfälscht und vom Signierenden stammend. Auch wenn es sich dabei allein um die Kopie eines anderen elektronischen Dokumentes handeln kann, so gelingt jedoch der Nachweis, wer zu welchem Zeitpunkt jedenfalls die Kopie vorgenommen hat.

Ähnlich wie bei einer Software, bei der Eingriffe vorgenommen werden, können somit Eingriffe in das archivierte Material erkennbar gemacht werden. Dies bedeutet einen hohen Schutz für die Integrität der archivierten Materialien und gleichzeitig ein größeres Maß an Vertrauen in elektronische Dokumente.

# 6.2
# Behördliche Kommunikation

Die Behörden sind wesentlicher Motor für die Verbreitung und Förderung der digitalen Signatur. Bei Themen wie „schlanker Staat", „Dienstleistungsunternehmen Behörde" oder Effizienzsteigerung ist der Einsatz digitaler Signaturen nicht mehr wegzudenken. Die öffentliche Verwaltung bietet zahlreiche Anknüpfungspunkte für den Einsatz der digitalen Signatur. Gleichzeitig kann sie zukünftig einen entscheidenden Beitrag zu ihrer Verbreitung leisten und damit die Akzeptanz dieser Technologie fördern.

Zahlreiche Städte betreiben bereits sog. Stadt- und Bürgerinformationssysteme und sind bestrebt, die neuen Technologien weitreichend in der Kommunikation zu anderen Behörden, mit den Bürgern und intern einzusetzen. Sie haben frühzeitig erkannt, daß die Bürger

„Dienstleistungsunternehmen Behörde"

den bequemen Zugang zu Informationen wünschen und auch auf elektronischem Weg ihre administrativen Belange erledigen wollen.



An zahlreichen zentralen Plätzen und Einrichtungen stellen die Verwaltungen öffentliche Terminals zur Verfügung. Online-Anwendungen werden dadurch für jeden möglich, wenn kein eigener Anschluß bereitsteht.

## 6.2.1
## Behörden untereinander

Behörden stehen untereinander in ständigem Datenaustausch. Beispiele sind hier etwas das Melde-, Ausländer- und Sozialwesen. Die zuständigen Behörden müssen zahlreiche Anfragen bei anderen Dienststellen durchführen, um sämtliche erforderlichen Informationen zu erhalten, etwa zur Frage nach der Berechtigung einer Unterstützung oder im Einwohnermeldebereich. Hierbei dient die digitale Signatur zur Authentisierung der Berechtigung einer solchen Anfrage bzw. der Verifikation des vermittelten Inhalts der Nachricht.

## 6.2.2
## Behörden mit Bürgern

Von besonderer Bedeutung ist gerade der Rechtsverkehr zwischen den Behörden und den Bürgern. Zunächst muß es als großer Vorteil angesehen werden, daß die Behörden als Dienstleister nicht nur feste Öffnungszeiten anbieten können, sondern für den Bürger eine bürgernahe Verwaltung 24 Stunden rund um die Uhr zur Verfügung stellen.



Die Informationsdienste der Verwaltungen sind dabei der erste Schritt. Sie laden ein, Aktuelles, Veranstaltungen wie Konzerte, Festivals, Kongresse, Öffnungszeiten von Museen, Ausstellungen und dergleichen abzurufen. Dies ermöglicht auch den Hinweis auf Informationen, die ggf. in anderen Medien nicht oder nur unzureichend dargestellt werden. Die öffentlichen Verwaltungen können hier eine Form des virtuellen Informationsstandortes betreiben. Inhalte eines solchen Informationsdienstes können z.B. folgende Themen sein:

1. Abfallwirtschaft und Abfallgebühren

2. Ausschreibungsverfahren im Bauwesen und Baugenehmigungsverfahren

3. Bebauungspläne

4. Grundbuchwesen

5. Öffentliche Bibliotheken

6. Bildungsinstitute und Volkshochschulen

7. Fahrplanauskunft des öffentlichen Nahverkehrs

8. Förderprogramme

9. Fundsachenverwaltung

10. Gesundheitsinformationen

11. Gewerbe-, Handelsregister und Anmeldeverfahren

12. Anmeldeverfahren und -fristen für Kindergartenplätze

13. Krankenhäuser, Rettungs- und Notfalldienste

14. Mietspiegel

15. Ratsinformationssystem

16. Schulen, Tages- und Senioreneinrichtungen

17. Soziale Dienste

18. Stellenausschreibungen

19. Straßen- und Katasterwesen

20. Wahlinformationen

21. Wirtschaftsförderung

22. Wohnberechtigung und Wohngeldverfahren

Zur Erweiterung ihrer Dienstleistung können die Verwaltungen ihr Formularwesen online abrufbar und ggf. ausdruckbar bereithalten. Dann könnten zahlreiche Vorgänge bereits zu Hause erledigt, zumindest für den „Behördengang" vorbereitet werden. Dies führt sowohl auf Seiten der Verwaltungen als auch des „Kunden" zu Zeitersparnissen.

Spätestens zu dem Zeitpunkt, an dem über die reine Bereitstellung von Information auch eine Online-Kommunikation mit dem Bürger ermöglicht wird, ist das Einsatzfeld für die digitale Signatur eröffnet. Rechtssicherheit muß gewährleistet werden, insbesondere dann, wenn es – über allgemeine Auskünfte hinaus – um rechtsverbindliche Inhalte geht. Von herausragender Bedeutung ist hierbei das Meldewesen. Bislang muß der Antragsteller persönlich auf dem Amt erscheinen, um Paß und Ausweis zu beantragen. Eine Vertretung durch Dritte ist ausnahmsweise unter Beifügung ärztlicher Atteste und notarieller Beurkundungen möglich. Wenn der Bürger aber über eine digitale Signatur verfügt, kann er hinreichend identifiziert werden. Den Anforderungen an die Identifikation, denen in der Ver-

Online-<br>Formularwesen

gangenheit allein durch das persönliche Erscheinen Genüge geleistet werden konnte, ist damit entsprochen.



Pilotversuche laufen bereits zur Frage, ob Wahlen zukünftig auch online erfolgen können. Hier bedarf es dringend des Einsatzes der digitalen Signatur, da vermieden werden muß, daß ein unbefugter Dritter an Stelle des Berechtigten die Stimme abgibt oder aber Mehrfachabstimmungen erfolgen. Gleich einem Personalausweis ist die digitale Signatur geeignet, den Wahlberechtigten zu identifizieren und Mißbrauch zu vermeiden.



Im Steuer- und Finanzwesen sind bereits zahlreiche Möglichkeiten für Online-Transaktionen bereitgestellt. Dies erleichtert Steuerberatern ihre Arbeit bei der Kommunikation mit den zuständigen Steuerbehörden. Auch bei der Kommunikation der Rechtsanwälte mit den Gerichten können zahlreiche Anwendungen für die digitale Signatur entwickelt werden. Selbstverständlich ist in diesem Zusammenhang, daß eine Online-Kommunikation ohne den entsprechenden Einsatz nicht in Betracht kommt. Denn die Authentizität des Absenders und die Integrität der Daten, etwa bei Schriftsätzen, ist unabdingbar und muß frei von jedweden Zweifeln sein.



Nicht zuletzt im Bereich des Zahlungsverkehrs kommt es auf die sichere Authentisierung der Kommunikationspartner an. Es ist wesentlich zu gewährleisten, daß die Übermittlung der Angaben eines Zahlungsanweisenden sicher erfolgen kann. Dabei spielt selbstverständlich auch die Frage der kryptographischen Verwendung der digitalen Signatur eine wesentliche Rolle. Derjenige, der seine Kreditkartennummer seinem Kommunikationspartner mitteilt, will sicherstellen, daß diese auf dem Weg der Übermittlung nicht gelesen werden kann. Ebensosehr hat der Empfänger der Daten Interesse daran zu wissen, daß die bekanntgegebene Kreditkartennummer unverfälscht auch bei ihm angekommen ist.

Als Beispiel für die Integration des Konzeptes der digitalen Signatur ist auf die „Allgemeine Verwaltungsvorschrift über das Rechnungswesen in der Sozialversicherung" (SRVwV) mit Datum vom 03.08.1998 zu verweisen. Für diese hat eine Novellierung eine Anzahl von Ergänzungen vorgesehen, die mit Wirkung zum 01.01.1999 in Kraft traten. In § 41 SRVwV steht, daß soweit nach der Verwaltungsvorschrift eine Unterschrift verlangt wird, diese durch die digitale Signatur nach dem SigG geleistet werden kann. In der Begründung dazu heißt es, daß die neu aufgenommene Vorschrift es ermöglicht, anstelle der körperlichen Unterschrift die digitale Signatur zu verwenden. Dadurch können Verwaltungsabläufe im Rechnungswesen unter Einsatz von Informationstechnologie-Verfahren ohne Medienbruch organisiert werden. Gleichzeitig wird dadurch ein Sicherheitsstandard erreicht, der mindestens als so hoch einzuschätzen ist, wie der, den die körperliche Unterschrift gewährleistet.

Im Ergebnis ist für die Kommunikation zwischen Verwaltungen und Bürger feststellbar, daß Distanzen zunehmend an Bedeutung verlieren. Es darf erwartet werden, daß die technischen Abläufe die geplanten Verwaltungsreformen beschleunigen und zu effizienteren, dienstleistungsorientierten und rationalisierten Ergebnissen führen werden. Die sichere digitale Kommunikation wird die öffentlichen Verwaltungen dabei unterstützen, den sogenannten „schlanken Staat" weiterzuentwickeln.

## 6.2.3
## Intranet (behördenintern)

Beim Datenaustausch im Intranet der Behörde stellen sich insbesondere Fragen hinsichtlich des „Workflows", der Einhaltung des Dienstweges und der Datensicherheit. Die elektronische Akte gewinnt an Bedeutung und ermöglicht die reibungslose Bearbeitung eines verwaltungstechnischen Vorgangs zwischen verschiedenen Abteilungen eines Amtes. Von Bedeutung ist dabei die Möglichkeit, die digitale Signatur und ihre Zeitstempelfunktion zu Zwecken der Archivierung zu nutzen.

Die digitale Signatur und der Datenträger, auf dem sie integriert ist, können zusätzlich Zugangsberechtigungen zu bestimmten Räumlichkeiten beinhalten. Durch die Attribut-Zertifikate wird ferner erkennbar, ob ein Bediensteter für bestimmte interne Anweisungen überhaupt zuständig ist. Dienstliche Anweisungen können hier die Verfahrensweise für den Umgang mit den neuen Technologien vorgeben.



## 6.3
## Private Kommunikation

Auch im Bereich der privaten Kommunikation, d.h. der Kommunikation unter Privatleuten, die nicht Business-Kommunikation oder solche zu Verwaltungen ist, finden sich Anwendungsbereiche für die digitale Signatur. Überall dort, wo es um rechtssichere Kommunikation geht, kann diese Technologie zum Einsatz kommen. Als Beispiel mag hier der private Verkauf eines PKW oder sonstiger Waren über das Internet dienen. Private Verkaufsbörsen etablieren sich bereits zahllos in den elektronischen Medien. Gleiches gilt für die Bereitstellung von immateriellen Gütern digitalisierter audiovisueller Inhalte und Software.

# 7 Ausblick

## 7.1
## Neue Anwendungsfelder

Für die Verbreitung und Akzeptanz der digitalen Signatur und damit für die Entwicklung des sicheren elektronischen Geschäftsverkehrs kommt es darauf an, Anwendungsfelder zu erschließen. Da sich der E-Commerce nicht auf die deutschen Landesgrenzen beschränkt, ist die Harmonisierung der technischen und rechtlichen Bedingungen ein wesentlicher Faktor für die Verbreitung. Es ist zukünftig zu gewährleisten, daß nicht nur auf nationaler und europäischer Ebene, sondern weltweit für die Interoperabilität der an der Sicherheitsinfrastruktur beteiligten Institutionen und Systeme Sorge getragen wird. Die Verifikation muß unabhängig vom Standort oder der in einem Trust Center verwandten Technologie möglich sein.

Daneben ist es für die Nutzer wünschenswert, nicht noch weitere Chipkarten mit eigenen PIN-Nummern zu verwalten. Die Einführung von **multifunktionalen Chipkarten** stellt daher einen weiteren wichtigen Faktor für die gewünschte Akzeptanz dar.

Sie hat zum Ziel, die verschiedensten Funktionen wie EC-Karte, Geldkarte oder Kreditkarte miteinander zu verknüpfen. Ihre wichtigsten Anwendungsfelder sind:

- Dienst- oder Hausausweis
- Zugangskontrolle
- Zeiterfassung
- Bezahlfunktion

Für Behörden oder größere Unternehmen kann es sich anbieten, multifunktionale Chipkarten einzuführen, auf denen unter anderem die Funktion eines Dienst- oder Hausausweises abgelegt ist. Die per-

Dienst- und
Hausausweis

sonenbezogenen Daten können nebst Adresse, Bezeichnung der Firma etc. darauf integriert werden. Die Integrität der Daten ist gewährleistet, wenn auf dem Ausweis diese Daten gleichzeitig elektronisch gespeichert und mittels digitaler Signatur verschlüsselt werden.

Je größer der Speicherplatz auf einer Chipkarte zukünftig ist, desto leichter wird es möglich sein, neben dem Lichtbild des Inhabers auf der Karte (z.B. VISA-Photokarte) sogar das persönliche Bild in digitaler Form und mittels der digitalen Signatur signiert in der Karte abzulegen. Der „Ausweis" ist damit praktisch fälschungssicher. Gleichzeitig ist die Überprüfung der Unverfälschtheit bzw. Echtheit des Ausweises jederzeit und leicht möglich. Die Entwicklung der multifunktionalen Chipkarte hin zu einem wirklichen Personalausweis oder Reisepaß nimmt damit ihren Anfang.

## 7.1.1
## Firmentintern

In der der praktischen Anwendung kann die multifunktionale Chipkarte dann die zuverlässige Zugangskontrolle zu bestimmten Räumlichkeiten vereinfachen. Diese Technologie ist bereits eingeführt – wenn auch nicht technisch ausgereift und auch schon gar nicht unter Verwendung der digitalen Signatur. Sie ist damit quasi Schlüsselersatz.

Zugangskontrolle

Dies ermöglicht kostengünstiger die Beibehaltung des Sicherheitssystems, als dies der Fall wäre, wenn etwa bei Verlust eines realen Schlüssels sämtliche Türschlösser ausgetauscht werden müßten. Denn bei Verlust einer multifunktionalen Chipkarte bedürfte es nur der Sperrung des darauf befindlichen Zertifikats mit der Folge, daß der unrechtmäßige Besitzer der multifunktionalen Chipkarte keinen Einlaß oder Zugang zu entsprechenden Räumlichkeiten erhält.

Zeiterfassung

In kommunalen oder dienstlichen Anwendungsfeldern ist vor allem die Möglichkeit der Eingangskontrolle zu geschlossenen Datennetzen und die mit ihr verbundene Erlaubnis, bestimmte Informationen aus dem Intranet (Karten und Pläne wie Bebauungspläne etc.) abrufen zu können, von praktischer Bedeutung. Weiterer Nebeneffekt ist die substantielle Zeiterfassung für den Tätigkeitszeitraum von Arbeitnehmern.

Eine wichtige Rolle werden in Zukunft die Attribut-Zertifikate spielen. Durch die eindeutige, sichere und automatische Zuordnung von zusätzlichen Eigenschaften zur digitalen Signatur lassen sich Arbeitsabläufe noch besser steuern und regeln. So können Unterschriftsberechtigungen, Weisungsbefugnisse und Handlungsspielräume der unterzeichnenden Person zugeordnet werden. Um dieses Potential voll auszuschöpfen, wird eine Standardisierung oder gar Normierung etwa im Rahmen der ISO 9000 nötig sein. Damit wäre gewährleistet, das bei der Kommunikation zwischen Geschäftspartnern, die entsprechenden Kompetenzen sofort und automatisch berücksichtigt werden können.

## 7.1.2
## Kommunen

Besondere Bedeutung für die Verbreitung der multifunktionalen Chipkarte kommt den Kommunen zu. In diesem Zusammenhang sei der vom Bundeswirtschaftministerium initiierte Städtewettbewerb Media-at-Kom erwähnt. Dessen städtische Preisträger wurden Anfang März 1999 gekürt und mit einem stattlichen Preis ermutigt, ihre Initiativen zur Verbreitung der digitalen Signatur fortzuführen. Zentraler Bestandteil der wettbewerblichen Anforderungen war die Integration verschiedener Anwendungen auf einer Chipkarte.

Neben der Entwicklung der multifunktionalen Chipkarte wird der Anwendungsspielraum für den Einsatz der digitalen Signatur im allgemeinen und im kommunalen Umfeld stark zunehmen. Online-Dienste werden ihr Spektrum nicht auf reine Informationsangebote beschränken. Eine besondere Rolle kommt dabei zukünftig den kommunalen Einrichtungen zu. Sie stellen mit ihren Meldebehörden und der Erfahrung im Umgang mit der Identifizierung natürlicher Personen praktisch alle Voraussetzungen, um als Annahmestelle tätig zu werden. Auch an der erforderlichen „Zuverlässigkeit" des Personals könnten kaum Zweifel bestehen, sind dies doch überwiegend entweder Beamte oder Angestellte im öffentlichen Dienst. Konkrete Einsatzfelder der digitalen Signatur im kommunalen Umfeld werden z.B. sein:

1. Elektronischer Bauantrag: Er bedeutet für Bürger und Unternehmen Transparenz und reduzierten Aufwand. Die Katasterämter sind „einsehbar", die elektronische Akte und der Verfahrensstand jederzeit abrufbar.

2. Elektronische Ausschreibung: Das Ausschreibungsverfahren wird erleichtert. Online können die Dokumente bereitgestellt und die erforderlichen Daten eingetragen werden. Der Einsatz der digitalen Signatur ist für die Sicherstellung der Kommunikation erforderlich.

3. Elektronische Rückmeldung: Studierende können sich online jederzeit in der Universität oder sonstigen Bildungseinrichtungen zurückmelden.

4. Arbeits- und Personalausschreibungen oder Lehrstellenbörse: Beteiligte können sich unter Einsatz der digitalen Signatur authentisieren.

5. Ticketing: Bezahlfunktionen nehmen zu. Die Online-Bestellung von Karten, unabhängig vom Anlaß, dominiert.

Zu dieser Entwicklung trägt bei, daß eine ganze Anzahl von Unternehmen zwischenzeitlich bei der Regulierungsbehörde den Antrag auf Erteilung der Genehmigung zum Betrieb einer Zertifizierungsstelle gestellt haben. Dabei darf nicht vergessen werden, daß eine Zertifizierungsstelle immer sicherstellen muß, sämtliche Funktionen auch mit dem von ihr vorgelegten Konzept erfüllen zu können. Dies bedeutet, daß dabei einerseits zu gewährleisten ist, daß das eigentliche Trust Center die Rechnerleistung und die Sicherheitsanforderungen darstellen kann. Gleichzeitig bedarf es jedoch einer Stelle, der Annahmestelle, die in zuverlässiger Weise die Identifizierung der Antragsteller durchführen kann.

Dabei ist voraussehbar, daß sich verschiedene Unternehmen mit ihren jeweiligen Kernkompetenzen zusammenschließen und gemeinsam eine Sicherheitsinfrastruktur für die digitale Signatur anbieten. Zukünftig werden internationale Kooperationen versuchen, ihre technischen Standards aufeinander abzustellen, um es ihren Kunden weltweit zu ermöglichen, sicheren E-Commerce zu betreiben.

## 7.1.3
## Private Kommunikation

Ein wesentlicher Teil des E-Commerce ist zur Zeit das Homebanking. In Deutschland wurden Ende 1998 bereits 3,5 Mio. Bankkonten online geführt. Dies geschieht hauptsächlich über die Online-Dienste T-Online und AOL.

HBCI    Um diese Dienste auch über das Internet sicher abwickeln zu können, wurde vom Zentralen Kreditausschuß der deutschen Banken der HBCI-Standard mit entwickelt. Der „Homebanking Computer Interface"-Standard ermöglicht eine neue Form des Online-Bankings. Im Gegensatz zu den bisherigen Verfahren, bei denen die Sicherung der Buchungsvorgänge über eine PIN-Nummer und eine weitere Nummer pro Vorgang (TAN) gesichert wurde, arbeitet der

HBCI-Standard mit der digitalen Signatur. Dies hat gegen über dem alten Verfahren mehrere Vorteile:

1. Die TANs wurden häufig auf dem Computer gespeichert und konnten so potentiell ausgelesen werden. Die digitale Signatur ist unauslesbar auf der Chipkarte gespeichert.

2. Für jede Bank mußten eigene TANs verwaltet werden. Mit der digitalen Signatur als zentrale Identifikation fällt dies weg.

3. Aufgrund der verwendeten asymmetrischen Verfahren, kann sich der Kunde gegenüber der Bank und umgekehrt auch die Bank gegenüber dem Kunden ausweisen.

4. Über das HBCI lassen sich neben der reinen Kontoabfrage und der Überweisung noch weitergehende Vorgänge abwickeln.

5. Aufgrund der Systemunabhängigkeit läßt sich HBCI über nahezu beliebige Online-Verbindungen nutzen. Bisher war das sichere Homebanking im wesentlichen über T-Online und AOL möglich.

6. Durch den Wegfall der TAN und die Beschränkung auf die PIN-Nummer der Chipkarten ist HBCI besser für den mobilen Einsatz geeignet. Dadurch wird eine höhere Mobilität erzielt.

Gerade der mobilen Kommunikation werden weiterhin enorme Wachtumspotentiale vorausgesagt. Mit neuen Protokollen und einer Steigerung der Geschwindigkeit beim Datenaustausch werden zahlreiche neue Dienste möglich. Die digitale Signatur schafft auch hier ein hohes Maß an Sicherheit und Komfort. Rechtssichere Transaktionen und Geschäftsabschlüsse über das Mobilfunknetz werden weltweit ermöglicht.

## 7.1.4
## Anwendungssoftware

Neben potentiellen Einsatzfeldern für die digitale Signatur ist deren einfache Nutzung der wichtigste Faktor für eine große Verbreitung. Für die reibungslose Einbindung der Funktionen (Signieren, Verschlüsseln und Prüfen) sorgen die verwendeten Standards. Im Rahmen des in Kapitel 3 vorgestellten PKS-Dienstes der Telekom wird interessierten Firmen zudem ein Entwicklungspaket zur Verfügung gestellt, das die Einbindung in Anwendungsprogramme erleichtert. So ist zu erwarten, daß Standardprogramme für Textverarbeitung, Anwalts- und Kanzleisoftware, Informatiosnmanagment- und Workflowprodukte, Archivierungssoftware und E-Mail-Programme diese

Funktionen integrieren. Heute findet sich in den weitverbreiteten E-Mail Programmen wie MS-Outlook, Eudora, Pegasus oder AK-Mail bereits die Integration von PGP für die Signier- und Verschlüsselungsfunktion.

Es ist also eine weitgehende Verbreitung der Software und somit der Einsatzmöglichkeiten der digitalen Signatur zu erwarten. Ihr Einsatz, so limitiert er zur Zeit noch erscheinen mag, wird in naher Zukunft genauso üblich und gewohnt sein wie der Gebrauch von Kreditkarten.

## 7.2
## Rechtliche Harmonisierung

Die Bundesrepublik hat mit der Verabschiedung des Signaturgesetzes international eine Vorreiterrolle übernommen. Als erster Staat der Welt hat sie ein uniformes Gesetz zur Gewährleistung sicherer elektronischer Kommunikation bereitgestellt. Zwar sind auch in den **Vereinigten Staaten** auf föderaler Ebene verschiedene Signaturgesetze in Kraft. Dennoch mangelt es hier an einer Harmonisierung auf nationaler Ebene. Darüber hinaus stellen die amerikanischen Gesetze keinen gleichwertigen Sicherheitsstandard zur Verfügung.

## 7.2.1
## Anerkennung nur bei technischer Gleichwertigkeit

Konsequenz ist, daß digitale Signaturen nach dem Signaturgesetz weltweit vorläufig nur angewendet werden können, soweit auch die Kommunikationspartner über Zertifikate von anerkannten deutschen Zertifizierungstellen verfügen. Dies ergibt sich ausdrücklich aus § 15 SigG.

Danach gilt für digitale Signaturen, die mit einem öffentlichen Signaturschlüssel überprüft werden können, für den ein ausländisches Zertifikat aus einem anderen Mitgliedstaat der Europäischen Union oder einem anderen Vertragsstaat des Abkommens über den europäischen Wirtschaftsraum vorliegt, daß sie nur dann digitalen Signaturen nach dem SigG gleichgestellt sind, „soweit sie gleichwertige Sicherheit aufweisen".

Dieser Umstand verdeutlicht, daß dringend eine internationale rechtliche Harmonisierung sowohl der technischen Standards als auch der rechtlichen Grundsätze erforderlich ist. Dies hat auch die Europäische Union erkannt.

# 7.2.2
# Europäische Entwicklungen

Am 13.05.1998 hat die Europäische Kommission in ihrer Mitteilung an den Rat, das Europäische Parlament, den Wirtschafts- und Sozialausschuß und den Ausschuß der Regionen einen Vorschlag für eine „Richtlinie des Europäischen Parlaments und des Rates über gemeinsame Rahmenbedingungen für elektronische Signaturen" unterbreitet.

Der Richtlinienentwurf ist Ausdruck der besonderen Anstrengungen der Kommission, durch hamonisierte Rahmenbedingungen der zunehmenden Rechtsetzungstätigkeit der verschiedenen Mitgliedstaaten im Bereich des elektronischen Rechtsverkehrs zu begegnen, um ernsthafte Hindernisse für die Weiterentwicklung des Binnenmarktes zu vermeiden.



So ist z.B. in Belgien ein Gesetzentwurf zu Zertifizierungsdiensten für digitale Signaturen sowie zur Änderung des Bürgerlichen Gesetzbuchs in bezug auf elektronische Beweismittel erarbeitet worden. In Dänemark existiert ein Gesetzentwurf zur sicheren und effizienten Nutzung digitaler Kommunikation. Zu beachten ist insbesondere die Gesetzeslage in Italien. Dort besteht ein allgemeines Gesetz zur Reform des öffentlichen Dienstes und zur Vereinfachung der Verwaltungsverfahren mit dem Grundsatz der rechtlichen Anerkennung elektronischer Dokumente.

In den Niederlanden schließlich ist ein freiwilliges Akkreditierungssystem für Diensteanbieter in Vorbereitung. Diese Beispiele zeigen, daß auf europäischer Ebene dringender Handlungsbedarf besteht.

Das Ziel des Richtlinienentwurfes ist die rechtliche Anerkennung elektronischer Signaturen in der Europäischen Gemeinschaft. Zu diesem Zweck schlägt die Kommission insbesondere einen freien Marktzugang für Zertifizierungsdienste, den Aufbau freiwilliger Akkreditierungssysteme und Haftungsregeln vor.

Der Richtlinienentwurf sieht gerade in zwei Aspekten erhebliche Unterschiede zur deutschen Rechtslage vor. Zum einen sind keine technischen Standards vorgegeben. Das Techniksystem geht damit nicht notwendigerweise von asymmetrischen Schlüsseln als Voraussetzung für die rechtliche Anerkennung der digitalen Signatur aus. Zum anderen bedürfen die Zertifizierungsstellen keiner staatlichen Erlaubnis für ihren Betrieb. Dies ist grundsätzlich auch in der Bundesrepublik der Fall.

Doch müssen Zertifizierungsstellen, die eine gesetzeskonforme digitale Signatur ausgeben wollen, die Genehmigung von der Regulierungsbehörde erhalten. Ein freiwilliges Akkreditierungssystem ist im SigG nicht vorgesehen. Damit Mißbrauch vermieden wird soll nach den Regelungen des EU-Richtlinienvorschlags ein geeignetes System zur Überwachung der niedergelassenen Anbieter installiert werden.



In Ergänzung zu dem ersten Richtlinienentwurf vom Mai 1998 sieht die überarbeitete und vom Ministerrat gebilligte Fassung die konkrete Regelung bestimmter Anforderungen vor, die an die Zertifikate, die Zertifizierungstellen und die Signaturerstellungseinheiten geknüpft werden. Insoweit hat sich die Kommission der im deutschen Signaturgesetz niedergelegten Rechtsauffassung angepaßt. Zusätzlich regelt die Richtlinie, daß elektronische Signaturen, die auf einem qualifizierten Zertifikat beruhen, handschriftlichen Unterschriften gleichgestellt und auch im Gerichtsverfahren als Beweismittel zugelassen sind. Dies wird den flächendeckenden Einsatz der elektronischen Signatur zusätzlich fördern.

## 7.2.3
## Bestrebungen der Vereinten Nationen

Daneben gibt es Bestrebungen, zu einer weltweiten Anerkennung digitaler Signaturen zu gelangen. Eine Vorreiterrolle spielen dabei die **Vereinten Nationen**. Allerdings stehen die zahlreichen Bestrebungen derzeit am Anfang. Solange eine internationale Harmonisierung fehlt, bleibt es dabei, daß nach der Aussage des Signaturgesetzes ausländische Zertifikate und digitale Signaturen nur anerkannt werden, sofern sie gleichen Sicherheitsanforderungen entsprechen.

Bei der Regulierungsbehörde für Telekommunikation und Post kann abgerufen werden, ob und bei welchen Staaten davon ausgegangen werden kann, daß die digitale Signatur gleichwertige Standards besitzt und daher auch rechtlich anerkannt wird.



Die **UNCITRAL** (United Nation Commission On International Trade And Law) hat eine Modellgesetzgebung zum electronic commerce entwickelt. Diese enthält auch Regelungen zur elektronischen Signatur.

Nach Art. 7 Abs. 1 dieser Gesetzgebung kann eine gesetzlich vorgeschriebene Unterschrift durch eine elektronische Signatur ersetzt werden, wenn damit die Person identifiziert werden kann und sichergestellt ist, daß sie den Inhalt des elektronischen Dokuments genehmigt hat. Voraussetzung dafür ist, daß die verwendete Signaturmethode als so zuverlässig erachtet werden kann, daß sie unter Berücksichtigung aller Umstände und der einschlägigen Vereinbarungen für den Zweck geeignet ist, für den das elektronische Dokument erstellt wurde. Daraus wird eine gewisse Abschichtung der

Wertigkeit deutlich. Je wichtiger das Dokument ist, desto höher muß der technische Sicherheitsstandard gewählt werden. Art. 7 Abs. 2 bestimmt, daß diese Regelung auch dann anzuwenden ist, wenn die Notwendigkeit der Unterschrift vertraglich festgelegt ist oder das Gesetz lediglich Rechtsfolgen an das Fehlen einer Unterschrift knüpft.

Dies bedeutet, daß nach dem Willen der UNCITRAL-Modellgesetzgebung ein digitales Dokument mit digitaler Signatur nicht allein deshalb die rechtliche Wirksamkeit abgesprochen werden können soll, weil es mit der digitalen Signatur versehen ist und nicht schriftlich im herkömmlichen Sinne verfaßt wurde.

Ausdrücklich regelt Art. 9 die Zulässigkeit und den Beweiswert elektronischer Dokumente vor Gericht. Entscheidend ist danach, daß die Zulässigkeit eines elektronischen Dokuments vor Gericht nicht allein deshalb verweigert werden darf, weil es ein elektronisches Dokument ist oder weil es nicht in Originalform vorliegt, sofern es das einzige Beweismittel ist, was die beweisführende Person vorbringen kann. Von Gerichts wegen sollen bei der Gewichtung des Beweiswertes alle relevanten Faktoren berücksichtigt werden, also insbesondere die Umgebung, in der das Dokument erzeugt und gespeichert wurde, sowie das Verfahren, mit dem die Datenintegrität hergestellt und der Verfasser identifiziert wurde.

Der Ansatz der UNCITRAL-Modellregelung ist mithin so gewählt, daß die signierten elektronischen Dokumente grundsätzlich dem Beweise zugänglich sind. Uneinheitlich ist jedoch die Frage nach dem Beweiswert zu beantworten. Je sicherer das Verfahren und insbesondere die das Verfahren garantierende Institution sind, desto höher ist der Beweiswert angesiedelt.

Insoweit treffen sich die Gedankenführung des Signaturgesetz und der UNCITRAL-Modellgesetzgebung. Denn das Signaturgesetz geht davon aus, daß der von ihm geforderte technische Ansatz entsprechend dem Optimum gegenwärtiger Technologie, die auch noch vertretbar durchgesetzt werden kann und akzeptiert wird, gewählt wurde. Daher dürfte ein elektronisches Dokument, das mit einer gesetzeskonformen digitalen Signatur versehen wurde – auch nach dem Sinn der UNCITRAL-Modellgesetzgebung – einen erheblich höheren Beweiswert haben als ein beliebiges Signaturverfahren, das dem Standard deutscher Rechtsetzung nicht entspricht.

Erkennbar ist, daß Unternehmen die Unübersichtlichkeit der zahlreichen gesetzlichen Regelungen bemängeln. Häufig ist die Forderung nach einem „Internet-Gesetz" wahrzunehmen, das alle Aspekte im europäischen Kontext, wenn nicht sogar international regelt. Ansätze nach harmonisierten Regelungen – auch auf internationaler Ebene – sind absehbar. Es dürfte allerdings Zukunftsmusik bleiben,

daß sämtliche Rechtsfragen auch in einem global gültigen „Internet-
Gesetz" abschießend geregelt sind.

# 8 Gesetzesgrundlage

## 8.1
## Signaturgesetz (SigG)

Artikel 3 des Gesetzes zur Regelung der Rahmenbedingungen für Informations- und Kommunikationsdienste (Informations- und Kommunikationsdienste-Gesetz – IuKDG) vom 22.7.1997 (BGBl.I S.1870)

**§ 1 Zweck und Anwendungsbereich**

(1)  Zweck des Gesetzes ist es, Rahmenbedingungen für digitale Signaturen zu schaffen, unter denen diese als sicher gelten und Fälschungen digitaler Signaturen oder Verfälschungen von signierten Daten zuverlässig festgestellt werden können.

(2)  Die Anwendung anderer Verfahren für digitale Signaturen ist freigestellt, soweit nicht digitale Signaturen nach diesem Gesetz durch Rechtsvorschrift vorgeschrieben sind.

**§ 2 Begriffsbestimmungen**

(1)  Eine digitale Signatur im Sinne dieses Gesetzes ist ein mit einem privaten Signaturschlüssel erzeugtes Siegel zu digitalen Daten, das mit Hilfe eines zugehörigen öffentlichen Schlüssels, der mit einem Signaturschlüssel-Zertifikat einer Zertifizierungsstelle oder der Behörde nach § 3 versehen ist, den Inhaber des Signaturschlüssels und die Unverfälschtheit der Daten erkennen läßt.

(2)  Eine Zertifizierungsstelle im Sinne dieses Gesetzes ist eine natürliche oder juristische Person, die die Zuordnung von öffentlichen Signaturschlüsseln zu natürlichen Personen bescheinigt und dafür eine Genehmigung gemäß § 4 besitzt.

(3)   Ein Zertifikat im Sinne dieses Gesetzes ist eine mit einer digitalen Signatur versehene digitale Bescheinigung über die Zuordnung eines öffentlichen Signaturschlüssels zu einer natürlichen Person (Signaturschlüssel-Zertifikat) oder eine gesonderte digitale Bescheinigung, die unter eindeutiger Bezugnahme auf ein Signaturschlüssel-Zertifikat weitere Angaben enthält (Attribut-Zertifikat).

(4)   Ein Zeitstempel im Sinne dieses Gesetzes ist eine mit einer digitalen Signatur versehene digitale Bescheinigung einer Zertifizierungsstelle, daß ihr bestimmte digitale Daten zu einem bestimmten Zeitpunkt vorgelegen haben.

**§ 3 Zuständige Behörde**

Die Erteilung von Genehmigungen und die Ausstellung von Zertifikaten, die zum Signieren von Zertifikaten eingesetzt werden, sowie die Überwachung der Einhaltung dieses Gesetzes und der Rechtsverordnung nach § 16 obliegen der Behörde nach § 66 des Telekommunikationsgesetzes.

**§ 4 Genehmigung von Zertifizierungsstellen**

(1)   Der Betrieb einer Zertifizierungsstelle bedarf einer Genehmigung der zuständigen Behörde. Diese ist auf Antrag zu erteilen.

(2)   Die Genehmigung ist zu versagen, wenn Tatsachen die Annahme rechtfertigen, daß der Antragsteller nicht die für den Betrieb einer Zertifizierungsstelle erforderliche Zuverlässigkeit besitzt, wenn der Antragsteller nicht nachweist, daß die für den Betrieb einer Zertifizierungsstelle erforderliche Fachkunde vorliegt, oder wenn zu erwarten ist, daß bei Aufnahme des Betriebes die übrigen Voraussetzungen für den Betrieb der Zertifizierungsstelle nach diesem Gesetz und der Rechtsverordnung nach § 16 nicht vorliegen werden.

(3)   Die erforderliche Zuverlässigkeit besitzt, wer die Gewähr dafür bietet, als Inhaber der Zertifizierungsstelle die für deren Betrieb maßgeblichen Rechtsvorschriften einzuhalten. Die erforderliche Fachkunde liegt vor, wenn die im Betrieb der Zertifizierungsstelle tätigen Personen über die dafür erforderlichen Kenntnisse, Erfahrungen und Fertigkeiten verfügen. Die übrigen Voraussetzungen für den Betrieb der Zertifizierungsstelle liegen vor, wenn die Maßnahmen zur Erfüllung der Sicherheitsanforderungen dieses Gesetzes und der Rechtsverordnung nach § 16 der zuständigen Behörde rechtzeitig in einem Sicherheitskonzept aufgezeigt und die Umset-

zung durch eine von der zuständigen Behörde anerkannten Stelle geprüft und bestätigt worden ist.

(4) Die Genehmigung kann mit Nebenbestimmungen versehen werden, soweit dies erforderlich ist, um sicherzustellen, daß die Zertifizierungsstelle bei Aufnahme des Betriebes und im Betrieb die Voraussetzungen dieses Gesetzes und der Rechtsverordnung nach § 16 erfüllt.

(5) Die zuständige Behörde stellt für Signaturschlüssel, die zum Signieren von Zertifikaten eingesetzt werden, die Zertifikate aus. Die Vorschriften für die Vergabe von Zertifikaten durch Zertifizierungsstellen gelten für die zuständige Behörde entsprechend. Diese hat die von ihr ausgestellten Zertifikate jederzeit für jeden über öffentlich erreichbare Telekommunikationsverbindungen nachprüfbar und abrufbar zu halten. Dies gilt auch für Informationen über Anschriften und Rufnummern der Zertifizierungsstellen, die Sperrung der von ihr ausgestellten Zertifikate, die Einstellung und die Untersagung des Betriebs einer Zertifizierungsstelle sowie die Rücknahme oder den Widerruf von Genehmigungen.

(6) Für öffentliche Leistungen nach diesem Gesetz und der Rechtsverordnung nach § 16 werden Kosten (Gebühren und Auslagen) erhoben.

## § 5 Vergabe von Zertifikaten

(1) Die Zertifizierungsstelle hat Personen, die ein Zertifikat beantragen, zuverlässig zu identifizieren. Sie hat die Zuordnung eines öffentlichen Signaturschlüssels zu einer identifizierten Person durch ein Signaturschlüssel-Zertifikat zu bestätigen und dieses sowie Attribut-Zertifikate jederzeit für jeden über öffentlich erreichbare Telekommunikationsverbindungen nachprüfbar und mit Zustimmung des Signaturschlüssel-Inhabers abrufbar zu halten.

(2) Die Zertifizierungsstelle hat auf Verlangen eines Antragstellers Angaben über seine Vertretungsmacht für eine dritte Person sowie zur berufsrechtlichen oder sonstigen Zulassung in das Signaturschlüssel-Zertifikat oder ein Attribut-Zertifikat aufzunehmen, soweit ihr die Einwilligung des Dritten zur Aufnahme dieser Vertretungsmacht oder die Zulassung zuverlässig nachgewiesen wird.

(3) Die Zertifizierungsstelle hat auf Verlangen eines Antragstellers im Zertifikat anstelle seines Namens ein Pseudonym aufzuführen.

(4) Die Zertifizierungsstelle hat Vorkehrungen zu treffen, damit Daten für Zertifikate nicht unbemerkt gefälscht oder verfälscht werden können. Sie hat weiter Vorkehrungen zu treffen, um die Geheimhaltung der privaten Signaturschlüssel zu gewährleisten. Eine Speicherung privater Signaturschlüssel bei der Zertifizierungsstelle ist unzulässig.

(5) Die Zertifizierungsstelle hat für die Ausübung der Zertifizierungstätigkeit zuverlässiges Personal einzusetzen. Für das Bereitstellen von Signaturschlüsseln sowie das Erstellen von Zertifikaten hat sie technische Komponenten gemäß § 14 einzusetzen. Dies gilt auch für technische Komponenten, die ein Nachprüfen von Zertifikaten nach Absatz 1 Satz 2 ermöglichen.

## § 6 Unterrichtungspflicht

Die Zertifizierungsstelle hat die Antragsteller nach § 5 Abs. 1 über die Maßnahmen zu unterrichten, die erforderlich sind, um zu sicheren digitalen Signaturen und deren zuverlässiger Prüfung beizutragen. Sie hat die Antragsteller darüber zu unterrichten, welche technischen Komponenten die Anforderungen nach § 14 Abs. 1 und 2 erfüllen, sowie über die Zuordnung der mit einem privaten Signaturschlüssel erzeugten digitalen Signaturen. Sie hat die Antragsteller darauf hinzuweisen, daß Daten mit digitaler Signatur bei Bedarf neu zu signieren sind, bevor der Sicherheitswert der vorhandenen Signatur durch Zeitablauf geringer wird.

## § 7 Inhalt von Zertifikaten

(1) Das Signaturschlüssel-Zertifikat muß folgende Angaben enthalten:

1. den Namen des Signaturschlüssel-Inhabers, der im Falle einer Verwechslungsmöglichkeit mit einem Zusatz zu versehen ist, oder ein dem Signaturschlüssel-Inhaber zugeordnetes unverwechselbares Pseudonym, das als solches kenntlich sein muß,

2. den zugeordneten öffentlichen Signaturschlüssel,

3. die Bezeichnung der Algorithmen, mit denen der öffentliche Schlüssel des Signaturschlüssel-Inhabers sowie der öffentliche Schlüssel der Zertifizierungsstelle benutzt werden kann,

4. die laufende Nummer des Zertifikates,

5. Beginn und Ende der Gültigkeit des Zertifikates,

6. den Namen der Zertifizierungsstelle und

7. Angaben, ob die Nutzung des Signaturschlüssels auf bestimmte Anwendungen nach Art und Umfang beschränkt ist.

(2)   Angaben zur Vertretungsmacht für eine dritte Person sowie zur berufsrechtlichen oder sonstigen Zulassung können sowohl in das Signaturschlüssel-Zertifikat als auch in ein Attribut-Zertifikat aufgenommen werden.

(3)   Weitere Angaben darf das Signaturschlüssel-Zertifikat nur mit Einwilligung der Betroffenen enthalten.

## § 8 Sperrung von Zertifikaten

(1)   Die Zertifizierungsstelle hat ein Zertifikat zu sperren, wenn ein Signaturschlüssel-Inhaber oder sein Vertreter es verlangen, das Zertifikat auf Grund falscher Angaben zu § 7 erwirkt wurde, sie ihre Tätigkeit beendet hat und diese nicht von einer anderen Zertifizierungsstelle fortgeführt wird oder die zuständige Behörde gemäß § 13 Abs. 5 Satz 2 eine Sperrung anordnet. Die Sperrung muß den Zeitpunkt enthalten, von dem an sie gilt. Eine rückwirkende Sperrung ist unzulässig.

(2)   Enthält ein Zertifikat Angaben einer dritten Person, so kann auch diese eine Sperrung dieses Zertifikates verlangen.

(3)   Die zuständige Behörde sperrt von ihr nach § 4 Abs. 5 ausgestellte Zertifikate, wenn eine Zertifizierungsstelle ihre Tätigkeit einstellt oder wenn die Genehmigung zurückgenommen oder widerrufen wird.

## § 9 Zeitstempel

Die Zertifizierungsstelle hat digitale Daten auf Verlangen mit einem Zeitstempel zu versehen. § 5 Abs. 5 Satz 1 und 2 gilt entsprechend.

## § 10 Dokumentation

Die Zertifizierungsstelle hat die Sicherheitsmaßnahmen zur Einhaltung dieses Gesetzes und der Rechtsverordnung nach § 16 sowie die ausgestellten Zertifikate so zu dokumentieren, daß die Daten und ihre Unverfälschtheit jederzeit nachprüfbar sind.

## § 11 Einstellung der Tätigkeit

(1) Die Zertifizierungsstelle hat, wenn sie ihre Tätigkeit einstellt, dies zum frühestmöglichen Zeitpunkt der zuständigen Behörde anzuzeigen und dafür zu sorgen, daß die bei Einstellung der Tätigkeit gültigen Zertifikate von einer anderen Zertifizierungsstelle übernommen werden, oder diese zu sperren.

(2) Sie hat die Dokumentation nach § 10 an die Zertifizierungsstelle, welche die Zertifikate übernimmt, oder andernfalls an die zuständige Behörde zu übergeben.

(3) Sie hat einen Antrag auf Eröffnung eines Konkurs- oder Vergleichsverfahrens der zuständigen Behörde unverzüglich anzuzeigen.

## § 12 Datenschutz

(1) Die Zertifizierungsstelle darf personenbezogene Daten nur unmittelbar beim Betroffenen selbst und nur insoweit erheben, als dies für Zwecke eines Zertifikates erforderlich ist. Eine Datenerhebung bei Dritten ist nur mit Einwilligung des Betroffenen zulässig. Für andere als die in Satz 1 genannten Zwecke dürfen die Daten nur verwendet werden, wenn dieses Gesetz oder eine andere Rechtsvorschrift es erlaubt oder der Betroffene eingewilligt hat.

(2) Bei einem Signaturschlüssel-Inhaber mit Pseudonym hat die Zertifizierungsstelle die Daten über dessen Identität auf Ersuchen an die zuständigen Stellen zu übermitteln, soweit dies für die Verfolgung von Straftaten oder Ordnungswidrigkeiten, zur Abwehr von Gefahren für die öffentliche Sicherheit oder Ordnung oder für die Erfüllung der gesetzlichen Aufgaben der Verfassungsschutzbehörden des Bundes und der Länder, des Bundesnachrichtendienstes, des Militärischen Abschirmdienstes oder des Zollkriminalamtes erforderlich ist. Die Auskünfte sind zu dokumentieren. Die ersuchende Behörde hat den Signaturschlüssel-Inhaber über die Aufdeckung des Pseudonyms zu unterrichten, sobald dadurch die Wahrnehmung der gesetzlichen Aufgaben nicht mehr beeinträchtigt wird oder wenn das Interesse des Signaturschlüssel-Inhabers an der Unterrichtung überwiegt.

(3) § 38 des Bundesdatenschutzgesetzes findet mit der Maßgabe Anwendung, daß die Überprüfung auch vorgenommen werden darf,

wenn Anhaltspunkte für eine Verletzung von Datenschutzvorschriften nicht vorliegen.

## § 13 Kontrolle und Durchsetzung von Verpflichtungen

(1)   Die zuständige Behörde kann gegenüber Zertifizierungsstellen Maßnahmen zur Sicherstellung der Einhaltung dieses Gesetzes und der Rechtsverordnung treffen. Dazu kann sie insbesondere die Benutzung ungeeigneter technischer Komponenten untersagen und den Betrieb der Zertifizierungsstelle vorübergehend ganz oder teilweise untersagen. Personen, die den Anschein erwecken, über eine Genehmigung nach § 4 zu verfügen, ohne daß dies der Fall ist, kann die Tätigkeit der Zertifizierung untersagt werden.

(2)   Zum Zwecke der Überwachung nach Absatz 1 Satz 1 haben Zertifizierungsstellen der zuständigen Behörde das Betreten der Geschäfts- und Betriebsräume während der üblichen Betriebszeiten zu gestatten, auf Verlangen die in Betracht kommenden Bücher, Aufzeichnungen, Belege, Schriftstücke und sonstigen Unterlagen zur Einsicht vorzulegen, Auskunft zu erteilen und die erforderliche Unterstützung zu gewähren. Der zur Erteilung einer Auskunft Verpflichtete kann die Auskunft auf solche Fragen verweigern, deren Beantwortung ihn selbst oder einen der in § 383 Absatz 1 Nr. 1 bis 3 der Zivilprozeßordnung bezeichneten Angehörigen der Gefahr der Verfolgung wegen einer Straftat oder eines Verfahrens nach dem Gesetz über Ordnungswidrigkeiten aussetzen würde. Der zur Auskunft Verpflichtete ist auf dieses Recht hinzuweisen.

(3)   Bei Nichterfüllung der Pflichten aus diesem Gesetz oder der Rechtsverordnung oder bei Entstehen eines Versagungsgrundes für eine Genehmigung hat die zuständige Behörde die erteilte Genehmigung zu widerrufen, wenn Maßnahmen nach Absatz 1 Satz 2 keinen Erfolg versprechen.

(4)   Im Falle der Rücknahme oder des Widerrufs einer Genehmigung oder der Einstellung der Tätigkeit einer Zertifizierungsstelle hat die zuständige Behörde eine Übernahme der Tätigkeit durch eine andere Zertifizierungsstelle oder die Abwicklung der Verträge mit den Signaturschlüssel-Inhabern sicherzustellen. Dies gilt auch bei Antrag auf Eröffnung eines Konkurs- oder Vergleichsverfahrens, wenn die genehmigte Tätigkeit nicht fortgesetzt wird.

(5)   Die Gültigkeit der von einer Zertifizierungsstelle ausgestellten Zertifikate bleibt von der Rücknahme oder vom Widerruf einer Ge-

nehmigung unberührt. Die zuständige Behörde kann eine Sperrung
von Zertifikaten anordnen, wenn Tatsachen die Annahme rechtfertigen, daß Zertifikate gefälscht oder nicht hinreichend fälschungssicher sind oder daß zur Anwendung der Signaturschlüssel eingesetzte
technische Komponenten Sicherheitsmängel aufweisen, die eine unbemerkte Fälschung digitaler Signaturen oder eine unbemerkte Verfälschung signierter Daten zulassen.

## § 14 Technische Komponenten

(1)   Für die Erzeugung und Speicherung von Signaturschlüsseln
sowie die Erzeugung und Prüfung digitaler Signaturen sind technische Komponenten mit Sicherheitsvorkehrungen erforderlich, die
Fälschungen digitaler Signaturen und Verfälschungen signierter
Daten zuverlässig erkennbar machen und gegen unberechtigte Nutzung privater Signaturschlüssel schützen.

(2)   Für die Darstellung zu signierender Daten sind technische
Komponenten mit Sicherheitsvorkehrungen erforderlich, die die Erzeugung einer digitalen Signatur vorher eindeutig anzeigen und feststellen lassen, auf welche Daten sich die digitale Signatur bezieht.
Für die Überprüfung signierter Daten sind technische Komponenten
mit Sicherheitsvorkehrungen erforderlich, die feststellen lassen, ob
die signierten Daten unverändert sind, auf welche Daten sich die digitale Signatur bezieht und welchem Signaturschlüssel-Inhaber die
digitale Signatur zuzuordnen ist.

(3)   Bei technischen Komponenten, mit denen Signaturschlüssel-
Zertifikate gemäß § 5 Abs. 1 Satz 2 nachprüfbar oder abrufbar gehalten werden, sind Vorkehrungen erforderlich, um die Zertifikat-
verzeichnisse vor unbefugter Veränderung und unbefugtem Abruf
zu schützen.

(4)   Bei technischen Komponenten nach den Absätzen 1 bis 3 ist es
erforderlich, daß sie nach dem Stand der Technik hinreichend geprüft sind und die Erfüllung der Anforderungen durch eine von der
zuständigen Behörde anerkannten Stelle bestätigt ist.

(5)   Bei technischen Komponenten, die nach den in einem anderen
Mitgliedstaat der Europäischen Union oder in einem anderen Vertragsstaat des Abkommens über den Europäischen Wirtschaftsraum
geltenden Regelungen oder Anforderungen rechtmäßig hergestellt
oder in den Verkehr gebracht werden und die gleiche Sicherheit gewährleisten, ist davon auszugehen, daß die die sicherheitstechnische

Beschaffenheit betreffenden Anforderungen nach den Absätzen 1 bis 3 erfüllt sind. In begründeten Einzelfällen ist auf Verlangen der zuständigen Behörde nachzuweisen, daß die Anforderungen nach Satz 1 erfüllt sind. Soweit zum Nachweis der die sicherheitstechnische Beschaffenheit betreffenden Anforderungen im Sinne der Absätze 1 bis 3 die Vorlage einer Bestätigung einer von der zuständigen Behörde anerkannten Stelle vorgesehen ist, werden auch Bestätigungen von in anderen Mitgliedstaaten der Europäischen Union oder in anderen Vertragsstaaten des Abkommens über den Europäischen Wirtschaftsraum zugelassenen Stellen berücksichtigt, wenn die den Prüfberichten dieser Stellen zugrundeliegenden technischen Anforderungen, Prüfungen und Prüfverfahren denen der durch die zuständige Behörde anerkannten Stellen gleichwertig sind.

## § 15 Ausländische Zertifikate

(1)  Digitale Signaturen, die mit einem öffentlichen Signaturschlüssel überprüft werden können, für den ein ausländisches Zertifikat aus einem anderen Mitgliedstaat der Europäischen Union oder aus einem anderen Vertragsstaat des Abkommens über den Europäischen Wirtschaftsraum vorliegt, sind, soweit sie gleichwertige Sicherheit aufweisen, digitalen Signaturen nach diesem Gesetz gleichgestellt.

(2)  Absatz 1 gilt auch für andere Staaten, soweit entsprechende überstaatliche oder zwischenstaatliche Vereinbarungen getroffen sind.

## § 16 Rechtsverordnung

Die Bundesregierung wird ermächtigt, durch Rechtsverordnung die zur Durchführung der §§ 3 bis 15 erforderlichen Rechtsvorschriften zu erlassen über :

1. die näheren Einzelheiten des Verfahrens der Erteilung, Rücknahme und des Widerrufs einer Genehmigung sowie des Verfahrens bei Einstellung des Betriebs einer Zertifizierungsstelle,

2. die gebührenpflichtigen Tatbestände nach § 4 Abs. 6 und die Höhe der Gebühr,

3. die nähere Ausgestaltung der Pflichten der Zertifizierungsstellen,

4. die Gültigkeitsdauer von Signaturschlüssel-Zertifikaten,

5. die nähere Ausgestaltung der Kontrolle der Zertifizierungsstellen,

6. die näheren Anforderungen an die technischen Komponenten sowie die Prüfung technischer Komponenten und die Bestätigung, daß die Anforderungen erfüllt sind,

7. den Zeitraum sowie das Verfahren, nach dem eine neue digitale Signatur angebracht werden sollte.

# 8.2
# Signaturverordnung (SigV)

in der Fassung des Beschlusses der Bundesregierung vom 8. Oktober 1997. Aufgrund des § 16 des Signaturgesetzes vom 22. Juli 1997 (BGBl. I S. 1870, 1872) verordnet die Bundesregierung:

**§ 1 Verfahren bei Erteilung, Rücknahme und Widerruf von Genehmigungen**

(1)   Eine Genehmigung für den Betrieb einer Zertifizierungsstelle nach § 4 Abs. 1 des Signaturgesetzes ist schriftlich bei der zuständigen Behörde zu beantragen.

(2)   Zur Prüfung der Voraussetzungen für die Erteilung der Genehmigung trifft die zuständige Behörde die erforderlichen Feststellungen. Sie kann vom Antragsteller verlangen, daß dieser erforderliche Unterlagen, insbesondere einen aktuellen Handelsregisterauszug und aktuelle Führungszeugnisse nach § 30 Abs. 5 des Bundeszentralregistergesetzes für die gesetzlichen Vertreter der Zertifizierungsstelle, beibringt. Zur Feststellung der erforderlichen Fachkunde hat der Antragsteller darzulegen, daß das am Zertifizierungsverfahren oder an der Ausstellung von Zeitstempeln beteiligte Personal über die erforderlichen beruflichen Qualifikationen verfügt.

(3)   Vor Ablehnung, Rücknahme oder Widerruf einer Genehmigung hat die zuständige Behörde den Antragsteller anzuhören und ihm Gelegenheit zu geben, die Gründe für die Ablehnung, die Rücknahme oder den Widerruf zu beseitigen.

**§ 2 Kosten**

(1)   Für folgende öffentliche Leistungen werden Kosten (Gebühren und Auslagen) erhoben:

1. die Erteilung einer Genehmigung für den Betrieb einer Zertifizierungsstelle,

2. die Ablehnung eines Antrags auf Erteilung einer Genehmigung,

3. die Rücknahme oder den Widerruf einer Genehmigung,

4. die vollständige oder teilweise Zurückweisung eines Widerspruchs,

5. die Ausstellung von Zertifikaten,

6. die Überprüfung von Prüfberichten und Bestätigungen nach § 15 Abs. 1,

7. die Kontrollen nach § 15 Abs. 2, wenn im Rahmen der Kontrolle ein nicht nur unerheblicher Verstoß gegen das Signaturgesetz oder gegen diese Verordnung festgestellt wird,

8. die Übernahme einer Dokumentation nach § 11 Abs. 2 des Signaturgesetzes.

Kosten werden auch dann erhoben, wenn ein Antrag auf Erteilung einer Genehmigung oder ein Widerspruch nach Beginn der sachlichen Bearbeitung, aber vor deren Beendigung zurückgenommen wird.

(2) Bei der Berechnung der Gebühren für öffentliche Leistungen nach Absatz 1 Nr. 1, 5, 6, 7 und 8 sind folgende Stundensätze zugrunde zu legen:

Beamte des mittleren Dienstes oder vergleichbare Angestellte: 85 Deutsche Mark,
Beamte des gehobenen Dienstes oder vergleichbare Angestellte: 105 Deutsche Mark,
Beamte des höheren Dienstes oder vergleichbare Angestellte: 135 Deutsche Mark.

Für jede angefangene Viertelstunde ist ein Viertel dieser Stundensätze zu berechnen. Werden öffentliche Leistungen durch Angehörige der zuständigen Behörde außerhalb der Behörde erbracht, so sind Gebühren ferner zu berechnen für Reisezeiten, die innerhalb der üblichen Arbeitszeit liegen oder von der zuständigen Behörde besonders abgegolten werden, sowie für Wartezeiten, die der Kostenschuldner verursacht hat.

(3) Für die Fälle der Ablehnung oder Zurücknahme eines Antrages auf Erteilung einer Genehmigung sowie der Rücknahme oder des Widerrufs einer Genehmigung gilt § 15 des Verwaltungskostengesetzes. Für die vollständige oder teilweise Zurückweisung eines Widerspruchs kann eine Gebühr bis zur Höhe der für den angefochte-

nen Verwaltungsakt erhobenen Gebühr erhoben werden. Für die Zurückweisung und in den Fällen der Zurücknahme eines ausschließlich gegen eine Kostenentscheidung gerichteten Widerspruchs kann eine Gebühr bis zur Höhe von 10 vom Hundert des streitigen Betrages erhoben werden.

### § 3 Antragsverfahren bei Vergabe von Zertifikaten

(1)   Die Zertifizierungsstelle hat die Identifikation des Antragstellers gemäß § 5 Abs. 1 Satz 1 des Signaturgesetzes anhand des Bundespersonalausweises oder Reisepasses oder auf andere geeignete Weise vorzunehmen. Der Antrag auf ein Zertifikat muß eigenhändig unterschrieben sein. Soweit ein Antrag auf ein Zertifikat mit einer digitalen Signatur des Antragstellers versehen ist, kann die Zertifizierungsstelle von einer erneuten Identifikation und eigenhändigen Unterschrift absehen.

(2)   Sollen nach § 5 Abs. 2 des Signaturgesetzes in ein Zertifikat Angaben über die Vertretungsmacht für eine dritte Person aufgenommen werden, muß die Vertretungsmacht zuverlässig nachgewiesen sein und eine schriftliche oder mit einer digitalen Signatur versehene Einwilligung der dritten Person vorliegen. Die dritte Person ist schriftlich oder in digitaler Form mit digitaler Signatur über den Inhalt des Zertifikates zu unterrichten und auf die Möglichkeit der Sperrung nach § 9 Abs. 1 hinzuweisen. Eine berufsrechtliche oder sonstige Zulassung ist insbesondere durch Vorlage der Zulassungsurkunde nachzuweisen.

### § 4 Unterrichtung des Antragstellers

(1)   Die Zertifizierungsstelle hat einen Antragsteller im Rahmen des § 6 Satz 1 und 3 des Signaturgesetzes insbesondere über folgende erforderlichen Maßnahmen zur Gewährleistung der Sicherheit der digitalen Signatur zu unterrichten:

Der Datenträger mit dem privaten Signaturschlüssel ist in persönlichem Gewahrsam zu halten. Bei dessen Verlust ist unverzüglich die Sperrung des Signaturschlüssel-Zertifikates zu veranlassen. Wird der Datenträger mit dem privaten Signaturschlüssel nicht mehr benötigt, ist er unbrauchbar zu machen und die Sperrung des Signaturschlüssel-Zertifikates zu veranlassen, falls es nicht abgelaufen ist. Persönliche Identifikationsnummern oder andere Daten zur Identifikation gegenüber dem Datenträger mit dem privaten Signaturschlüssel sind geheim zu halten. Bei Preisgabe oder Verdacht der Preisgabe dieser Identifikationsdaten ist unverzüglich deren Änderung vorzunehmen. Für die Erzeugung und Prüfung digitaler Signaturen sowie die Darstellung von zu signierenden oder zu prüfenden signierten Daten sind technische Komponenten einzusetzen, die den Anforderungen des Signaturgesetzes und dieser Verordnung entsprechen und deren Sicherheit nach dem Signaturgesetz und dieser Verordnung bestätigt wurde. Sie sind vor unbefugtem Zugriff zu schützen. Soweit ein Zertifikat Beschränkungen nach § 7 Abs. 1 Nr. 7 des Signaturgesetzes oder Angaben nach § 7 Abs. 2 des Signaturgesetzes enthält und dies für die Aussage von signierten Daten von Bedeutung ist, ist das Zertifikat den Daten beizufügen und in die digitale Signatur einzuschließen. Soweit für die Verwendung signierter Daten ein Zeitpunkt von erheblicher Bedeutung sein kann, ist ein Zeitstempel anzubringen. Werden Daten über längere Zeit in signierter Form benötigt, ist gemäß § 18 erneut eine digitale Signatur anzubringen. Bei der Prüfung digitaler Signaturen ist festzustellen, ob das Signaturschlüssel-Zertifikat und Attribut-Zertifikate zum Zeitpunkt der Signaturerzeugung gültig waren, das Signaturschlüssel-Zertifikat gemäß § 7 Abs. 1 Nr. 7 des Signaturgesetzes Beschränkungen enthält und gegebenenfalls die Nummern 4 und 5 beachtet wurden.

(2) Soweit ein Antragsteller bereits über ein Zertifikat verfügt, kann eine erneute Unterrichtung unterbleiben.

## § 5 Erzeugung und Speicherung von Signaturschlüsseln und Identifikationsdaten

(1) Werden Signaturschlüssel durch den Signaturschlüssel-Inhaber erzeugt, so hat sich die Zertifizierungsstelle zu überzeugen, daß er hierfür sowie für die Speicherung und Anwendung des privaten Signaturschlüssels geeignete technische Komponenten nach dem Signaturgesetz und dieser Verordnung einsetzt.

(2) Werden Signaturschlüssel durch die Zertifizierungsstelle bereitgestellt, so hat diese Vorkehrungen zu treffen, um eine Preisgabe von privaten Schlüsseln und eine Speicherung bei der Zertifizierungsstelle auszuschließen. Dies gilt auch für persönliche Identifikationsnummern oder andere Daten zur Identifikation des Signaturschlüssel-Inhabers gegenüber dem Datenträger mit dem privaten Signaturschlüssel.

## § 6 Übergabe von Signaturschlüsseln und Identifikationsdaten

Soweit die Zertifizierungsstelle Signaturschlüssel oder Identifikationsdaten nach § 5 Abs. 2 bereitstellt, hat sie den privaten Signaturschlüssel sowie die Identifikationsdaten dem Signaturschlüssel-Inhaber persönlich zu übergeben und die Übergabe von diesem schriftlich bestätigen zu lassen, es sei denn, dieser verlangt schriftlich eine andere Übergabe. Mit Übergabe des privaten Signaturschlüssels oder Signaturschlüssel-Zertifikates hat sie auch den öffentlichen Signaturschlüssel der zuständigen Behörde zu übergeben.

## § 7 Gültigkeitsdauer von Zertifikaten

Die Gültigkeitsdauer eines Zertifikates darf höchstens fünf Jahre betragen und den Zeitraum der Eignung der eingesetzten Algorithmen und zugehörigen Parameter nach § 17 Abs. 2 nicht überschreiten. Die Gültigkeit eines Attribut-Zertifikates endet spätestens mit der Gültigkeit des Signaturschlüssel-Zertifikates, auf das es Bezug nimmt.

## § 8 Öffentliche Verzeichnisse von Zertifikaten

(1)   Die Zertifizierungsstelle hat die von ihr ausgestellten Zertifikate mindestens solange in einem Verzeichnis gemäß den Vorgaben nach § 5 Abs. 1 Satz 2 des Signaturgesetzes zu führen, wie der im Zertifikat aufgeführte Algorithmus mit den dazugehörigen Parametern nach § 17 Abs. 2 als geeignet beurteilt wird.

(2)   Die zuständige Behörde hat die von ihr ausgestellten Zertifikate für die in Absatz 1 genannte Dauer in einem Verzeichnis gemäß den Vorgaben nach § 4 Abs. 5 Satz 3 des Signaturgesetzes zu führen. Dies gilt auch für Zertifikate für öffentliche Signaturschlüssel oberster ausländischer Zertifizierungsstellen, soweit ausländische Zertifikate anerkannt werden. Bei den im Verzeichnis enthaltenen ausländischen Zertifikaten hat die zuständige Behörde die Anerkennung durch eine digitale Signatur zu bestätigen. Die zuständige Behörde hat die Telekommunikationsanschlüsse, unter denen die Zertifikate abrufbar sind, sowie ihre öffentlichen Schlüssel im Bundesanzeiger zu veröffentlichen und den Zertifizierungsstellen unmittelbar bekanntzugeben.

(3)   Nach Ablauf der in Absatz 1 genannten Frist haben die Zertifizierungsstelle und die zuständige Behörde eine Nachprüfung der

Zertifikate bis zum Ablauf der in § 13 Abs. 2 genannten Frist auf Antrag im Einzelfall zu ermöglichen.

## § 9 Verfahren zur Sperrung von Zertifikaten

(1) Die Zertifizierungsstelle hat den Signaturschlüssel-Inhabern und dritten Personen, von denen Angaben zur Vertretungsmacht in ein Zertifikat aufgenommen wurden, sowie der zuständigen Behörde eine Rufnummer bekanntzugeben, unter der diese jederzeit eine unverzügliche Sperrung der Zertifikate veranlassen können und dafür ein Authentisierungsverfahren anzubieten.

(2) Die Zertifizierungsstelle hat ein Zertifikat unter den Voraussetzungen des § 8 des Signaturgesetzes zu sperren, wenn ein mit einer digitalen Signatur versehener oder schriftlicher Antrag des Signaturschlüssel-Inhabers oder seines Vertreters oder einer berechtigten dritten Person nach Absatz 1 vorliegt oder wenn ein vereinbartes Authentisierungsverfahren angewandt wurde.

(3) Die Sperrung von Zertifikaten ist mit Angabe des Datums und der Uhrzeit im Verzeichnis nach § 8 des Signaturgesetzes eindeutig kenntlich zu machen und darf nicht rückgängig gemacht werden.

## § 10 Zuverlässigkeit des Personals

Die Zertifizierungsstelle hat sich von der Zuverlässigkeit von Personen, die am Zertifizierungsverfahren oder an der Ausstellung von Zeitstempeln mitwirken, zu überzeugen. Sie kann hierzu insbesondere die Vorlage eines Führungszeugnisses nach § 30 Abs. 1 des Bundeszentralregistergesetzes verlangen. Unzuverlässige Personen sind vom Zertifizierungsverfahren und der Ausstellung von Zeitstempeln auszuschließen.

## § 11 Schutz der technischen Komponenten

Die Zertifizierungsstelle hat Vorkehrungen zu treffen, um private Signaturschlüssel und die zum Erstellen der Zertifikate und Zeitstempel sowie zum Nachprüfbarhalten der Zertifikate eingesetzten technischen Komponenten vor unbefugtem Zugriff zu schützen.

## § 12 Sicherheitskonzept

(1)   Das Sicherheitskonzept nach § 4 Abs. 3 Satz 3 des Signaturgesetzes hat alle Sicherheitsmaßnahmen sowie insbesondere eine Übersicht über die eingesetzten technischen Komponenten und eine Darstellung der Ablauforganisation der Zertifizierungstätigkeit zu enthalten. Im Falle sicherheitserheblicher Veränderungen ist das Konzept unverzüglich anzupassen.

(2)   Die zuständige Behörde führt einen Katalog von geeigneten Sicherheitsmaßnahmen, den sie im Bundesanzeiger veröffentlicht. Die Maßnahmen sollen bei der Erstellung des Sicherheitskonzeptes berücksichtigt werden. Der Katalog wird nach Angaben des Bundesamtes für Sicherheit in der Informationstechnik erstellt. Experten aus Wirtschaft und Wissenschaft sind zu beteiligen.

## § 13 Dokumentation

(1)   Die Dokumentation nach § 10 des Signaturgesetzes hat sich auf das Sicherheitskonzept einschließlich der Änderungen, die Prüfberichte und Bestätigungen nach § 15 Abs. 1, die vertraglichen Vereinbarungen mit den Antragstellern und die von der zuständigen Behörde erhaltenen Zertifikate zu erstrecken. Zu den eingegangenen Anträgen auf Zertifikate und Vereinbarungen mit den Antragstellern sind eine Ablichtung des vorgelegten Ausweises oder eines anderen Identitätsnachweises, die für die Aufnahme von Angaben dritter Personen erforderlichen Unterlagen, die Vergabe eines Pseudonyms, der Nachweis über die vorgeschriebene Unterrichtung des Antragstellers und dritter Personen, die erteilten Zertifikate mit dem jeweiligen Zeitpunkt der Ausstellung und der Übergabe, die Sperrung von Zertifikaten und Auskünfte nach § 12 Abs. 2 des Signaturgesetzes zu dokumentieren. Soweit die Zertifizierungsstelle Signaturschlüssel oder Identifikationsdaten nach § 5 Abs. 2 bereitstellt, sind der Zeitpunkt der Übergabe und die Übergabebestätigung zu dokumentieren. In digitaler Form geführte Aufzeichnungen müssen digital signiert sein.

(2)   Die Dokumentation nach Absatz 1 ist mindestens 35 Jahre ab dem Zeitpunkt der Ausstellung des Signaturschlüssel-Zertifikates aufzubewahren und so zu sichern, daß sie innerhalb dieses Zeitraums verfügbar bleibt. Die Dokumentation von Auskünften nach § 12 Abs. 2 Satz 2 des Signaturgesetzes ist zwölf Monate aufzubewahren.

## § 14 Einstellung der Tätigkeit

(1) Die Zertifizierungsstelle hat, wenn sie ihre Tätigkeit nach § 11 Abs. 1 des Signaturgesetzes einstellen will, dies spätestens vier Monate vorher der zuständigen Behörde mitzuteilen.

(2) Vor Beendigung ihrer Tätigkeit hat die Zertifizierungsstelle für jedes nicht gesperrte und zum Zeitpunkt der Beendigung der Tätigkeit nicht abgelaufene Zertifikat dem Signaturschlüssel-Inhaber mit einer Frist von mindestens drei Monaten mitzuteilen, daß sie ihre Tätigkeit als Zertifizierungsstelle einstellen will und ihn zu unterrichten, ob eine andere Zertifizierungsstelle das Zertifikat übernimmt und diese zu benennen. Soweit nicht eine andere Zertifizierungsstelle die Zertifikate übernimmt, sind nach Ablauf der in Absatz 1 genannten Frist alle Zertifikate zu sperren, die zu diesem Zeitpunkt nicht bereits gesperrt oder abgelaufen sind. Die Signaturschlüssel-Inhaber der zu sperrenden Zertifikate sind darüber zu unterrichten.

(3) Die Mitteilung an die zuständige Behörde und die Unterrichtung der Signaturschlüssel-Inhaber haben in digitaler Form mit digitaler Signatur oder schriftlich zu erfolgen.

(4) Die Zertifizierungsstelle, die nach § 11 Abs. 2 des Signaturgesetzes die Dokumentation übernimmt, oder andernfalls die zuständige Behörde hat die Zertifikate in einem Verzeichnis nach § 8 Abs. 1 und 3 zu führen.

## § 15 Kontrolle der Zertifizierungsstellen

(1) Die Zertifizierungsstelle hat vor Betriebsaufnahme, nach sicherheitserheblichen Veränderungen sowie regelmäßig im Abstand von zwei Jahren eine Prüfung nach § 4 Abs. 3 Satz 3 des Signaturgesetzes zu veranlassen und der zuständigen Behörde einen Prüfbericht und eine Bestätigung darüber vorzulegen, daß sie die Vorgaben aus dem Signaturgesetz und dieser Verordnung erfüllt.

(2) Die zuständige Behörde kann in angemessenen Zeitabständen sowie bei Anhaltspunkten für eine Verletzung von Vorschriften des Signaturgesetzes oder dieser Verordnung Kontrollen durchführen.

## § 16 Anforderungen an die technischen Komponenten

(1) Die zur Erzeugung von Signaturschlüsseln erforderlichen technischen Komponenten müssen so beschaffen sein, daß ein Schlüssel

mit an Sicherheit grenzender Wahrscheinlichkeit nur einmal vorkommt und aus dem öffentlichen Schlüssel nicht der private Schlüssel errechnet werden kann. Die Geheimhaltung des privaten Schlüssels muß gewährleistet sein und er darf nicht dupliziert werden können. Sicherheitstechnische Veränderungen an den technischen
Komponenten müssen für den Nutzer erkennbar werden.

(2) Die zur Erzeugung oder Prüfung digitaler Signaturen erforderlichen technischen Komponenten müssen so beschaffen sein, daß
aus der Signatur nicht der private Signaturschlüssel errechnet oder
die Signatur auf andere Weise gefälscht werden kann. Der private
Signaturschlüssel darf erst nach Identifikation des Inhabers durch
Besitz und Wissen angewendet werden können und bei der Anwendung nicht preisgegeben werden. Zur Identifikation des Signaturschlüssel-Inhabers können zusätzlich biometrische Merkmale genutzt werden. Die zum Erfassen von Identifikationsdaten erforderlichen technischen Komponenten müssen so beschaffen sein, daß sie
die Identifikationsdaten nicht preisgeben und diese nur auf dem Datenträger mit dem privaten Signaturschlüssel gespeichert werden.
Sicherheitstechnische Veränderungen an den technischen Komponenten müssen für den Nutzer erkennbar werden.

(3) Die zum Darstellen zu signierender Daten erforderlichen technischen Komponenten müssen so beschaffen sein, daß die signie-
rende Person die Daten, auf die sich die Signatur erstrecken soll,
eindeutig bestimmen kann, eine digitale Signatur nur auf ihre Ver-
anlassung erfolgt und diese vorher eindeutig angezeigt wird. Die
zum Prüfen signierter Daten erforderlichen technischen Komponenten müssen so beschaffen sein, daß die prüfende Person die Daten,
auf die sich die digitale Signatur erstreckt, sowie den Signaturschlüssel-Inhaber eindeutig feststellen kann und die Korrektheit der
digitalen Signatur zuverlässig geprüft und zutreffend angezeigt wird.
Die technischen Komponenten zum Nachprüfen von Zertifikaten
müssen eindeutig erkennen lassen, ob die nachgeprüften Zertifikate
im Verzeichnis der Zertifikate zu einem angegebenen Zeitpunkt
vorhanden und nicht gesperrt waren. Die technischen Komponenten
müssen nach Bedarf den Inhalt der zu signierenden oder signierten
Daten hinreichend erkennen lassen. Werden technische Komponenten nach den Sätzen 1 bis 4 geschäftsmäßig Dritten zur Nutzung angeboten, muß die eindeutige Interpretation der Daten sichergestellt
sein und müssen die technischen Komponenten bei Benutzung automatisch auf ihre Echtheit überprüft werden. Sicherheitstechnische
Veränderungen an den technischen Komponenten müssen für den
Nutzer erkennbar werden.

     *8 Gesetzesgrundlage*

(4) Die technischen Komponenten, mit denen Zertifikate nach § 4 Abs. 5 Satz 3 oder § 5 Abs. 1 Satz 2 des Signaturgesetzes nachprüfbar gehalten werden, müssen so beschaffen sein, daß nur befugte Personen Eintragungen und Veränderungen vornehmen können, die Sperrung eines Zertifikates nicht unbemerkt rückgängig gemacht werden kann und die Auskünfte auf ihre Echtheit überprüft werden können. Die Auskünfte müssen beinhalten, ob die nachgeprüften Zertifikate im Verzeichnis der Zertifikate zum angegebenen Zeitpunkt vorhanden und nicht gesperrt waren. Nur nachprüfbar gehaltene Zertifikate dürfen nicht öffentlich abrufbar sein. Sicherheitstechnische Veränderungen an den technischen Komponenten müssen für den Betreiber erkennbar werden.

(5) Die technischen Komponenten, mit denen Zeitstempel nach § 9 des Signaturgesetzes erzeugt werden, müssen so beschaffen sein, daß die zum Zeitpunkt der Erzeugung des Zeitstempels gültige gesetzliche Zeit unverfälscht in diesen aufgenommen wird. Sicherheitstechnische Veränderungen an den technischen Komponenten müssen für den Betreiber erkennbar werden.

(6) Die zuständige Behörde führt einen Katalog von geeigneten Sicherheitsmaßnahmen, den sie im Bundesanzeiger veröffentlicht. Die Maßnahmen sollen bei den technischen Komponenten berücksichtigt werden. Der Katalog wird nach Angaben des Bundesamtes für Sicherheit in der Informationstechnik erstellt. Experten aus Wirtschaft und Wissenschaft sind zu beteiligen.

**§ 17 Prüfung der technischen Komponenten**

(1) Die Prüfung der technischen Komponenten nach § 14 Abs. 4 des Signaturgesetzes hat nach den „Kriterien für die Bewertung der Sicherheit von Systemen der Informationstechnik" (GMBl. 1992, S. 545) zu erfolgen. Die Prüfung muß bei technischen Komponenten zum Erzeugen von Signaturschlüsseln oder zum Speichern oder Anwenden privater Signaturschlüssel und bei technischen Komponenten, die geschäftsmäßig Dritten zur Nutzung angeboten werden, mindestens die Prüfstufe „E 4" und im übrigen mindestens die Prüfstufe „E 2" umfassen. Die Stärke der Sicherheitsmechanismen muß mit „hoch" und die Algorithmen und zugehörigen Parameter müssen nach Absatz 2 als geeignet bewertet sein.

(2) Die zuständige Behörde veröffentlicht im Bundesanzeiger eine Übersicht über die Algorithmen und zugehörigen Parameter, die zur Erzeugung von Signaturschlüsseln, zum Hashen zu signierender

Daten oder zur Erzeugung und Prüfung digitaler Signaturen als geeignet anzusehen sind, sowie den Zeitpunkt, bis zu dem die Eignung jeweils gilt. Der Zeitpunkt soll mindestens sechs Jahre nach dem Zeitpunkt der Bewertung und Veröffentlichung liegen. Die Eignung ist jährlich sowie bei Bedarf neu zu bestimmen. Die Eignung ist gegeben, wenn innerhalb des bestimmten Zeitraumes nach dem Stand von Wissenschaft und Technik eine nicht feststellbare Fälschung von digitalen Signaturen oder Verfälschung von signierten Daten mit an Sicherheit grenzender Wahrscheinlichkeit ausgeschlossen werden kann. Die Eignung wird nach Angaben des Bundesamtes für Sicherheit in der Informationstechnik unter Berücksichtigung internationaler Standards festgestellt. Experten aus Wirtschaft und Wissenschaft sind zu beteiligen.

(3)  In der Bestätigung der Erfüllung der Anforderungen für technische Komponenten nach § 14 Abs. 4 des Signaturgesetzes ist anzugeben, für welche Anforderungen nach § 16 die Bestätigung gilt und unter welchen Einsatzbedingungen, welche Algorithmen und zugehörigen Parameter nach Absatz 2 eingesetzt und bis zu welchem Zeitpunkt diese mindestens geeignet sind sowie nach welcher Stufe die technischen Komponenten nach Absatz 1 geprüft wurden. Eine Ausfertigung des Prüfberichtes und der Bestätigung ist bei der zuständigen Behörde zu hinterlegen. Diese kann bei Anhaltspunkten für Mängel bei Prüfungen oder bei bestätigten technischen Komponenten sowie stichprobenweise Gutachten eines unabhängigen Dritten darüber einholen, ob die technischen Komponenten gemäß Absatz 1 geprüft wurden und ob diese die Anforderungen des Signaturgesetzes und dieser Verordnung erfüllen. Betroffene Hersteller, Vertreiber und Prüfstellen haben die dafür erforderliche Unterstützung zu gewähren. Wird diese nicht gewährt oder stellt sich heraus, daß bestätigte technische Komponenten nicht ausreichend geprüft wurden oder Anforderungen nicht erfüllen, so kann die zuständige Behörde erteilte Bestätigungen für ungültig erklären.

(4)  Die zuständige Behörde hat die nach § 14 Abs. 4 des Signaturgesetzes anerkannten Stellen sowie die technischen Komponenten, die von diesen eine Bestätigung nach Absatz 3 erhalten haben, im Bundesanzeiger zu veröffentlichen und den Zertifizierungsstellen unmittelbar bekannt zu geben. Zu den technischen Komponenten ist anzugeben, bis zu welchem Zeitpunkt die Bestätigung gilt. Wird eine Anerkennung entzogen oder eine Bestätigung für ungültig erklärt, so ist dies ebenfalls im Bundesanzeiger zu veröffentlichen und den Zertifizierungsstellen unmittelbar bekannt zu geben.

## § 18 Erneute digitale Signatur

Werden Daten über längere Zeit in signierter Form benötigt, als die
für ihre Erzeugung und Prüfung eingesetzten Algorithmen und zugehörigen Parameter nach § 17 Abs. 2 als geeignet beurteilt sind, so
sind die Daten vor Ablauf des Zeitpunktes der Eignung der Algorithmen und zugehörigen Parameter mit einer neuen digitalen Signatur zu versehen. Diese muß mit neuen Algorithmen oder zugehörigen Parametern erfolgen, frühere digitale Signaturen einschließen
und einen Zeitstempel tragen.

## § 19 Inkrafttreten

Diese Verordnung tritt am 1. November 1997 in Kraft.

# 8.3
# Der Maßnahmenkatalog

Für die Umsetzung des Signaturgesetzes und der Signaturverordnung wurde ergänzend ein Maßnahmenkatalog entwickelt, der konkrete Anhaltspunkte für den Einsatz der digitalen Signatur und die
Einrichtung einer Zertifizierungsstelle gibt. Hier soll der „Maßnahmenkatalog für technische Komponenten nach dem Signaturgesetz"
der Regulierungsbehörde für Telekommunikation und Post gemäß §
16 Abs.6 Signaturverordnung betrachtet werden. Diese richtet sich
an Produzenten von Hard- und Software. Der erste Maßnahmenkatalog enthält sieben Abschnitte:

1. Erzeugen und Laden der Signaturschlüssel

2. Speichern und Anwenden des privaten Signaturschlüssels

3. Darstellung der zu signierenden Daten

4. Prüfen einer digitalen Signatur

5. Nachprüfen von Zertifikaten

6. Vergabe von Zeitstempeln

7. Technische Komponenten, die geschäftsmäßig Dritten zur Nutzung angeboten werden

Weitergehende Information sind erhältlich bei den Herausgebern:

Regulierungsbehörde für Telekommunikation und Post
Postfach 8001
55003 Mainz
URL: www.regtp.de

Bundesamt für Sicherheit in der Informationstechnik
Postfach 200363
53133 Bonn
URL: www.bsi.bund.de

# Glossar

| | |
|---|---|
| API | (Application Programmers Interface) Schnittstelle über die Programme miteinander und mit der darunterliegenden Hardware Daten austauschen. |
| ANSI | American National Standards Institute. Gremium für die Normierung von technischen Standards. |
| ASCII | Beschreibung der 256 Zeichen die in Computersystemen benutzt werden. Über Internetverbindungen werden nur die ersten 128 Zeichen übertragen. |
| BDSG | Bundesdatenschutzgesetz |
| Browser | Bezeichnung für Programme, die Daten im HTML-Format (Webseiten) darstellen. Durch Erweiterungsprogramme können zusätzliche Datenformate wie Graphik, Audio und Video eingebunden und angezeigt werden. |
| CPU | (Central Prozessing Unit) Der Prozessor, der in Computern und Chipkarten die zentralen Abläufe steuert. |
| CT-API | Card-Terminal API. Schnittstelle zwischen Chipkarten-Lesegeräten und der Interface-Software |
| DECT | Digitaler Übertragungsstandard für schnurlose Telefone. Im Gegensatz zu GSM, dem Standard für Mobiltelefone ist DECT für kurze Entfernungen vorgesehen. |
| DES | (Data Encryption Standard) Häufig eingesetztes symmetrisches Verschlüsselungsverfahren. Wird wegen höherer Sicherheit auch als Triple-DES ausgeführt. |
| DN | (Distinguished Name) Der eindeutige Name innerhalb eines Zertifikates nach ITU X.509-Standard. |

| | |
|---|---|
| EEPROM | (Electrically Erasable Programable Read Only Memory) Speicherchips, die ihre Daten auch ohne Stromzufuhr behalten. |
| Hashfunktion | Mathematische Einwegfunktion, die aus Daten beliebiger Länge ein Abbild fester Länge generiert. Die Umkehrung ist nicht möglich. Häufig eingesetztes Verfahren sind MD5 und RIPEMD. |
| Hashwert | Ergebnis der Hashfunktion. Eine Zeichenkette fester Länge, berechnet aus Daten beliebiger Länge. Das Dokument kann eindeutig durch den dazugehörigen Hashwert identifiziert werden Auch Fingerabdruck oder Message Digest genannt. |
| HTTP | (Hypertext Transfer Protocol) Übertragungsprogramm im World Wide Web, mit dem Seiten angefragt (Request) und abgerufen werden. Seiten werden über die gesamte URL angegeben. |
| ICCSN | (Integrated Chip Cache Serial Number) Eine eindeutige Identifikationsnummer eines Chips einer Chipkarte. |
| IDEA | Symmetrischer Verschlüsselungsalgorithmus |
| IP-Spoofing | Eine Angriffsmethode gegen Computer im Internet. Hierbei werden falsche IP-Nummern verwendet, um dem angegriffenen Rechner eine falsche Identität vorzuspielen. |
| IT | Informationstechnik. Beschreibt das Zusammenspiel von Computertechniken, Netzwerken und der Informationsverarbeitung. |
| IuKDG | Das Informations- und Kommunikationsdienste-Gesetz enthält mehrere Artikelgesetze: das Teledienstegesetz (TDG), das Teledienste- Datenschutzgesetz (TDDSG) und das Signaturgesetz (SigG). Mit Wirkung vom 1. August 1997 in Kraft getreten. |
| KDC | (Key Distribution Center) Beim Einsatz von symmetrischen Schlüsseln ist deren Verteilung zu ermöglichen. Das KDC übernimmt diese Aufgabe als vertraueneswürdiger Dritter. |
| Kryptographie | Früher Geheimschrift. Methoden zur Verschlüsselung von Informationen. In der Informationstechnik werden symmetrische und asymmetrische Verfahren angewendet. |
| MAC | (Message Authentication Code) Prüfsumme eines Dokumentes beim Einsatz der Hashfunktion. |
| MD4, MD5 | Ein gängiger Hashalgorithmus. |

MIME            (Multipurpose Internet Mail Extension) Erweiterung des Mail-
                Standards für Multimedia-Anwendungen. Dient der Übermitte-
                lung von Texten mit Sonderzeichen und Binärdaten. (RFC822)

MIPS            (Million Instructions per Second) Eine Einheit, in der die Re-
                chenleistung von Computern gemessen wird.

MKT             (Multifunktionales Kartenterminal) Ein Standard, der die Kom-
                munikation zwischen dem Chipkarten-Lesegerät und der An-
                wendung beschreibt.

NIST            National Institute for Standards and Technologie

PEM             (Privacy Enhanced Mail) Format für die sichere Übertragung
                von E-Mail.

PGP             (Pretty Good Privacy) Eines der ersten verfügbaren Programme,
                mit dem Daten verschlüsselt und signiert werden konnten.

PIN             (Personal Identification Number) Persönlicher Zugangscode für
                die Nutzung von Geräten, Systemen oder Chipkarten. Ist dieser
                bei EC-Karten noch 4 stellig, so wird er bei der Chipkarte mit
                dem privaten Signaturschlüssel wesentlich länger ausfallen, um
                eine höhere Sicherheit zu gewährleisten.

PKS             Der Public Key Service der Telekom AG. Ab Januar 1999 ver-
                fügbarer Dienst für die digitale Signatur.

POP             (Post Office Protocol) Protokoll für die Übertragung von Mails
                von einem Server (Post Office) an einen Mail-Client. Zur Zeit
                wird POP3 verwendet. Der Abruf bedarf einer vorherigen An-
                meldung und Identifizierung.

PPP             (Point to Point Protocol) Zungangsprotokoll bei der Einwahl in
                das Internet über einen Wahlzugang. Durch die Erweiterung mit
                asymmetrischer Verschlüsselung lassen sich gesicherte Verbin-
                dungen aufbauen.

Provider        Einwahlpunkt in das Internet. Provider stellen zusätzlich die
                Funktionen für den Versand von E-Mail und weiterer Dienste
                zur Verfügung.

Prozessor       Siehe CPU.

Registrierungsstelle

Anlaufstelle für die Beantragung von Signaturschlüssel-Zertifikaten. Der Antrag wird an eine Zertifizierungsstelle weitergeleitet. Sie stellt das Zertifikat aus und leitet es zur Ausgabe an die Registrierungstelle zurück.

RegTP

Regulierungsbehörde für Telekommunikation und Post. Sie genehmigt die Zertifizierungsstellen und überwacht die Einhaltung des Signaturgesetzes.

RFC

(Request For Comments) Vorschläge für Internetstandards, die zuvor diskutiert wurden. Die Standards beziehen sich u.a. auf Protokolle und Datenformate. Die „IMAP Connection" an der University of Washington unterhält unter der Adresse www.imap.org eine Sammlung der wichtigen RFCs.

RSA

Häufig verwendetes asymmetrisches Verschlüsselungsverfahren. Der Name setzte sich aus den Anfangsbuchstaben der Entwickler Rivest, Shamir und Adleman zusammen.

SET

(Secure Electronic Transaction) Verschlüsselte Übertragung von beliebigen Informationen über Online-Netzwerke.

SHTTP

(Secure HTTP) Gesichertes Hypertextprotokoll. Hierbei werden alle Daten, die zwischen Webserver und Browser ausgetauscht werden, verschlüsselt.

SigG

Das Signaturgesetz. Artikel 3 des IuKDG. Definiert die Rahmenbedingungen der digitalen Signatur. Für die Benutzung wurden zusätzliche die Signaturverordnung (SigV) und ein Maßnahmenkatalog entwickelt. Das SigG ist mit Wirkung vom 1. August 1997 in Kraft getreten.

Signaturschlüssel-Zertifikat

Mit einer digitalen Signatur versehener digitaler Ausweis. Enthält Angaben über den Inhaber, seinen öffentlichen Signaturschlüssel und die ausgebende Zertifizierungsstelle.

SigV

Die Signaturverordnung. Ergänzt das Signaturgesetz bezüglich der Verfahren und Abläufe der Zertifizierungsstellen. Mit Wirkung vom 1. November 1997 in Kraft getreten.

SME

(Secure Message Envelope) Das Format in dem die signierten Dateien vom Telekom PKS System abgelegt werden

SMIME

(Secure MIME) Sichere Übertragung von E-Mail in Kombination mit dem MIME Standard.

SMTP              (Simple Mail Transfer Protocol) nach RFC 821, MIL-Standard 1781. Ein Protokoll für den Versand von E-Mail. Setzt auf dem gesicherten Transport Service von TCP auf.

SSL               (Secure Socket Layer) Erzeugt eine sichere Verbindung zwischen Server und Browser, über die alle Daten verschlüsselt werden. Zum Einsatz kommt dabei das Public Key Verfahren.

Symmetrische Verschlüsselung
                  Zur Ver- und Entschlüsselung wird der gleiche Schlüssel verwendet. Nachteil Für den ausschließlichen Einsatz bei der Kommunikation in offenen Netzen nicht geeignet, da der geheime Schlüssel auch übertragen werden muß. Wird jedoch häufig mit der asymmetrischen Methode eingesetzt.

TCP/IP            (Transmission Control Protocol / Internet Protocol) Grundlegendes Übertragungsprotokoll im Internet. Hierauf setzen die Dienste wie E-Mail, FTP, WWW oder Telnet auf.

Triple-DES        Kombination aus drei DES-Verschlüsselungsvorgängen mit unterschiedlichen Schlüsseln.

Trust Center      Die technische Umsetzung des vertrauenswürdigen Dritten. Das Rechenzentrum ist der wichtigste Bestandteil des Trust Centers bzw. der Zertifizierungsstelle. Hier werden unterschiedliche Leistungen erbracht. Dazu zählen u.a. die das Personalisieren der Chipkarte mit dem privaten Schlüssel einer Person, sowie die Verwaltung der öffentlichen Signaturschlüssel in einer frei zugänglichen Datenbank.

TTP               (Trusted Third Party) Der vertrauenswürdige Dritte im Rahmen der Nutzung der digitalen Signatur. Häufig mit dem Trustcenter gleichgesetzt. Die Funktion wird von der Zertifizierungsstelle als ganzes ausgeführt.

URL               (Uniform Resource Locator) Standardisiertes Format für den Aufruf von WWW-Seiten. Beginnt mit dem Protokoll „http://", gefolgt vom Domain-Namen und der Toplevel Domain.

X.400             E-Mail-Standard, der eine detaillierte Beschreibung der Kommunikationspartner und der Inhalte erlaubt.

X.509             Standard für den Inhalt und die Verteilung von Zertifikaten.

Zertifizierungsstelle
                  Natürliche oder juristische Person, die die Zuordnung von Zertifikaten und öffentlichen Signaturschlüsseln zu natürlichen Personen bescheinigt.

# Literatur

[BB93]     B. den Boer, A. Bosselaers: Collisions for the Compression Function of MD5. In: Advances in Cryptology-Eurocrypt `93, pp. 293–304, Springer, 1994

[BB97]     F. Bitzer, K. Brisch: Internetfragen für Wirtschaft und Verwaltung. In: UVI 1997 Tagungsband, M.Weber, D. Pötschke (Hrsg), Verlag Dr. Wilke, 1997

[BIE96]    W. Bieser: Bundesregierung plant Gesetz zur digitalen Signatur, CR 1996, S. 564-567

[BK98]     W. Bieser, H. Kersten: Chipkarte statt Füllfederhalter, Hüthig, 1998

[BKS98]    D. Bleichenbacher, B. Kaliski and J. Staddon: Recent Results on PKCS #1: RSA Encryption Standard. RSA Laboratories Bulletin, Number 7, June 24, 1998

[BLA97]    A. Baumbach, W. Lauterbach, J. Albers, P. Hartmann: Zivilprozeßordnung mit Gerichtsverfassungsgesetz und anderen Nebengesetzen, 55. Auflage, München, 1997

[BR93]     C. Braun: Unix-Systemsicherheit, Addison-Wesley, 1993

[BR94]     M. Bellare und P. Rogaway: Optimal Asymmetric Encryption-How to Encrypt with RSA. In: Advances in Cryptology-Eurocrypt 94, pp. 92–111, Springer, 1994

[BR96]     M. Bellare und P. Rogaway: The Exact Security of Digital Signatures - How to Sign with RSA and Rabin. In: Advances in Cryptology-Eurocrypt 96, pp. 399–416, Springer, 1996

[BR966]    Bundesrat: Entwurf eines Gesetzes zur Regelung der Rahmenbedingungen für Informations- und Kommunikationsdienste, Bundesrat Drucksache 966/96 vom 20.12.1996

[BR98a]     K. Brisch: Gemeinsame Rahmenbedingungen für elektronische Signaturen, CR 1998, S. 492 ff.

[BR98b]     K. Brisch: E-Commerce-Richtlinienvorschlag, CR 1998, S. 784 ff.

[BR99]      K. Brisch: EU-Richtlinienvorschlag zum elektronischen Geschäftsverkehr, CR 1999, S. 235 ff.

[BSI97]     Bundesamt für Sicherheit in der Informationstechnik: Entwurf Maßnahmenkatalog zur digitalen Signatur gem. SigV §12 und §16, Entwurf vom 19.11.1997 Version 1.0, Bonn 1997

[BSW95]     A. Beutelspacher, J. Schwenk, K. Wolfenstetter: Moderne Verfahren der Kryptographie, Vieweg, 1995.

[CAR93]     B. Costales, E. Allman. N. Rickert: sendmail, O'Reilly & Associates, 1993

[DBP96]     H. Dobbertin, A. Bosselaers, B. Preneel: RIPEMD-160: A strengthend version of RIPEMD, Fast Software Encryption - Cambridge Workshop 1996, LNCS, Band 1039, pp. 71–82, Springer, 1996

[DH76]      W. Diffie, M. E. Hellmann: New Directions in Cryptography, IEEE Transactions on Information Theory, Bd. 22, Nr. 6, 1976

[DM97]      H. Dreifus, J. T. Monk: Smart Cards: a guide to building and managing smart card applications, Wiley, 1997

[DO96]      H. Dobbertin: The Status of MD5 After a Recent Attack, In: CryptoBytes, The Newletter of RSA Laboratories, Volume 2 Number 2, Summer 1996

[DO98]      H. Dobbertin:The First Two Rounds of MD4 are Not One-Way. Fast Software Encryption. Lecture Notes in Computer Science, pp. 284–292, Springer, 1998

[EB96]      F. Ebbing: Schriftform und E-Mail, CR 1996, S. 271ff.

[EL85]      T. El'gamal: A public key cryptosystem and a signature scheme based on discrete Algorithms, Crypto 1984, LNCS, Band 196, pp. 10–18, Springer, 1985

[FW97]      D. Fox, P. Wohlmacher: Hardwaresicherheit von Smartcards. In: Reimer, Bizer, Fox (Hrsg.): DuD 1997, S. 260 ff.

[FR94]     W. Fumy, H. P. Rieß: Kryptographie - Entwurf, Einsatz und Analyse symmetrischer Kryptoverfahren, 2. Aufl., Oldenbourg, 1994

[FU96]     W. Fumy: Standardisierung kryptographischer Mechanismen, DuD 1996, S. 479 ff.

[GRS95]    A. Glade, H. Reimer, B. Struif: Digitale Signatur & Sicherheitssensitive Anwendungen, Vieweg, 1995

[IN95]     M. Inhester: Rechtliche Konsequenzen des Einsatzes von Bildarchivierungs- und Kommunikationssystemen (PACS), NJW 1995, S. 685 ff.

[ITS91]    ITSEC: Kriterien für die Bewertung der Sicherheit von Systemen der Informationstechnik, Vorläufige Form der harmonisierten Kriterien, Version 1.2, Bonn, 1991

[IUK97]    Gesetz zur Regelung der Rahmenbedingungen für Informations- und Kommunikationsdienste Informations- und Kommunikationsdienste-Gesetz – (IuKDG), BGBl I 1997 vom 28. Juli 1997, S. 1870 ff.

[KPS95]    C. Kaufmann, R. Perlmann, M. Speciner: Network Security: PRIVATE Communication in a PUBLIC World, Prentice Hall, Englewood Cliffs, New Jersey, 1995

[ME87]     R.C. Merkle: Secure Communication over Insecure Channels, Communications of the ACM, V. 21, No. 4, 1987

[ME95]     P. Mertes: Digitale Signatur - Wertlos ohne Trust Center, in: Glade/Reimer/Struif (Hrsg.), Digitale Signatur & Sicherheitssensitive Anwendungen, 1995, S. 153–162

[ME96]     P. Mertes: Gesetz und Verordnung zur digitalen Signatur - Bewegung auf der Datenautobahn?, CR 1996, 769 ff.

[MKK5]     Maßnahmenkataloge zum Signaturgesetz, Kapitel 5: Maßnahmenkatalog nach §12, Bundesanzeigerverlag, Köln, 1997

[MKK6]     Maßnahmenkataloge zum Signaturgesetz, Kapitel 6: Maßnahmenkatalog nach §16, Bundesanzeigerverlag, Köln, 1997

[MN96]     M. Meinhold, K. Nißl: Die Zeitstempelung der digitalen Signatur in der ärztlichen Praxis, In: P. Horster (Hrsg.): Digitale Signaturen, Vieweg, Wiesbaden, 1996, S. 141–153

[MSA96]       J. Michaelis, I. Schmidtmann, H.-J. Appelrath, W. Thoben:
              Empfehlung an die Bundesländer zur technischen Umsetzung
              der Verfahrensweisen gemäß Gesetz über Krebsregister (KRG),
              Informatik, Biometrie und Epidemiologie in Medizin und Bio-
              logie, 27(2), 1996

[NIS94]       NIST: FIPS Publication 186: Digital Signature Standard (DSS),
              Mai 1994

[NIS95]       NIST: FIPS Publication 180-1: Secure Hash Standard (SHS-1),
              Mai 1995

[RC95]        N. Rogier and P. Chauvaud: The Compression Function of
              MD2 is not Collision Free. Presented at Selected Areas of
              Cryptography `95. Carleton University, Ottawa, Canada, 1995

[RI91]        R. Rivest: The MD4 message digest algorithm, Crypto 1990,
              LNCS, Band 537, pp. 303–311, Springer, 1991

[RI95]        R. Rivest: The RC5 encryption algorithm, CryptoBytes, N. 1,
              pp. 9-11, 1995

[RSA78]       R. Rivest, A. Shamir, L. Adleman: A Methon for Obtaining Di-
              gital Signatures and Public-Key Cryptosystems, Communica-
              tions of the ACM,Vol. 21, N.2, 1978

[SCH94]       R. Schuppenhauer: Beleg und Urkunde – ganz ohne Papier ?,
              DB 1994, S. 2043.

[ST95]        W. Stallings: Datensicherheit mit PGP, Prentice Hall, 1995

[TP97]        H. Thomas, H. Putzo: Zivilprozeßordnung mit Gerichtsverfas-
              sungsgesetz und den Einführungsgesetzen, 19. Auflage, C.H.
              Beck, München, 1997

[ZI97]        T. Zieschang: Differentielle Fehleranalyse und Sicherheit von
              Chipkarten, 5. Deutscher IT-Sicherheitskongreß des BSI 1997,
              1997, S. 227 ff.

# Standards


[ANX91]      ANSI X9.F.1, X9.52: Tripe DES Models of Operation,  1985

[ANX392]     ANSI X3.92: DES Data Encryption Standard,  1981

[ANX930]     ANSI, "X9.30 Part 2: SHA, Secure Hash Algorithm," 1995
             FIPS PUB 180-1, NIST Federal Information Processing Stan-
             dards on Computer Security (NIST FIPS)

[ANX944]     ANSI X9.44: Key Management Using Reversible Public Key
             Cryptography for the Financial Services Industry. Working
             Draft.

[ANX3106]    American National Standard, Information Systems – Data En-
             cryption Algorithm - Modes of Operation, 1983.

[DIN96]      DIN V ENV 12388:1996-10 Algorithmen für digitale Unter-
             schriftsdienste im Gesundheitswesen

[ISO74982]   ISO 7498-2:1989, Information Processing Systems, Open Sy-
             stems Interconnection: Basic Reference model, Part 2: Security
             Architecture

[ISO78162]   ISO 7816-2:1989, Identification Cards - Integrated circuits cards
             with contacts - Part 2: Dimension and location of contacts

[ISO95948]   ISO/IEC 9594-8:1990, Information Technology, Open Systems
             interconnection: The directory, Part 8: Authentication frame-
             work

[ISO9796]    ISO/IEC 9796:1991, Information Processing Systems, Open Sy-
             stems Interconnection, Digital Signature Scheme giving Mes-
             sage Recovery

[ISO97981]   ISO/IEC 9798-1:1991, Information Technology, Security
             Techniques, Entity Authentication Mechanisms, Part 1:
             General Model

[ISO9979]      ISO/IEC 9979: 1991, Procedures for the Registration of Crypto-
                graphic Algorithms

[ISO101183]    ISO/IEC 10118-3: Information technology, Security techniques,
                Hashfunctions, Part 3: Dedicated Hashfunctions, 1997

[ISO145162]    ISO/IEC 14516-2: Guidelines for the use and management of
                Trusted Third Parties, Part 2: Technical aspects, Working Draft
                Version 6, 1996

[ISO148881]    ISO/IEC 14888-1: Digital signatures with appendix, Part 1: Ge-
                neral, ISO/IEC CD, 1995

[ISO148882]    ISO/IEC 14888-2: Digital signatures with appendix, Part 2:
                Identity-based mechanisms, ISO/IEC CD, 1995

[ISO148883]    ISO/IEC 14888-3: Digital signatures with appendix, Part 3:
                Certificate-based mechanisms, ISO/IEC CD, 1995

[PKCS1]        RSA Laboratories. PKCS #1: RSA Encryption Standard. Versi-
                on 1.5, November 1993

[PKCS3]        RSA Laboratories. PKCS #3: Diffie-Hellman Key-Agreement
                Standard. Version 1.4, November 1993.

[PKCS5]        RSA Laboratories. PKCS #5: Password-Based Encryption
                Standard. Version 1.5, November 1993.

[PKCS6]        RSA Laboratories. PKCS #6: Extended-Certificate Syntax
                Standard. Version 1.5, November 1993

[PKCS7]        RSA Laboratories. PKCS #7: Cryptographic Message Syntax
                Standard. Version 1.5, November 1993

[PKCS8]        RSA Laboratories. PKCS #8: Private-Key Information Syntax
                Standard. Version 1.2, November 1993

[PKCS9]        RSA Laboratories. PKCS #9: Selected Attribute Types. Version
                1.1, November 1993

[PKCS10]       RSA Laboratories. PKCS #10: Certification Request Syntax
                Standard. Version 1.0, November 1993.

[PKCS11]       RSA Laboratories. PKCS #11: Cryptographic Token Interface
                Standard. Version 1.0, April 1995.

[PKCS12]       RSA Laboratories. PKCS #12: Personal Information Exchange
                Syntax Standard. Version 1.0, DRAFT, April 1997

[RFC1319]    B.S. Kaliski: The MD2 Message Digest Algorithm, 1992

[RFC1320]    R. Rivest: The MD4 Message Digest Algorithm, 1992

[RFC1321]    R. Rivest: The MD5 Message Digest Algorithm, 1992

[RFC1421]    J. Linn.: Privacy Enhancement for Internet Electronic Mail: Part I: Message Encryption and Authentication. February 1993

[RFC1422]    S. Kent, Privacy Enhancement for Internet Electronic Mail: Part II: Certificate-Based Key Management, February 1993

[RFC1423]    D. Balenson: Privacy Enhancement for Internet Electronic Mail: Part III: Algorithms, Modes, and Identifiers. February 1993

[RFC1422]    B. Kaliski: Privacy Enhancement for Internet Electronic Mail: Part IV: Key Certification and Related Services. February 1993

[RFC1991]    PGP Message Exchange Formats, August 1996

[X.208]    CCITT. Recommendation X.208: Specification of Abstract Syntax Notation One (ASN.1). 1988

[X.209]    CCITT. Recommendation X.209: Specification of Basic Encoding Rules for Abstract Syntax Notation One (ASN.1). 1988

[X.500]    CCITT. Recommendation X.500: The Directory Overview of Concepts, Models and Services. 1988

[X.501]    CCITT. Recommendation X.501: The Directory Models. 1988

[X.509]    CCITT. Recommendation X.509: The Directory Authentication Framework. 1988

# Index

# Springer und Umwelt

Als internationaler wissenschaftlicher Verlag sind wir uns unserer besonderen Verpflichtung der Umwelt gegenüber bewußt und beziehen umweltorientierte Grundsätze in Unternehmensentscheidungen mit ein. Von unseren Geschäftspartnern (Druckereien, Papierfabriken, Verpackungsherstellern usw.) verlangen wir, daß sie sowohl beim Herstellungsprozess selbst als auch beim Einsatz der zur Verwendung kommenden Materialien ökologische Gesichtspunkte berücksichtigen.
Das für dieses Buch verwendete Papier ist aus chlorfrei bzw. chlorarm hergestelltem Zellstoff gefertigt und im pH-Wert neutral.